Hans-Uwe Rump

Klaus Gietinger

Eine Leiche im Landwehrkanal

Die Ermordung der Rosa L.

Klaus Gietinger

Eine Leiche im Landwehrkanal

Die Ermordung der Rosa L.

Verlag 1900 Berlin

*»Politische Geschichte ist ja, ähnlich wie Kriminalistik,
immer mit der Sisyphos-Arbeit beschäftigt, Taten
aufzuklären, deren Täter alles Interesse daran hatten,
sie der Aufklärung zu entziehen.«*

Sebastian Haffner

Klaus Gietinger:	Eine Leiche im Landwehrkanal. Die Ermordung der Rosa L.
1. Auflage	dieser Ausgabe, März 1995
Copyright ©	**Verlag 1900 Berlin** – Uwe Soukup, Goßlerstraße 27A, 14195 Berlin
Lithos:	Christian Uhle/die tageszeitung, Berlin
Druck und Bindung:	Wiener Verlag, Himberg Printed in Austria
ISBN	3-930278-02-2

Zum Titelbild

Einen Monat nach dem Doppelmord an Rosa Luxemburg und Karl Liebknecht erscheint in der »Roten Fahne« ein Bild mit dem Titel »Das Gelage der Mörder im Eden-Hotel«. Das Foto war am 16. Januar 1919, also am Tag nach der Tat, vom Fotografen Fritz Eichner, 24 Jahre alt, evangelisch, im Café des Eden-Hotels für »illustrierte Zwecke« aufgenommen worden. Es zeigt die sogenannte Wachmannschaft. Entgegen allen späteren Behauptungen befindet sich kein wirklich Verantwortlicher auf dem Foto. Es handelt sich hier nur um »Mannschaft«. Nicht ein Offizier ist zu sehen. Die wären ja auch schön dumm gewesen, wenn sie sich einen Tag nach den Morden hätten ablichten lassen. Entsprechend dürftig fällt auch das Gelage aus: eine Weinflasche, ein paar Zigarren und sonst nur spärliche Brotzeit aus dem Tornister. Identifizierbar sind bis heute nur vier Personen:

Der Mann mit dem Schnauzbart, im Zentrum des Fotos, ist der Jäger Otto Wilhelm Runge, Schweißer von Beruf, 44 Jahre alt. Ein verwirrter Mensch und eigentlich unzurechnungsfähig. Er hat sich bestechen lassen und in der Nacht vorher Karl Liebknecht einmal und Rosa Luxemburg zweimal schwer mit dem Kolben seines Gewehres verletzt. Er wird später als einziger seine Strafe im Gefängnis absitzen und 1945 für seine Tat mit dem Leben bezahlen. In gewissem Sinne auch ein Opfer.

Dahinter ein Mann mit Matrosenhemd, Matrosenmütze und einem österreichischen Fliegerpelz: Edwin von Rzewuski, 28 Jahre alt, evangelisch, Maschinenschlosser, Mitglied der Wilmersdorfer Bürgerwehr,

Oberheizer a. D. Eine subproletarische Figur, die trotz ihrer Matrosenkleidung zu den Konterrevolutionären gehörte. Er hatte sowohl Karl Liebknecht als auch Rosa Luxemburg, nachdem sie schon schwerverletzt in den Mörderwagen lagen, noch »eins mitgegeben«. Dazu war er jeweils auf die Trittbretter der Autos gesprungen und hatte dann mit der Faust zugeschlagen. Danach war er wieder abgesprungen. Dies machte ihn später – ungerechtfertigterweise – zu einem der Mordverdächtigen. Von Rzewuzki, wie Runge ein kleiner Fisch, wurde von einem Zivilgericht zu einer geringfügigen Strafe verurteilt.

Die Frau daneben mit dem Tablett ist die Bedienung Gertrud Zöllner geb. Schachtschneider, 28 Jahre alt, evangelisch: »Ich kam ins Café hinein und servierte dort. Da war ein Fotograf im Café. Mich umringte das Militär und hielt mich fest, da kam ich auf das Bild mit drauf.«

Frau Zöllner bildet einen merkwürdigen Kontrast zu den Uniformierten und den Kitschbildern nackter Frauen auf der Säule. Überhaupt will sich, der Palmen und des mondänen Café-Gewölbes zum Trotz, Gelagestimmung nicht so recht einstellen.

Die vierte bekannte Person ist der Jäger Josef Reimann (der mittlere der drei Männer mit den weißen Armbinden). Er hat mit dem Mord nichts zu tun. Die Jäger Poppe (20 Jahre alt) und Weber (26), die die tote Rosa Luxemburg auf Befehl eines Offiziers in den Landwehrkanal warfen, könnten sich ebenfalls unter den Barhäuptigen links neben der Bedienung befinden. Grantke (19), der ebenfalls beim »Luxemburg-Transport« dabei war, ist vielleicht der Junge, der am Tisch sitzt oder einer von den dreien mit den Zigaretten ganz rechts im Bild.

Vorwort

Als im Januar 1989 der Süddeutsche Rundfunk über sich selbst hinauswuchs und anläßlich des 70. Todestages von Rosa Luxemburg das Fernsehspiel von Dieter Ertel aus dem Jahr 1969 über ihre Ermordung – trotz eines gerichtlichen Verbotes aus dem Jahr 1971 – wiederholte, saß auch ich vor dem Fernseher.

Ich fand nicht nur das Fernsehspiel spannend, sondern auch die Geschichte seines Verbotes. Ich beschloß, darüber selbst einen Film zu machen und begann zu recherchieren.

Diese Recherchen führten mich immer weiter zurück, von den sechziger Jahren, als das Fernsehen noch seinen Bildungsauftrag wahrte, bis in die fast vergessene Zeit der »Novemberrevolution«, als die Presse das wichtigste Propagandainstrument war. Ich befragte Zeitzeugen und fertigte ein Drehbuch. Doch das wollte keiner mehr haben.

»Keine Historie«, hieß es in den Redaktionsstuben, und »Schreiben Sie doch eine Serie, eine, die heute

Programmankündigung im Januar 1969 zum Fernsehspiel von Dieter Ertel.

spielt«. Ein ZDF-Redakteur gar eröffnete mir, er werde sich doch nicht darauf einlassen, ein Urteil eines deutschen Gerichtes in einem Fernsehspiel anzuzweifeln.

Ich hatte vergessen, daß die Zeiten humanistischer Aufklärung auch im öffentlich-rechtlichen Fernsehen vorbei sind.

Da saß ich nun mit meinem Material und wollte es nicht herumliegen lassen. Vielleicht würde sich die Gelegenheit bieten, einen Aufsatz darüber zu schreiben. Mit dieser vagen Hoffnung recherchierte ich weiter.

Doch inzwischen hatte mich das Fieber des Kriminalisten gepackt. Ich kam nicht mehr los von diesem Mord. Ich wollte – wie schon andere vor mir – letztliche Klarheit über die Umstände der Tat haben. Also folgte ich denen, die Licht ins Dunkel gebracht hatten und wühlte mich durch Akten, durch die sich schon Leo Jogiches, Paul Levi, Berthold Jacob, Josef Bornstein, Dieter Ertel und Heinrich Hannover gewühlt hatten, um nur die wichtigsten zu nennen. Ich trug alles zusammen, was bisher nur zum Teil oder gar nicht veröffentlicht worden war. Auch die Öffnung der DDR-Archive und die Vorarbeit der dortigen Historiker erwiesen sich als sehr nützlich.

Doch dann bekam ich Material zu Gesicht, das keiner vor mir hatte durchforsten können. Der Zufall kam mir dabei zu Hilfe, denn eigentlich ist dieses Material noch bis zum Jahr 1999 gesperrt.

Aber dies hatte man übersehen.

Ich veröffentlichte das Ergebnis meiner Forschungen im September 1992 als Aufsatz in einer Fachzeitschrift für Geschichte.

Als Reaktion darauf erhielt ich – unter anderem – einen Brief eines Zeitzeugen. Der Brief enthielt eine äußerst wichtige Information und ließ Teile des von mir gesichteten, bis dahin unbekannten Materials in einem anderen Licht erscheinen. Ich erkannte, daß ich in meinem Eifer, den wirklichen Mörder Rosa Luxemburgs zu finden, bestimmte Hinweise im Material nicht entsprechend gewürdigt hatte. Hinweise von noch viel größerer Tragweite als die Frage, wer den Schuß auf Rosa Luxemburg abgegeben hatte. Hinweise, die eine direkte Verantwortlichkeit der damaligen SPD-Regierung anzeigen.

Dieses Buch bildet eine erweiterte und völlig überarbeitete Fassung sowohl meines Aufsatzes in der »IWK« als auch der ersten Ausgabe in Buchform. Sie gibt den aktuellen Erkenntnisstand wider.

Für bereitwillige Auskünfte danke ich Herrn Prof. Dr. Johannes Erger, Herrn Dieter Ertel, Herrn Otto Kranzbühler, Herrn Dr. Günther Nollau sowie Prof. Dr. Karl Egbert Wenzel.

Außerdem danke ich Martin Choroba dafür, daß er mir half, meine Interviewpartner aus der Reserve zu locken, Hans Hager dafür, daß er Nollaus letztes Interview mit der Kamera aufgenommen hat und Arndt Schäfer und Susanne Lob, daß sie mir während meiner Recherchen Unterschlupf gewährten. Hildegard Hogen war so freundlich, meine zahlreichen Kommafehler zu korrigieren, und Leonore Poth sei gedankt, daß sie meinen Wer-erschoß-Rosa-Luxemburg-Wahn ertragen hat.

Frankfurt am Main, im März 1995
Klaus Gietinger

Einleitung

Rosa Luxemburg (1871-1919).

Karl Liebknecht (1871-1919).

Die Ermordung von Rosa Luxemburg und Karl Liebknecht ist eine der großen Tragödien dieses Jahrhunderts.[1] Kaum ein politischer Mord hat so sehr die
Gemüter bewegt und das politische Klima in Deutschland verändert wie jener in der Nacht vom 15. auf den
16. Januar 1919 vor dem Hotel mit dem paradiesischen
Namen Eden. Der Mord war Auftakt für weitere politische Morde und nicht nur das. »Da begann jener
schauerliche Zug von Toten, fortgesetzt im März 1919
schon und ging weiter die ganzen Jahre und Jahre,
Gemordete und Gemordete«, wie Paul Levi es in
seinem berühmten Plädoyer drei Jahre vor dem deutschen Faschismus ausdrückte.

Der Fall Luxemburg/Liebknecht war sozusagen der
Sündenfall, »in dem Mörder mordeten und wußten,
die Gerichte versagen.«[2] Über Jahre hinweg folgten
Verdrehungen, Verdunklungen, Vorschubleistungen,
falsche Verdächtigungen und Selbstbezichtigungen
der Tat. Insbesondere der Prozeß vor dem Kriegsgericht der Garde-Kavallerie-Schützen-Division (künftig: GKSD, jener Division, der die Mörder angehör-
ten), eine »Justizposse, die als einer der großen Justiz-
skandale unseres Jahrhunderts bezeichnet werden
muß«[3], machte aus der Tragödie eine Groteske, an
der so mancher Sozialdemokrat kräftig mitwirkte.

Als in den Zwanzigern das Eingeständnis eines Beteiligten und Ende der Zwanziger, Anfang der Dreißiger
mehrere Prozesse erstes Licht ins Dunkel brachten,
war auch dies von juristischen Eiertänzen und politischen Rückzugsgefechten begleitet. Und so mußte
Ossip K. Flechtheim 1948 resigniert konstatieren:

»Wie sich im einzelnen die politische, moralische oder juristische Verantwortung auf die verschiedenen Richtungen verteilte, wird wohl eindeutig nie mehr festgestellt werden können.«[4]

Doch da meldete sich, 1959 erst im kleinen Kreis und 1962 öffentlich, einer der Verantwortlichen zu Wort, plauderte aus dem Nähkästchen und erntete wütende Proteste wegen der Dreistheit seines Geständnisses, aber auch zustimmendes Nicken z. B. von seiten der damaligen Bundesregierung. Als dann 1966 Joseph Wulf die verloren geglaubten Akten des Kriegsgerichts der GKSD und weitere Akten der Staatsanwaltschaft aus den Jahren 1921 bis 1925 entdeckte und sie Dieter Ertel zugänglich machte, wurde der bislang letzte Akt dieser Tragikomödie eingeläutet.

Joseph Wulf (1912-1974), Historiker.

Ertel studierte nicht nur die Akten, sondern interviewte auch jenen ominösen Verantwortlichen[5] und verwertete alles in einem Dokumentarspiel, das genau 50 Jahre nach dem Mord gesendet wurde. Prompt bekam er Schwierigkeiten und sah sich in zwei denkwürdigen Prozessen vor Stuttgarter Gerichten (1969/70) demjenigen gegenüber, den er als Todesschützen Rosa Luxemburgs bezeichnet hatte. Ertel verlor, mußte widerrufen – die Groteske hatte ihren letzten traurigen Höhepunkt erreicht. Ein Höhepunkt, der nur möglich war, weil die SPD-Regierung von 1919 mäßiges bis überhaupt kein Interesse an der Aufklärung dieses Verbrechens hatte. Aus gutem Grund. So konnte die Militärjustiz Fakten vertuschen und konnten sich in einer gigantischen juristischen Monokausalkette von über 50jähriger Länge die jeweils nachfolgenden Juristen auf das scheinbar logische und gesetzliche Handeln ihrer Vorgänger berufen.

Wobei der Camouflageprozeß vor dem Kriegsgericht der GKSD immer den Ausgangspunkt bildete. Denn

Dieter Ertel war damals Leiter der Abteilung Dokumentarfilm des Süddeutschen Rundfunks (SDR). Später wurde er Fernsehdirektor des Südwestfunks (SWF). Heute ist er pensioniert und Vorsitzender vom Haus des Dokumentarfilms Stuttgart.

was von einem deutschen Gericht einmal mit Siegel und Stempel versehen worden ist, kann in der Logik der Nachfolgejuristen nicht unwahr sein.

Und so ist noch heute die Verwirrung unter den Historikern groß, weiß Huber zu berichten: »Auch spätere Bemühungen haben das Dunkel des Tathergangs nicht hinreichend erhellt«.[6]

Spricht Trotnow von dem Schützen Runge[7], Wette von Oberleutnant Vogel[8], der wiederum von Hagen Schulze zum Liebknechtmörder umgetauft wird[9], macht die »Illustrierte Geschichte der deutschen Novemberrevolution« noch 1978[10] einen Vizefeldwebel Krull zum Mittäter, den Drabkin als Leutnant auf das Trittbrett des Mörderwagens stellt[11]. Während Hill zu berichten weiß, daß Pflugk-Harttung nie vor ein Kriegsgericht gestellt worden ist[12] und die Zentralratsedition von Kolb und Rürup[13] einen mysteriösen Matrosen als »angeblichen« Täter ins Spiel bringt, hält es Sibylle Quack 1983 für »problematisch«, hier eine eindeutige Aussage zu treffen[14].

Neben Uneinigkeit über den Täter sind seit Jahrzehnten Gerüchte im Umlauf, die mit Regelmäßigkeit immer wieder auftauchen. So wird zum einen behaup-

Das von Willi Bredel mitverfaßte Szenario des filmischen Meisterwerks »Ernst Thälmann – Sohn seiner Klasse« (DDR 1953), schaffte es, den letztlichen Hintermann zu entlarven: den amerikanischen Präsidenten Woodrow Wilson!

tet, Scheidemann habe ein Kopfgeld auf die beiden Sozialisten ausgesetzt, zum anderen, Pieck habe als Judas jener Nacht »Karl und Rosa« verraten.

Auch Mutmaßungen über Hintermänner schossen ins Kraut – wie sich zeigen wird, nicht immer ganz unberechtigt.

Daß auch heutige Politiker gegen diese allgemeine Verwirrung nicht gewappnet sind, zeigte sich, als der Autor auf einer Veranstaltung seine Forschungsergebnisse vorbrachte und dies postwendend von einem bekannten Mitglied der SPD und Alt-68er als »Räuberpistole« bezeichnet wurde. Der Verwirrung zum Trotz soll im folgenden versucht werden, die politische, moralische und juristische Verantwortung für diesen Doppelmord im einzelnen zu klären.

Eine wichtige Quelle meiner Nachforschungen bildet der Nachlaß von Waldemar Pabst, darin enthalten seine unveröffentlichten Memoiren und zahlreichen Briefe. Weiterhin stütze ich mich auf Gespräche, die Dieter Ertel unter Zeugen mit Pabst in den sechziger Jahren führte. Außerdem existiert ein Tonbandinterview, das der ehemalige Oberleutnant der Waffen-SS, Cerff (damals Geschäftsführer des Verbandes deutscher Ingenieure in Baden-Württemberg), 1966 mit Pabst führte.[15]

Noch 1989 anläßlich des 50. Todestages wird der (wie zu zeigen ist) unhaltbare Kopfgeldvorwurf gegen Philipp Scheidemann erhoben.

Am 18. August 1989 wird der »Verräter« Pieck in einem Leserbrief an die Süddeutsche Zeitung »dingfest« gemacht.

Der Schock der Revolte

Der Matrosenaufstand in Kiel und den Küstenstädten, Ausgangspunkt der Revolution 1918/19, überraschte die alten Gewalten nicht nur wegen ihres Zeitpunkts, sondern vor allem aufgrund ihres Ursprungs: »Einem spontanen und elementaren Aufbegehren innerhalb der bewaffneten Macht selbst.«[16]

Revolutionäre Matrosen in Wilhelmshaven.

Er versetzte die »Elite des Kaisers«, die Marineoffiziere, die sich bis dato als künftigen Ritterorden des Reiches gesehen hatten[17], in einen Schockzustand. Martin Niemöller notierte: »Ich bin bei allem Grauen des Krieges mit sehr großer Selbstverständlichkeit und ohne eine Erschütterung, die mich in der letzten Tiefe der Seele gepackt hätte, hindurchgekommen. [...] die Erschütterung, die endlich die Grundfesten meines Wesens und Daseins ins Wanken brachte, [...] das war erst die Revolution, die kein Umbruch, sondern ein

Zusammenbruch war! Damals versank mir eine Welt.«[18]

Nachdem sie ihre erste Lähmung überwunden hatten, gab es nur einen Gedanken: Rache. Rache für die »Schmach«, die »Erniedrigung«. Ihr Antrieb: Haß, tiefer Haß auf die »Massen«, auf die Revolte, und die, die sie angeblich schürten: Die USPD sowie Liebknecht und Luxemburg[19].

Es organisierten sich Offiziersbrigaden. Einer der Rührigsten bei der Aufstellung solcher Truppen war ein junger Kapitänleutnant. Er schien alles und jeden zu kennen, ja, er imponierte auch Gustav Noske, so daß dieser ihn noch in Kiel zu seinem Verbindungsoffizier machte und somit zu einem wichtigen Knotenpunkt der Konterrevolution. Sein Name: Wilhelm Canaris (siehe Portrait auf Seite 127).

Er hatte eine Vorliebe: Das Agieren im Hintergrund, im dunkeln. »Das Katz-und-Maus-Spiel mit dem Gegner lockte ihn. Schon als Kind hatte er mit unsichtbaren Tinten experimentiert und sich falsche Namen zugelegt: er liebte das Mysteriöse, die halbe Andeutung, die Verschleierung.«[20] Auch er glaubte daran, daß die Matrosen nur verhetzt worden seien. »Der marxistisch-kommunistische Feind hatte die Flotte

Gustav Noske (1868-1946), SPD, Journalist, Gouverneur von Kiel im November 1918, Volksbeauftragter Ende Dezember 1918, Oberbefehlshaber in den Marken im Januar 1919, Reichswehrminister von Februar 1919 bis März 1920. Danach Oberpräsident von Hannover. Harry Graf Kessler über eine Begegnung mit Noske im Jahr 1920: »Noske ist offenbar ein ganz ehrlicher und eingefleischter Militarist. [...] Er hat etwas von einem Bären mit dem Nasenring. Sieht übrigens, obwohl ›stellungslos‹, recht wohlhabend aus, fährt Erster Klasse, trägt funkelnagelneue gelbe Schuhe und vertilgte unterwegs große Mengen Schinkenbrote und Bier. Wenn nicht soviel unschuldiges Blut an seinen Fingern klebte, wäre er eine etwas komische, fast sympathische Figur. Wo er allerdings in seinem gewaltigen Körper sein soziales Gewissen und sein sozialdemokratisch rotes Herz aufbewahrt, ist sein Geheimnis.«

Kapitänleutnant Niemöller und seine Mannschaft im November 1918.

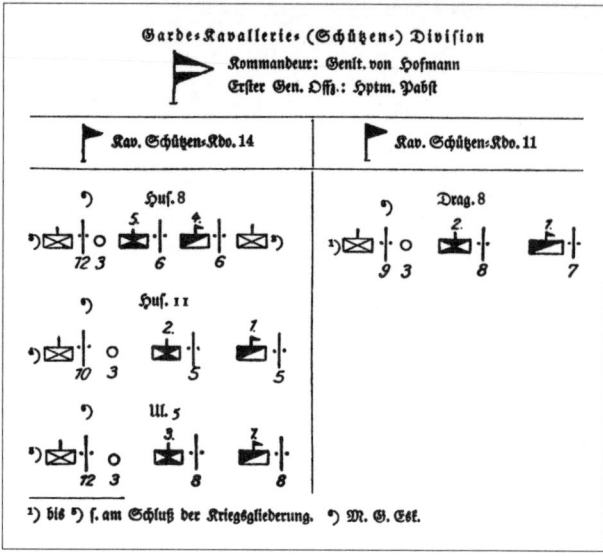

heimlich unterwandert und sie schließlich mit Hilfe seiner getarnten Helfershelfer an Bord ruiniert. Eine Lebenslüge war entstanden, die einer ganzen Generation deutscher Seeoffiziere erlaubte, im alten Geist weiterzumachen.«[21]

Zu diesen Männern gehörte auch ein Freund Canaris', der einen relativ kleinen Seeoffiziersverband aufstellte. Einen »Stoßtrupp«[22], der sich um die Jahreswende 1918/19 in der von »der roten Flut« erfaßten Hauptstadt bildete.[23] Man lagerte »in den Zelten Nr. 4« und wurde zu »Sondereinsätzen herangezogen«[24].

Die Strasse »In den Zelten« mit der Kongreßhalle heute.

Der Name des Anführers lautete Kapitänleutnant (Kaleu) Horst von Pflugk-Harttung (siehe Portrait auf Seite 130). Er und seine Marine-Eskadron unterstellten sich wiederum einer Division, die die entscheidende Rolle im »Kampf um das Reich« spielen sollte. Faktisch wurde sie von einem Hauptmann, der auch Canaris bestens bekannt war, geführt: Von Waldemar Pabst, dem 1. Generalstabsoffizier der GKSD.

Der »kleine Napoleon«

Die GKSD, ursprünglich eine kaiserliche Elitetruppe unter dem Kommando des Generalleutnants Heinrich von Hofmann, war 1918 an der Westfront eingesetzt worden.[25] Da von Hofmann jedoch herzkrank war, geriet sie sehr schnell unter die Führung Pabsts, der im März 1918 auf Befehl Ludendorffs zur GKSD kam.[26] Pabst, klein, eitel, ehrgeizig und machthungrig, war eine der berüchtigtsten Figuren der Revolution 1918/19 (siehe Portrait auf Seite 128F.). Sein Einfluß und vor allem seine militärische Machtposition sind in der Vergangenheit eher unterschätzt worden.

Hauptmann Waldemar Pabst.

Dem »bemerkenswerten« Pabst[27] unterstand mit der GKSD die stärkste konterrevolutionäre militärische Formation, das »Rückgrat aller eingesetzten Truppen«[28], auf die sich Noske stützte[29].

Soldaten der Garde-Kavallerie-Schützen-Division im Januar 1919 in Berlin.

Kaum hatte ihn die Nachricht von der Revolution erreicht, trieb Pabst die GKSD in »Eilmärschen der Heimat zu«, in der Absicht, mit »der Herrschaft der Minderwertigen«[30] aufzuräumen. Am 30. November

1918 erreichte die GKSD den Bahnhof Wildpark bei Potsdam.

Pabst hatte dort die erste Begegnung mit dem »roten Berlin«. Der Volksbeauftragte Emil Barth erwartete ihn.

Barth: »He, Sie, kommen Sie mal her!«

Pabst: »He, Sie, kommen Sie mal her!«

Barth: »Ich bin ihr Vorgesetzter!«

Pabst: »Sind Sie eigentlich verrückt geworden?«

Als Barth Pabst dann noch seine Begleiter, darunter den »Rat der Deserteure« vorstellte, verlor Pabst die Contenance.

Pabst: »In drei Minuten ist der Bahnsteig geräumt, sonst gibt's Dresche!«[31])

Die GKSD bezog in Nikolassee, unweit des Wannsees, ihr Divisionsquartier, und »traf Vorkehrungen, daß keine ungebetenen Gäste kommen konnten«[32]).

Kurz danach, am 10. Dezember 1918, ritt Pabst an der Spitze der GKSD durchs Brandenburger Tor nach Berlin.

Gleichwohl scheiterte der geplante Putschversuch der Obersten Heeresleitung (künftig: OHL) gegen die Arbeiter- und Soldatenräte.[33])

Die schimmernde Wehr löste sich auf. Berlin schien in der Hand der Massen. Einzig Pabst gelang es, die GKSD wenigstens einigermaßen zusammenzuhal-

Emil Barth (1879-1941),
Vorsitzender der Berliner
Revolutionären Obleute, Volksbeauftragter vom 10. November
bis zum 29. Dezember 1918.
Pabst trifft später noch einige
Male mit seinem »Freund«
Barth zusammen, wobei es
ähnlich funkt wie bei dieser
ersten Begegnung. So am
8. Dezember, als Barth den
bewaffneten Einmarsch der
Truppen in Berlin verhindern
will und am 24. Dezember, als
er die Einstellung der Kanonade
auf das Schloß fordert. Barth,
zu Unrecht als Hofnarr der
Revolution verschrien, ist der
einzige wirklich aktive Anti-
militarist in der Regierung der
Volksbeauftragten.

10. Dezember 1918: Einmarsch der GKSD in Berlin.

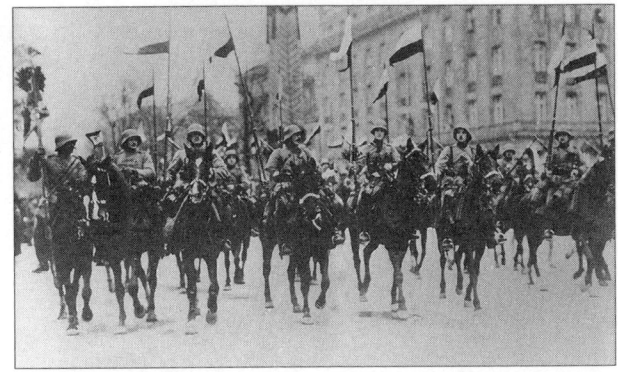

ten.[34] Er schottete sie gegen alle Einflüsse von außen ab und betrieb ständige »Aufklärung« durch Schulung in seinem Sinne.

So blieb die GKSD eine der wenigen alten, noch kampffähigen Verbände. Am 24. Dezember 1918 leitete Pabst den von Ebert befohlenen Angriff auf die Volksmarinedivision im Schloß[35] und zögerte dabei nicht, beim Artillerieangriff auch Gasgranaten einzusetzen.

Friedrich Ebert (SPD) begrüßt »seine« Truppen.

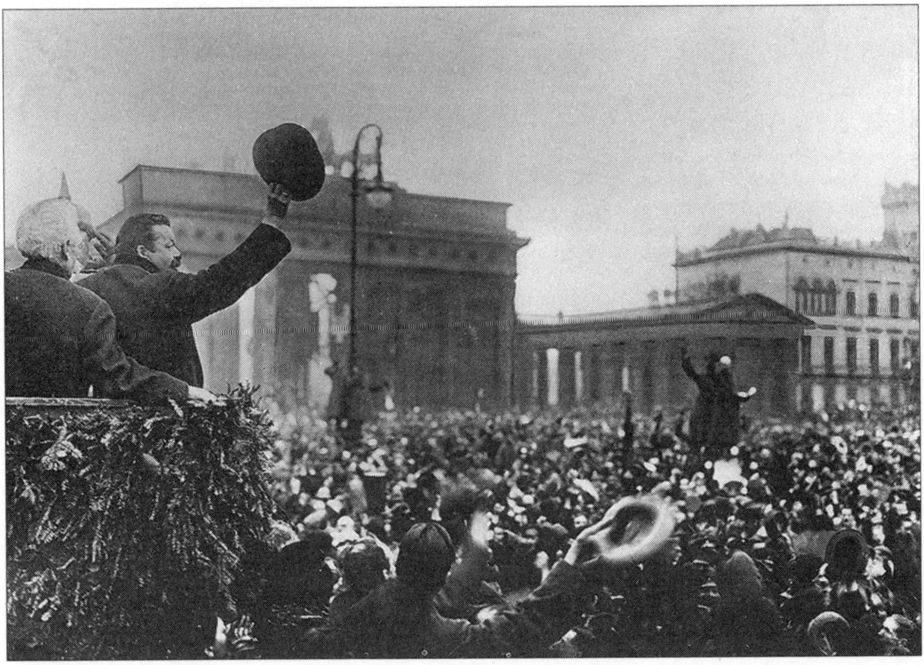

Das von Pabsts GKSD zerstörte Berliner Stadtschloß.

Die Kanonen, die das Schloß unter Feuer nahmen, trugen – Ironie der Geschichte – die »übliche« Aufschrift: »Ultima ratio regis« (das letzte Mittel des Königs). Rudolf Rotheit, kein Freund der Matrosen, berichtet: »Lange Zeit danach sah man hier noch die grüngelben Spuren von Gasgranaten, obwohl nachträglich bestritten wurde, daß mit solchen geschossen worden sei.«[36]

»Doch das Donnern der Geschütze war nicht ungehört verhallt. ›Gegenrevolution der Offiziere!‹ hieß das Echo, das es erzeugte. Von Mund zu Mund flog es fort, von den Fabriksirenen ward es aufgenommen, und aufreizend wirkte es fort bis in den letzten Winkel des Häusermeeres Berlins und wunderbar ging die Drachensaat auf, die in den letzten Wochen gesät war [...] in rasender Wut stürzte sich die losgelassene Meute [...] auf unsere Truppen.«[37] Die Massen erzwangen den Abbruch des Unternehmens.[38]

Am eigenen Leibe hatte Pabst die Kraft der Massen erlebt und ihre demoralisierende Wirkung auf das, was sein Leben war: die Truppe. Die »Drachensaat« Rosa Luxemburgs war aufgegangen. Es gab keine kaiserliche

Die Versprechen der SPD-
Regierung und die Wirklichkeit.

Armee mehr. Doch Pabst gab nicht auf. Er zog sich
mit den Resten seiner Truppe wieder an den Rand
Berlins zurück, entließ die »spartakistisch verseuch-
ten« Elemente und machte durch Freiwillige in kürzester Zeit eine schlagkräftige, wie er unter hoher Span-
nung stehende Truppe daraus. Er selbst besuchte sodann in Zivil Versammlungen, in denen Liebknecht
sprach. Er kam zu der Auffassung, daß er hier seinen
gefährlichsten Gegner vor sich hatte.39)

Vollends überzeugt von der »Gefahr«, die von den
Spartakisten ausging, war er, als ihn einer seiner eigenen Offiziere bat, Rosa Luxemburg zur Truppe sprechen zu lassen. Der Offizier, »ein katholischer Adli-
ger«, hatte eine Rede Rosa Luxemburgs gehört und

Gustav Noske schreitet die
Front der republikfeindlichen
Marineoffiziersbrigade
Loewenfeld ab.

Der »kleine Napoleon«   21

Daß dieser Aufstand für
die Freikorps und den in den
Vororten Berlins angehäuften
gigantischen militärischen
Apparat gerade »recht« kam,
belegt auch die Enttäuschung
»der Truppe« über den
schwächlichen Widerstand
von »Spartakus«.[41]

»hielt sie für eine Heilige, einen neuen Messias« mit ungeheurem Sendungsbewußtsein.[40] »In diesem Augenblick erkannte ich die ganze Gefährlichkeit der Frau Luxemburg. Sie war gefährlicher als alle anderen, auch die mit der Waffe.« Er beschloß, sie zu beseitigen. Als dann der Januaraufstand ausbrach, war es soweit.

Rosa Luxemburgs gespaltene
Position zum Januaraufstand –
sie verurteilte ihn intern scharf,
rechtfertigte ihn aber nach
außen – spielt hier keine Rolle,
da sie Pabst nicht bekannt
war. Für ihn war sie, unabhän-
gig vom real ablaufenden Geschehen, die geistige Urheberin
des »Spartakusaufstandes«.

Im Luisenstift Noskes bot er diesem seine Dienste an und wurde »einer der rührigsten« Helfer[42], begierig, den »Volksverhetzern« ein für allemal den Garaus zu machen.

»Standrechtlich« erschossene
»Spartakisten«. Noske:
»Und ich habe ausgemistet
und aufgeräumt in dem
Tempo, das damals
möglich war.«

Die Verhaftung

Am Vormittag des 15. Januar – alle strategisch wichtigen Punkte Berlins waren längst in Hand der Freikorps, der Widerstand der Aufständischen erloschen, die ersten »Erschießungen auf der Flucht« praktiziert – bezog die GKSD das im Jahre 1912 erbaute Nobelhotel Eden und machte es zu ihrem Stabsquartier.[43]

Das Edenhotel stand zwischen dem Straßendreieck Kurfürstendamm (heute: Budapester Straße), Kurfürstenstraße und Nürnberger Straße, direkt gegenüber dem Zoo. Es wurde im Zweiten Weltkrieg zerstört und nicht wieder aufgebaut.

Trotzdem beherbergte das Hotel auch noch zivile Gäste, wie z. B. den Reichskanzler a. D. von Bülow. Pabsts GKSD erhielt ihren Sold nicht nur von der OHL[44], sondern sie wurde von den Industriellen Stinnes und Minoux direkt finanziell unterstützt[45].
Pabst pflegte auch beste Kontakte zum Berliner Reichsbürgerrat und seinem Vorsitzenden, dem Ban-

Hugo Stinnes (1870-1924), Großindustrieller.

Friedrich Minoux (1877-1946), Industrieller.

Ein Plakat vom April 1919: Die symbolische Figur der National-versammlung mit der Friedens-palme in der Hand, bedroht von einem bombenwerfenden, messerbewaffneten Giftzwerg.

kier und Millionär Marx.[46] Schließlich stand Pabst auch in Verbindung mit dem von der Großindustrie reichlich ausgestatteten Vorsitzenden der Anti-Bolschewistischen Liga, Eduard Stadtler.[47]

Der GKSD waren zu diesem Zeitpunkt unter anderem auch das Regiment Reinhard, die Marine-Eskadron Pflugk-Harttung und die Einwohnerwehren unterstellt.[48]

Pabst selbst hatte sich maßgeblich um den Aufbau dieser Wehren gekümmert.[49] Schon in Dahlem hatte Noske Leutnant von Oertzen den Befehl zur Überwachung des Liebknechtschen Telefons gegeben.[50] Gleichzeitig ließen Noske und Pabst gemeinsam die Post Liebknechts überwachen.[51]

Hetzblatt gegen Luxemburg und Liebknecht (ihre Namen stehen jeweils auf dem Lendenschurz).

In der ganzen Stadt suchten bandenähnliche Organisationen und Bürgerwehren Liebknecht und Luxemburg. Niemand sorgte sich um die Legalität dieses Unterfangens.

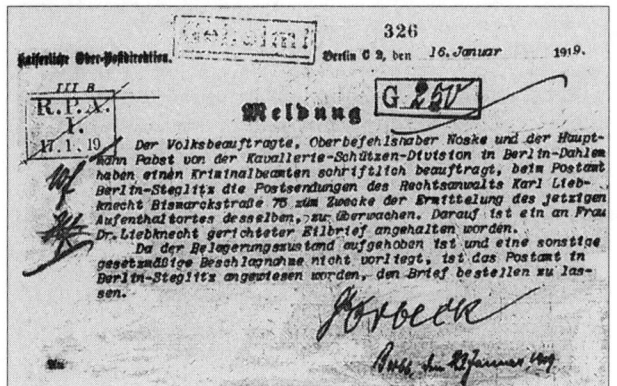

Geheimmeldung der Kaiserlichen (!) Oberpostdirektion III B vom 16. Januar 1919: »Der Volksbeauftragte, Oberbefehlshaber Noske und der Hauptmann Pabst von der Kavallerie-Schützen-Division in Berlin-Dahlem haben einen Kriminalbeamten schriftlich beauftragt, beim Postamt Berlin Steglitz die Postsendungen des Rechtsanwalts Karl Liebknecht Bismarckstraße 75 zum Zwecke der Ermittlung des jetzigen Aufenthaltortes desselben, zu überwachen.«

Schon im Dezember 1918 waren Liebknecht, Luxemburg und Paul Levi von einer Abteilung des »sozialdemokratischen« Regiments Reichstag unter dem Kommando des geistesgestörten Bauleiters Hasso von Tyszka mit dem Tode bedroht worden. Die Spartakusführer wurden von einer Abteilung der Sicherheitswehr Eichhorns unter Anführung einer dubiosen Revolutionsfigur mit Namen Prinz »befreit«. Erich Prinz, ein »Kunstmaler«, behauptete später, Scheidemann und Georg Sklarz hätten zusammen 100.000 Mark auf den Kopf Liebknechts und Luxemburgs ausgesetzt. Die Unterschriften unter dieses »Dokument« waren jedoch von Prinz gefälscht, das Dokument selbst von seiner Freundin Hilde Plaumann

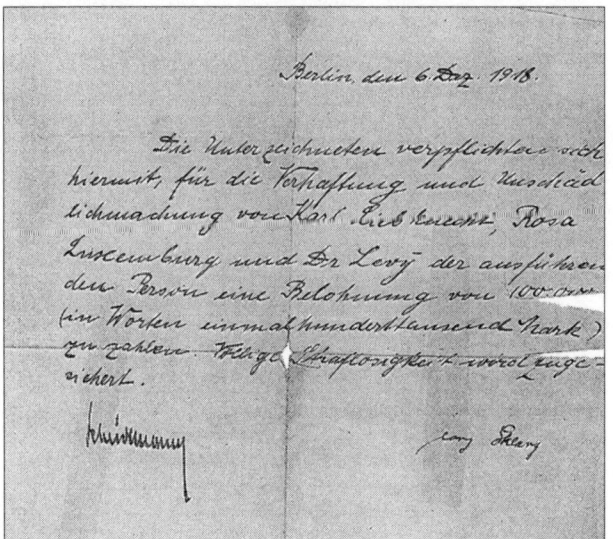

Der gefälschte Kopfgeldbefehl.

– sie beging später Selbstmord mit Kokain – angefertigt worden.[52] Scheidemann hat zu keiner Zeit einen solchen Kopfgeld-Brief unterschrieben, auch keine entsprechenden mündlichen »Befehle« gegeben. Richtig ist jedoch, daß der Schwiegersohn Scheidemanns, Fritz Henck, Mitbegründer des vom Reichsbürgerrat reichlich bezuschußten Regiment Reichstag, des öfteren verkündet hatte, den Befehl gebe es. Scheidemann, »der auch zu klug gewesen wäre, so etwas zu tun« (Pabst), mußte sich durch dieses »militärische Wirken« seines zwielichtigen Schwiegersohnes jahrzehntelang immer wieder solche Vorwürfe anhören. An Scheidemann rächte sich hier persönlich, daß die Führung der SPD keinerlei Interesse an wirklich republikanischen Truppen gehabt hatte, sondern lieber mit demokratiefeindlichem Militär zusammenarbeitete und solche reaktionären, vom Großbürgertum finanzierten Verbände sogar aus den »eigenen Reihen« heraus aufstellte.

Anton Fischer, SPD, ist Stadtkommandant vom 23. Dezember 1918 bis zum 7. Januar 1919. Sein äußerst dubioses Wirken in dieser Zeit ist noch kaum erforscht und bietet sozialdemokratischen Historikern ein weites Feld. Erwiesen ist: Fischer erhielt, wie die GKSD, Unterstützung vom Reichsbürgerrat des Bankiers Marx, der im Beirat der Kommandantur saß, die wiederum im Kronprinzenpalais weilte. Ein Spitzel wurde vom Sozialdemokraten Fischer daher fürstlich mit 15 Mark am Tag plus Spesen und 200 bis 300 Mark pro Nachricht entlohnt.

Zahlreiche Spitzeldienste diverser »staatstragender Verbände« entwickelten (zum Teil in Konkurrenz miteinander) einen fieberhaften Aktionismus.[53] Am wichtigsten waren dabei die »Spionageabteilungen« (Pabst) der GKSD[54], der Kommandantur des Anton Fischer[55] und des Regiments Reichstag[56].

Diese Spitzelorganisationen hatten Verbindung zu den Staatsanwälten Weismann[57] und Zumbroich.

Foto rechts:
Der Stab des Freiwilligen-Regiments »Reinhard«. In der Mitte Oberst Wilhelm Reinhard, rechts neben ihm Eugen von Kessel.

Die wichtigste Spitzelorganisation Pabsts war die »fliegende Kraftfahrstaffel Kessel«. Sie wurde im Januar aufgebaut und im März 1919 Pabst unterstellt. Zwei »prominente« Mitglieder waren Ernst Tamschick, der Mörder sowohl von Leo Jogiches als auch von Heinrich Dorrenbach, sowie der 30fache Matrosenmörder Oberleutnant Otto Marloh. Die Männer der Kraftfahrstaffel bildeten später den Grundstock für die »republikanische« Sicherheitspolizei (Sipo) des preußischen Justizministers Heine (1861-1944), SPD.

Das Regiment Reichstag war keinesfalls, wie der Name sugge-
riert, ein republikanisches. Daß Sozialdemokraten dort komman-
dierten, macht es noch nicht dazu. Es war ein reaktionäres, von
demokratiefeindlichen Elementen strotzendes Freikorps, das
finanziell von den Gebrüdern Sklarz, zwei Schieberfiguren, versorgt
wurde. (In der Bildmitte der Kommandeur, Oberst Grautoff.)

Dr. Robert Weismann.
Dieser Staatsanwalt gab allen
Verhaftungsaktionen der Fi-
scherschen Kommandantur
durch seinen Beistand den Anschein der Rechtmäßigkeit. Er
verfügte auch über Kontakte
zur GKSD. Weismann war im
Februar 1919 ermittelnder Be-
amter gegen Karl Radek. 1920
bis 1923 wirkte er als Staats-

kommissar für Öffentliche Ordnung. 1927 war er angeblich in
eine Bestechungsaffäre verwickelt. 1928 wurde er Staatssekretär in Preußen und rechte
Hand Otto Brauns. 1933 ver-
höhnten ihn die Nazis als
»Volksverräter«. Weismann
emigrierte im gleichen Jahr.
1942 starb er in New York.

Sein Kollege Zumbroich war
später Staatsanwalt im Prozeß
gegen Georg Ledebour (USPD)
wegen dessen Beteiligung am
Januaraufstand. Obwohl extrem
an der Verurteilung des Angeklagten interessiert, vertrat
Zumbroich dort die Auffassung,
daß der Januaraufstand kein
Hochverrat gewesen sei. Ledebour wurde freigesprochen.
Zumbroich war im März 1919
in die Vertuschung des 30fa-
chen Matrosenmords des Oberleutnants Marloh verwickelt. Er
wurde selbst zum Hochverräter,
als er sich während des Kapp–
Putsches 1920 zum Justizminister ernennen ließ.

Pabst gibt an, daß er zum Zeitpunkt des Umzugs von Dahlem ins Eden-Hotel noch nicht genau wußte, wo sich Luxemburg und Liebknecht aufhielten, er aber Hinweise erhalten hatte, daß sie im Berliner Westen seien.[58]

Das Haus in der Mannheimer Straße 43 am Tag nach der »Verhaftung« Luxemburgs und Liebknechts. Davor die Bürger- wehr Wilmersdorf mit Moering und Lindner (beide mit Mütze) im Zentrum. Staatsanwalt Ort- mann ermittelte sogar gegen diese beiden wegen Freiheits- beraubung. Das Verfahren ver- lief erwartungsgemäß im Sand.

Foto unten: Das Haus in der Mannheimer Straße heute.

Da die Regierung der Volksbe- auftragten, entgegen sämtli- cher Parteitagsbeschlüsse der SPD, nicht daran gedacht hatte, die Militärgerichtsbar- keit nach der Revolution des 9. Novemver 1918 abzuschaf- fen, wurden infolge der Ereig- nisse des 15. Januar nur die Mitglieder der Bürgerwehr von der Staatsanwaltschaft ver- nommen. Die Hauptbeteiligten jener Nacht waren Militärs und genossen so den Schutz der Militärgerichtsbarkeit.

Am Abend des 15. Januar 1919 betraten fünf Mit- glieder der Wilmersdorfer Bürgerwehr das Lokal Ecke Mannheimer/Berliner Straße, das an das Haus Mann- heimer Straße 43 angrenzte.

Es waren dies der Kaufmann Bruno Lindner, der Destillateur Wilhelm Moering und drei weitere uni- formierte Bürger mit Namen Jurczck (ebenfalls Kauf- mann), Schwarz und Jantz.[59] Sie erkundigten sich beim Wirt des Lokals über die im Nebenhaus gelegene Wohnung eines gewissen Marcusson.[60]

Dort, so gaben sie später an, vermuteten sie eine spar- takistische Zusammenkunft und Waffen, tatsächlich hatten sie aber Liebknecht und Luxemburg gesucht.[61] Wer ihnen den »Wink« gab, ist bis heute nicht bekannt. Ohne irgendeinen Auftrag zu haben, drangen sie in die Wohnung Marcusson ein.[62] »Einen Herrn, der sich im Zimmer befand und sich bei ihrer Ankunft entfernen wollte, hätten sie angehalten und auf Papiere durchsucht. Dabei hätten sie Legitimationskarten auf den Namen Liebknecht und seine Photographie gefunden. Lindner und Moering hätten ihn dann, da er sich Marcusson nannte, diese Angabe ihnen aber nicht glaubhaft erschien, zwecks Feststellung seiner Personalien im Auto nach dem Hauptquartier in der Cecilienschule gebracht.«[63]

Chauffiert wurde das Auto von einem Mann namens Güttinger, der Beifahrer hieß Probst. Während man Liebknecht zur Cecilienschule fuhr, verblieben Jurczck, Schwartz und Jantz in der Wohnung, um »weitere Feststellungen« vorzunehmen. Eine dort »verdächtig auffallende« Frau, Rosa Luxemburg, wurde festgesetzt.[64]

Lindner sagte im Mord-Prozeß im Mai 1919 aus: »Fräulein Luxemburg sagte, sie sei nicht Fräulein Luxemburg sondern Frau Luxemburg«.

Gleiches geschah mit einem Mann, der gegen 21 Uhr das Haus betrat. Er wollte angeblich Liebknecht und Luxemburg fremde Ausweispapiere bringen und »wurde beim Betreten der Wohnung von den Soldaten festgenommen und durchsucht.« Es war das Mitglied der Zentrale der KPD, Wilhelm Pieck.[65] An der Verhaftung von Luxemburg und Pieck beteiligte sich auch ein Mann namens Sebelin, der sich nach eigenen Angaben vor der Verhaftung Luxemburgs an das zuständige Polizei-Revier (Nr. 8 Berlin-Schöneberg) gewandt hatte und zwei uniformierte Schutzleute zur Unterstützung erhielt. Von der Cecilienschule aus

Siegfried Marcusson, Kaufmann, Mitglied der USPD und des Arbeiter- und Soldatenrates Wilmersdorf. Seine Frau Wanda Marcusson war eine Freundin Rosa Luxemburgs.

Die Bürgerwehr wurde am 10. Januar 1919 gegründet. Ihre »vorgesetzte Behörde« war die GKSD.

Die Cecilienschule heute.

Wilhelm Pieck.

teilte man zur gleichen Zeit in einem merkwürdigen Anruf der Reichskanzlei die Verhaftung Liebknechts mit. Den Anruf nahm der stellvertretende Pressechef der Reichskanzlei Robert Breuer entgegen.

Breuer war »zufälligerweise« gleichzeitig Mitglied des Wilmersdorfer Sozialdemokratischen Wahlvereins.

Breuer wies nach eigenen Angaben den Anrufer, das Mitglied der Bürgerwehr Pollmann, darauf hin, daß die Verhaftung ohne Haftbefehl widerrechtlich sei, gleichzeitig wollte Breuer die Nachricht »der zuständigen Stelle« weitergegeben haben.[66] Wen Breuer damit meinte, seinen Chef Rauscher oder gar den Volksbeauftragten Landsberg, ist unklar. Daß die zu-

Ulrich Rauscher (1884-1930, linkes Foto), Journalist, ist 1919/20 Pressechef der Regierung, Mitglied der SPD. Nach den Angaben Pabsts war er Alkoholiker.

Otto Landsberg (1869-1957, rechtes Foto), Rechtsanwalt. Volksbeauftragter. 1919 Justizminister.

ständige Stelle nicht weiter reagierte, erklärte sich Breuer damit, »daß in den damaligen Tagen von unzuständigen Stellen täglich die wildesten Gerüchte uns mitgeteilt wurden, ganz besonders Nachrichten von Verhaftungen.«[67]

Die Verhaftung Piecks kommt in den Vernehmungen des Staatsanwalts Ortmann nicht vor. Sie wurde von den Mitgliedern der Bürgerwehr verschwiegen. Im Prozeß wird Pieck als »Redakteur Meyer von der Roten Fahne« nur erwähnt.

Der Vorsitzende des Bürgerrats von Wilmersdorf, Fabian, gab allerdings an, Sinn und Zweck des Anrufs von Pollmann in der Reichskanzlei sei es gewesen, zu erfahren, was man mit Liebknecht tun solle. Breuer habe ihm geantwortet, er werde darüber in fünf Minuten Bescheid erhalten. Die Bürgerwehr habe daraufhin eine halbe Stunde vergeblich auf den Rückruf gewartet.[68]

Warum der Sozialdemokrat Breuer nicht mehr zurückgerufen hat, wird wohl nicht mehr zu klären sein.

So wurde Liebknecht gegen 21 Uhr 30 durch Güttinger, Probst, Lindner und Moering von der Cecilienschule zum Eden-Hotel zur »Vorgesetzten Behörde«, der GKSD, transportiert. Die vier fuhren von dort aus zur Mannheimer Straße zurück und holten Luxemburg und Pieck ab. Beide wurden wie Liebknecht ins Eden-Hotel gebracht (ca. 22 Uhr).

Pabst bekundete später, er habe von der Festnahme der Spartakusführer erst erfahren, als sie ihm »sozusagen frei Haus geliefert« wurden.[69] Ein jeder der an der Aktion Beteiligten erhielt durch den Vorsitzenden des Bürgerrats Fabian für den Fang die damals enorme Geldsumme von 1.700 Mark.[70]

Den acht beteiligten Bürgerwehrmännern (darunter drei Kaufleuten) wurden zusammen 13.600 Mark Kopfgeld ausbezahlt. Der Bürgerrat von Wilmersdorf war eine Unterabteilung des schon erwähnten Reichsbürgerrats des Bankiers Marx, von dem diese »Förderung des Mittelstandes« ausging. Bruno Lindner, der Anführer der tapferen Kaufleute, hat später noch mehr Geld erhalten.

Nicht ganz so erfolgreich in Finanzdingen war das Reichsschatzamt. Hatte es sich doch genau am Tag des Doppelmordes auf die Suche nach dem sagenhaften Schatz der Bolschewisten gemacht und die Deutsche Bank – entgegen den Gepflogenheiten – angewiesen, Auskunft über Gelder von »Führern der Spartakusgruppe« zu machen »zur Sicherung von Ansprüchen des Deutschen Reiches gegen Rußland«. Doch die Deutsche Bank, die im Auftrag des Reichsschatzamtes andere Banken zur Nachforschung anwies, konnte nicht damit dienen. Auf den Konten von Karl Liebknechts Bruder Theodor und denen der Ehefrau des Sozialistenführers befanden sich nur wenige hundert Mark.

Es war also nicht gelungen, die Millionenbeträge, die die Oberste Heeresleitung munter in die Revolution der Bolschewiki gepumpt hatte, zurückzubekommen und in den Geldkreislauf der deutschen Konterrevolution zu leiten. Ein Bankdirektor antwortete gar beleidigt: »Spartakisten sind unter unserer Kundschaft meines Wissens nicht.«[71]

Hotel ohne Wiederkehr: Das Eden

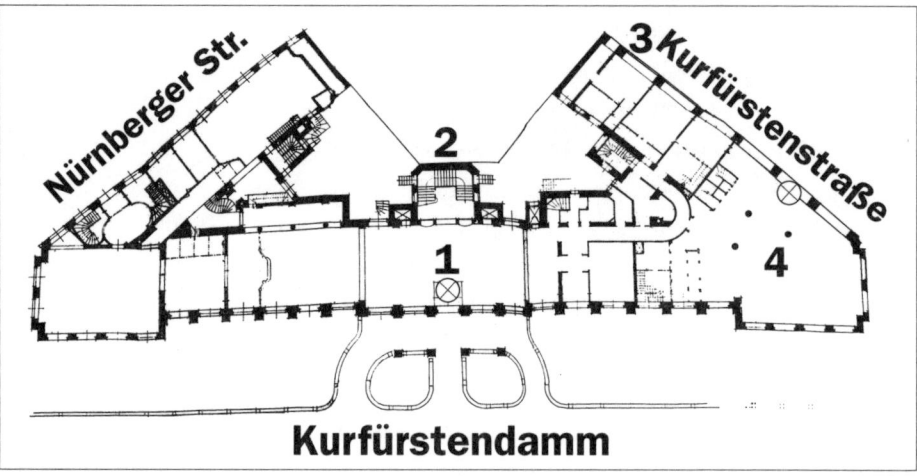

Kurfürstendamm

Bauplan des Eden-Hotels, Parterre. Deutlich erkennbar die Drehtür (1) zum Kurfürstendamm (heute Budapester Straße) und das Treppenhaus (2). Rechts oben der Seitenausgang zur Kurfürstenstraße (3). Das Café rechts unten im Bild (4) diente als Wachlokal, hier wurde das berühmte »Gelage-Foto« aufgenommen.

Etwa gegen 21 Uhr 30 führte man Liebknecht durch das Hauptportal und die Halle in den ersten Stock des Eden-Hotels.

Dort hatte Pabst sein Hauptquartier in zwei großen Räumen aufgeschlagen. Es waren dies der sogenannte »kleine Saal«, das ehemalige Casino und der sogenannte »kleine Salon«, das eigentliche Arbeitszimmer Pabsts[72]), Liebknecht wurde in den »kleinen Salon« gebracht und Pabst vorgeführt[73]).

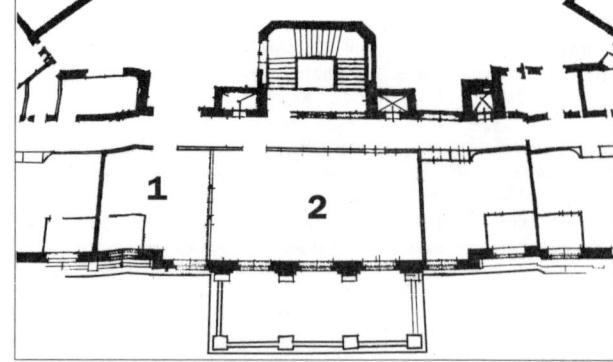

Pabsts Hauptquartier im 1. Stock, der sogenannte »Kleine Salon« (1) und der »Kleine Saal« (2). Die Offiziere waren im 4. Stock einquartiert. Die Terrasse vor dem »Kleinen Saal« ist auf dem Foto auf Seite 23 zu erkennen.

Die Nachricht von der Ankunft des Spartakusführers löste unter den Hotelgästen und den anwesenden Offizieren und Mannschaften der GKSD Pogromstimmung aus.

Nach der sehr anschaulichen Schilderung des Verteidigers der Mörder, Fritz Grünspach, brach eine Art Fieber aus, das er, die »Republik« zitierend, als »deutsches Fieber« bezeichnete.[74]

Ein kollektiver Erregungszustand durchzitterte das Nobelhotel. Im »kleinen Salon« Pabsts, wissend, was ihm bevorstand, gab sich Liebknecht immer noch als Marcusson aus, wurde aber an den Initialen seiner Kleidung identifiziert.[75] Pabst begab sich nach nebenan in den »kleinen Saal« und beriet sich mit seinem Adjutanten Hauptmann von Pflugk-Harttung – vermutlich war sein Stellvertreter Hauptmann Rühle von Lilienstern auch dabei (siehe Portraits auf Seite 129F.).

Man beschloß zur weiteren »Behandlung« Liebknechts die schon erwähnte Marine-Eskadron des

Der Rechtsanwalt Dr. Fritz Grünspach ist Verteidiger aller Angeklagten im Prozeß und vertritt Pabst auch bei dessen Verfolgung nach dem Kapp-Putsch 1920. Der Anwalt übergibt 1920 Runge 3.000 Mark Bestechungsgeld. Er war auch Anwalt von Georg Sklarz. In den 20ern ist er gestorben. Pabst 1966 im Interview mit dem ehemaligen SS-Offizier Cerff: »Das wird Ihnen nicht gefallen, was ich jetzt erzähle, der Verteidiger war ein Jud.«

Das Eden-Hotel 1919 mit Regierungspanzer.

Kaleu Pflugk-Harttung aus dem Quartier »in den Zelten« zu holen.[76] Mit einem offenen NSU, dem gleichen Wagen, mit dem Liebknecht später abtransportiert werden sollte, fuhr Hauptmann von Pflugk-Harttung dorthin und kehrte mit seinem Bruder und vier jungen Offizieren zurück. Es waren dies der Oberleutnant zur See Ulrich von Ritgen, der Leutnant zur See Heinrich Stiege, der Leutnant zur See Bruno Schulze und der Leutnant zur See Hermann W. Souchon (siehe Portraits auf Seite 130FF.). Allesamt Hünen mit Gardemaß von 1,90 m.

Die Zeitangaben lassen sich nur mühsam aus der Jornsschen »Voruntersuchung« und den Aussagen im Prozeß ermitteln, wobei den Angaben von Zivilisten größere Glaubwürdigkeit zu schenken ist.

Gegen 21 Uhr 45 traf dieser in Mannschaftsuniform gekleidete »Stoßtrupp«[77] im Eden-Hotel ein. Etwa gegen 22 Uhr 45 wurde Liebknecht von diesen Männern aus dem »kleinen Salon« abgeführt. Angeblich war es kurz vorher noch zu einer kurzen und heftigen politischen Diskussion gekommen.[78] Unter Beschimpfungen und bespuckt von Hotelgästen und Uniformierten führten sie Liebknecht die Treppe hinunter zum Nebenausgang des Hotels.[79]

Vor dem Hotel, das weiträumig abgesperrt war[80], standen einige Soldaten Spalier[81]. Liebknecht und seine Bewacher setzten sich in das Auto.[82] Liebknecht saß hinten, neben ihm Stiege, vor ihm Kaleu Pflugk-Harttung. Schulze stand auf dem rechten, der Jäger Friedrich auf dem linken Trittbrett. Vorn plazierten sich Hauptmann Pflugk-Harttung und der Fahrer Peschel.

Leutnant Liepmann[83] (siehe Portrait auf Seite 128), ebenfalls Ordonnanzoffizier Pabsts, aber nicht zu den Marineoffizieren gehörig, stieg auch zu, hielt sich für den Transportführer, da alle außer ihm Mannschaftsmäntel trugen, wurde aber von Kaleu Pflugk-Harttung eines Besseren belehrt.[84] Auch ein anderer Uniformierter fühlte sich genarrt, der Jäger Runge (siehe

Portrait auf Seite 132), der am Hauptportal rechts neben der Drehtür Wache stand.

Denn der Hauptmann Petri, ein ebenfalls im Eden-Hotel anwesender Offizier, der von den »Beschlüssen« oben im ersten Stock nichts wußte, hatte Runge bestochen, aus Angst, Liebknecht könnte das Hotel lebend verlassen.[85]

Petri war Eisenbahnoffizier Pabsts und beging später Selbstmord.[86]

Runge erkannte durch das Glas der Drehtüre, daß Liebknecht zum Seitenausgang geführt wurde. Er lief zusammen mit dem Chauffeur Güttinger außen um das Eden-Hotel und erreichte den Wagen gerade, als Liebknecht dort zwischen den getarnten Offizieren Platz nahm. Runge versetzte ihm einen Schlag mit dem Kolben. Schwer getroffen wich Liebknecht sich instinkiv duckend dem zweiten Schlag aus. Dabei lief Blut auf die Hose Stieges. Liebknecht sagte: »Es blutet!« Das Auto fuhr an.

Auf die Idee, Liebknecht zur gegenüberliegenden Rettungsstation zu bringen, kamen die Offiziere erst, als er ermordet war und sie aus dem Tiergarten zurückkamen.

Ein Mann mit Matrosenmütze und Fliegerpelz, von Rzewuski, sprang noch auf, schlug Liebknecht mit der Faust ins Gesicht und sprang wieder ab. Kurz nach 22 Uhr waren Rosa Luxemburg und Wilhelm Pieck eingeliefert und ebenfalls durchs Hauptportal und die Halle, umgeben von geifernden Hotelgästen und Uniformierten – Rosa Luxemburg wurde dabei als Hure beschimpft –, in den ersten Stock gebracht worden. Pieck mußte sich vor den beiden Räumen Pabsts in einer Ausbuchtung schwerbewacht aufstellen, während Rosa Luxemburg Pabst im »kleinen Saal« vorgeführt wurde. Liebknecht befand sich zu diesem Zeitpunkt noch eine Tür weiter im »kleinen Salon«.

Eingang des Zoologischen Gartens heute. An dieser Stelle befand sich die Rettungsstation.

Pabst: »Sind Sie Frau Rosa Luxemburg? Darauf sagte sie: Entscheiden Sie bitte selber. Da sagte ich, nach dem Bilde müßten Sie es sein. Darauf entgegnete sie mir: Wenn Sie es sagen! Ich war also genauso schlau wie vorher.«[87] Kurz danach, Liebknecht war soeben aus dem »kleinen Salon« abtransportiert worden, brachte man vermutlich auch sie durch die Zwischentür dorthin. In Anwesenheit Pabsts, dessen eigentliches Arbeitszimmer dieser Raum war, nähte sie sich ihren beim Transport beschädigten Rocksaum an[88] und las in Goethes Faust[89].

Um 23 Uhr 15 wurde Liebknecht an der Rettungswache am Zoo, direkt gegenüber dem Eden-Hotel, als unbekannter Toter eingeliefert. Die Marineoffiziere kehrten zurück und erstatteten im »kleinen Saal« Pabst Meldung. Dann wurde Rosa Luxemburg abtransportiert (23 Uhr 40). Der zum Transportführer bestimmte Oberleutnant a. D. Vogel (siehe Portrait auf Seite 133) holte sie ab und führte sie durch die Halle zum Hauptausgang.

Dort wartete – was, wie schon bei Liebknechts Abtransport, nicht in der Regie Pabsts vorgesehen war – Runge, der sich die Belohnung des Hauptmanns Petri gründlich verdienen wollte. Runge hatte deswegen seine Wachablösung um 23 Uhr abgelehnt.[90] Vogel ließ Rosa Luxemburg voraus durch die eingehakte Drehtüre gehen. Runge versetzte ihr einen heftigen Schlag mit dem Kolben. Bewußtlos stürzte sie nach hinten über, verlor einen Schuh[91] und ihre Handtasche.

Am Boden liegend erhielt sie einen zweiten Schlag Runges. Erst danach sah sich Vogel genötigt »einzuschreiten«. Sie wurde zum Auto geschleppt und »hineingeschmissen«[92].

Links neben ihr auf den Rücksitz setzte sich der Jäger Max Weber, rechts neben sie der Jäger Willy Grantke. Auf dem linken Trittbrett stand noch der Jäger Hermann Poppe.[93] Vorn saß der Fahrer Hermann Janschkow (das Lenkrad war rechts) und der Beifahrer Richard Hall. Auch Vogel stieg zu. Während das of-

Der Soldat Kurt Becker nahm Rosa Luxemburgs Schuh als Trophäe mit. Einer der Wachoffiziere, Albrecht Freiherr von Wechmar, später militärischer Berater bei Ertels Fernsehspiel, stahl aus ihrer Handtasche einen Brief von Clara Zetkin, den er 1969 für mehrere hundert Mark an den Historiker Hermann Weber verkaufte.

Albrecht Freiherr von Wechmar erklärt 50 Jahre nach der Tat dem Darsteller des Jägers Runge, Friedrich G. Beckhaus, wie er sich zu verhalten hat.

fene Auto Marke »Priamus« die Hotelauffahrt hinunterrollte, sprang erneut von Rzewuski auf und versetzt der Bewußtlosen noch zwei Schläge ins Gesicht. Dann sprang er wieder ab. Der Wagen fuhr Richtung Cornelius-Brücke. Auf der Höhe der Nürnberger Straße, circa 40 Meter vom Haupteingang des Hotels entfernt, fiel ein Schuß, »der links vor dem Ohr eintrat und auf der gegenüberliegenden Seite etwas tiefer austrat«, aus unmittelbarer Nähe abgefeuert wurde und zu einer »Sprengung der Schädelgrundfläche« und einer »Durchtrennung des Unterkiefers« führte.[94]

Rosa Luxemburg war sofort tot. Es war 23 Uhr 45 am 15. Januar 1919.

Über Max Weber (1893-195?), Willy Grantke (1900-?) und Hermann Poppe (1899-?) sind biographische Daten nicht mehr ermittelbar. Im Verfahren Souchon gegen Dieter Ertel und den SDR 1969 wurde vergeblich nach ihnen gesucht.

Der obduzierende Geheime Medizinalrat Strassmann erlaubte sich noch zu bemerken, daß es »überhaupt seltsam erscheint, daß ein Schuß unter diesen Umständen, unter denen er für die Transportmannschaften doch auch eine erhebliche Gefährdung bedeutete, abgegeben worden ist.«

Die Karte zeigt den Weg, den die Mörder vom Eden-Hotel mit ihren Opfern nahmen.

Der Tag danach

Noch in der Nacht, etwa gegen drei Uhr, weckte Pabst seinen Kommandeur Generalleutnant von Hofmann und unterrichtete ihn wahrheitsgemäß über die Ereignisse der Nacht. Hofmann, der spätere Gerichtsherr im Mordprozeß, meinte, er hätte dies sicherlich so nicht befohlen, stellte sich aber dann hinter Pabst und übernahm die »Verantwortung«[95].

In den folgenden Stunden stand Pabsts Telefon nicht mehr still. Er meldete seiner Kommandobehörde, der Abteilung von Lüttwitz, Liebknecht sei auf der Flucht erschossen, Luxemburg von der Menge getötet worden. Hauptmann von Schleicher, der den Anruf entgegennahm, beglückwünschte Pabst zur Tat. Pabst jedoch verwahrte sich gegen die »Unterstellungen« von Schleichers. Gegen sechs Uhr erhielt Pabst den Anruf Rauschers, Pabst habe sich am Morgen in der Reichskanzlei einzufinden, um Bericht zu erstatten. Pabst lehnte ab. Doch wenige Minuten später meldete sich erneut von Schleicher und befahl Pabst im Namen Hindenburgs, sich in der Reichskanzlei einzufinden.

Kurt von Schleicher (1882-1934), 1919 Major im Generalstab der OHL. Er wird 1932 der letzte Reichskanzler vor Hitler. Ein Mordkommando tötet ihn 1934 beim »Röhm-Putsch«.

Gleichzeitig gab er Pabst den persönlichen Rat, den Abschied zu nehmen und ein Verfahren gegen sich selbst einzuleiten. Der Weg in die Reichskanzlei blieb Pabst somit nicht erspart. Pabst gibt an, am Morgen des 16. Januar in der Reichskanzlei eine Unterredung mit den Volksbeauftragten gehabt zu haben.[96] Daß sie stattgefunden hat, bestätigte der Kriegsgerichtsrat Kurtzig im ersten Jorns-Prozeß.[97] Nach seinen Angaben war Pabst hierfür gut gerüstet. Zunächst hätte er die GKSD in Alarmbereitschaft versetzt, dann wäre er, begleitet von mehreren schwerbewaffneten LKWs und

50 seiner besten Leute, darunter auch den Mördern, in der Wilhelmstraße vorgefahren. Er habe den Befehl gegeben, die Reichskanzlei zu besetzen, falls er oder sein Kommandeur von Hofmann bis zu einem bestimmten Zeitpunkt nicht wieder herauskommen würden.

Es wäre für Pabst kein Problem gewesen, die Reichskanzlei zu besetzen, denn die Wache der republikanischen Reichskanzlei wurde, auf Wunsch der Volksbeauftragten, zu diesem Zeitpunkt von der republikfeindlichen sogenannten Suppe-Truppe gestellt, die dem Regiment Reinhard unterstand, was wiederum Teil der GKSD war.

Das Foto zeigt die Wache im Garten des Reichskanzlerpalais in der Wilhelmstraße.

An der Versammlung in der Reichskanzlei nahmen außer den Volksbeauftragten auch General von Lüttwitz, Generalleutnant von Hofmann sowie der Kriegsgerichtsrat Kurtzig teil.

Pabst stellt die Sitzung folgendermaßen dar: Am schärfsten gegen ihn eingestellt sei Landsberg gewesen. Er habe sofortige Verhaftungen verlangt. Schon moderater seien Ebert und Noske gewesen, die ihm beide die Hand gedrückt hätten. Um dem zu erwartenden Entrüstungssturm zu entgehen, habe man sich schließlich auf die Einleitung eines Ermittlungverfahrens geeinigt, allerdings durch das Kriegsgericht der Division selbst. Die SPD-Führung bewies erneut ihre völlige Unbesorgtheit gegenüber dem alten Militärapparat.

Eine Unbesorgtheit, die nicht nur Pabst später als Kumpanei auslegte. Vergessen war auch die Forderung

Es existiert kein Protokoll der Sitzung. Nach Pabsts und Kurtzigs Angaben fand sie kurz vor acht Uhr morgens statt. Die gemeinsame Sitzung der Regierung mit dem Zentralrat hat nach WTB (Wollffsches Telegrafenbüro) um 13 Uhr stattgefunden, selbstverständlich ohne die Militärs.[98]

Scheidemann im Dezember 1918: »Die Dummenjungenstreiche gewisser Offiziere sind ein Kinderspiel gegen den Unfug der bolschewistischen Hanswurste.«

Der Rat der Volksbeauftragten (SPD und USPD) hatte es seit November 1918 versäumt, »mit dem ganzen Unsinn des Militärgerichtswesens«[99] aufzuräumen.

aller SPD-Parteitage nach unabhängigen Gerichten. Leutselig stimmte man damit zu, daß die Kameraden der Mörder über diese zu Gericht saßen.

Es mutet geradezu grotesk an, wenn Kurtzig, der zunächst mit der Untersuchung betraut war, später berichtete, daß von Hofmann es war, der vorschlug, auch Mitglieder des Vollzugsrates und des Zentralrates an der Untersuchung zu beteiligen.[100] Pabst konnte auf jeden Fall zufrieden sein, als er mit seinen beiden Vorgesetzten von Hofmann und von Lüttwitz die Reichskanzlei verließ. Noch am selben Tag befahl von Hofmann die Einleitung eines kriegsgerichtlichen Verfahrens[101] und ließ von Lüttwitz den Transportführer Oberleutnant Vogel verhaften, »weil hinreichender Verdacht besteht, das [sic!] Erforderliche zum Schutz der Festgenommenen verabsäumt ist.«[102] Eine Verlautbarung der Regierung vom selben Tag versprach »strengste Untersuchung« und, falls Vorschriften verletzt worden seien, »in der schärfsten Weise« einzugreifen.[103] Zur gleichen Zeit berichtete die gesamte Berliner Presse, treuherzig einer Meldung des Wolffschen Telegrafenbüros (WTB) folgend, über den Tod der Spartakusführer. Die Meldung des WTB war wortgleich mit der »amtlichen Darstellung« des Propagandachefs der GKSD, Dr. Fritz Grabowsky (siehe Portrait auf Seite 127), der diese noch in der Nacht hatte anfertigen lassen und die der Hoteldirektor Ott dem Personal des Eden-Hotels am Morgen des 16. Januar vorlas, mit der Bemerkung: »So ist es gewesen«[104].

Gegen den Hoteldirektor Ott lief später sogar ein Verfahren der Staatsanwaltschaft wegen Falschaussage. Das Verfahren wurde aber, wie immer im Fall Liebknecht/Luxemburg, später eingestellt.

Grabowsky verfügte über hervorragende Verbindungen zum WTB. Somit stand ihm ein Apparat zur Verfügung, mit dem er noch des öfteren im Auftrag Pabsts Falschmeldungen, Gerüchte und Pogromstimmung verbreiten konnte. Die »amtliche Darstellung«, lautete folgendermaßen:[105] Liebknecht sei im Eden-Hotel kurz verhört worden, dann hätte er nach Moabit transportiert werden sollen[106].

Vor dem Hotel habe sich aber, aufgrund der Nachricht von der Verhaftung, sehr schnell eine große Menschenansammlung gebildet. Die Menge sei sogar bis in die Vorhalle gedrungen. Deswegen habe man Liebknecht durch den Nebenausgang Kurfürstenstraße

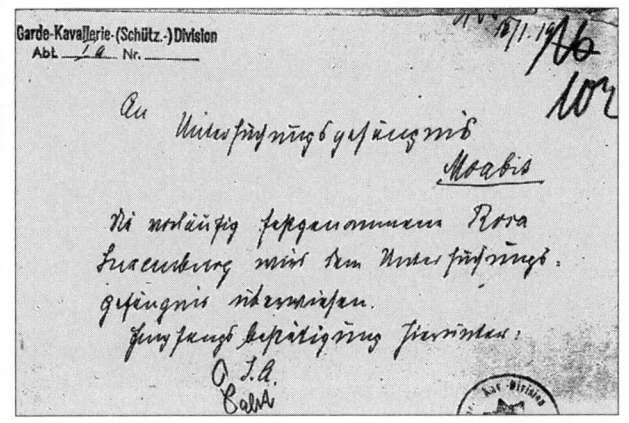

Die »Überweisung« Rosa Luxemburgs an das Moabiter Untersuchungsgefängnis, unterschrieben von Pabst. Mündlich wurde anderes befohlen.

abtransportiert. Doch auch hier sei eine große Menschenmenge versammelt gewesen. Nur mühsam habe man sich den Weg bahnen können. Als Liebknecht im Wagen Platz genommen habe, sei aus der Menge heraus auf ihn eingeschlagen worden. Das Auto sei dann schnell durch den Tiergarten Richtung Moabit gefahren. Am Neuen See sei der Wagen stehengeblieben. Panne. Man sei dann mit Liebknecht zu Fuß weitergegangen. Der habe sich losgerissen, auf mehrfaches Rufen nicht reagiert und sei von der Begleitmannschaft erschossen worden. Beim Abtransport der Frau Luxemburg durch den Haupteingang habe die Menge eine drohende Haltung gegen Frau Luxemburg eingenommen. Die Begleitmannschaft habe sich so in einem »erregten Menschenknäul« befunden, und in diesem Moment »schlug die Menschenmenge auf Rosa Luxemburg ein«[107]. Dann sei sie ins Auto gebracht worden. Der Wagen wäre losgefahren. Da »sprang ein Mann aus der Menge auf das Trittbrett und gab auf Frau Luxemburg einen Pistolenschuß ab.« Der Wagen sei dann am Kanal erneut von einer Menschenmenge aufgehalten worden. Diese habe der Begleitmannschaft Frau Luxemburg entrissen.

Die völlig unglaubwürdige Erfindung von der Entführung der Toten wurde gewählt, da Vogel die Leiche gegen den Befehl Pabsts in den Landwehrkanal geworfen hatte.[108]

Landwehrkanal mit Lichtensteinbrücke.

Strengste Untersuchung

Schon nach wenigen Tagen ergaben sich erhebliche Zweifel an der Grabowsky-Story. Zeugenaussagen bekundeten, daß sich weder Zivilisten noch eine große Menschenmenge zur fraglichen Zeit vor dem Eden-Hotel befunden hatte, da dieses weiträumig abgesperrt gewesen war.[109)] Kriegsgerichtsrat Kurtzig von der GKSD, offensichtlich ehrlich um Aufklärung bemüht,[110)] hatte am Abend des 16. Januar den Transportführer des Liebknechttransportes Kaleu von Pflugk-Harttung verhört und noch in der gleichen Nacht verhaften lassen.[111)]

Doch nun wurde Kurtzig »zur Unterstützung« ein Kriegsgerichtsrat beigegeben, der sich in China und »Deutsch-Südwest« seine Sporen verdient hatte und der nun den Fall Luxemburg untersuchen sollte, Kriegsgerichtsrat Jorns (siehe Portrait auf Seite 127). Dieser erreichte sehr schnell beim Gerichtsherrn von Hofmann, daß Kurtzig abgelöst wurde und er allein

Kriegsgerichtsrat Kurtzig gab später an, er habe den dringenden Verdacht gehabt, daß sich die Offiziere eines schweren Verbrechens schuldig gemacht hätten.

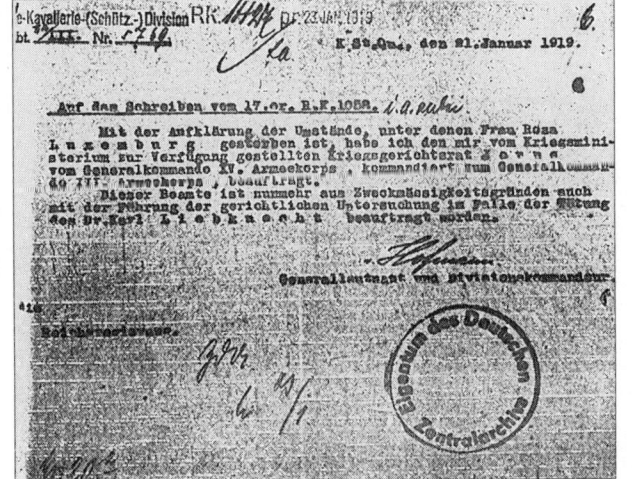

Die Ernennung von Jorns zum Untersuchungsrichter.

beide Fälle bearbeitete.[112] Tatsächlich steckte hinter
diesem Vorgang wiederum Pabst, dem der widerbor-
stige Kriegsgerichtsrat zu korrekt war.[113] Als erstes
ließ Jorns die Hauptverdächtigen Vogel und Kaleu von
Pflugk-Harttung frei, obwohl Verdunklungsgefahr bestand.[114] Der NSU, der die Panne im Tiergarten
hatte, wurde erst sechs Tage nach der Tat einem Offizier zur »Begutachtung« übergeben.[115]
Der »Priamus«, das Luxemburg-Auto, wurde überhaupt nicht untersucht. Die Untersuchungsführung

Die Reparaturrechnung (!)
des »Pannen-NSU«.

„GAVA"
Gesellschaft für Ausrüstung und Verwertung von Automobilen
mit beschränkter Haftung.

precher: Lichtenberg 643
Bank Konto: Sen.
n der Disconto-Gesellschaft
Kasse Unter den Linden 11.
Kasse S. Bleichröder
Jnter den Linden 13.

BERLIN-STRALAU, den 28. 2.19
Tunnelstrasse 36-37.

Rechnung

die Garde Kavallerie-Schützen-Division, Berli

Bezeichnung der Teilarbeit	Material			Arbeitsstunden		Material-preisen und Stundenlohn
	Menge	Materialart	Preis	Anzahl	Lohn	
er Reparatur eines N.S.U.-Phaetons, Motor-No. 2291; Dep.-No. 24620.						
Auftrag vom 26.1.1919.						
...ung: Magnet demontirt, reinigt; Platinschrauben eingearbeitet. Magnet eingestellt und zusammengesetzt. neue Klaue aufgepasst und festigt. Magnetgestänge reriert. Vergaser auseinandergenommen, gereinigt, kontrolliert u zusammengesetzt. ...et und Vergaser eingebaut u reguliert. ntilator: 1 neuen Riemen angebracht. Montagestunden:	1 1 1	Magnetklaue Schalterschl. Ventilatorr.	2. 1. 5.60	50 50	29½	
triebe: Schaltung reparirt. ue Stifte in den Schaltbock ngepasst. 1 neuen Keil angefertigt und eingesetzt. haltung ausgerichtet. Montagestunden:	1	Keil	2.	25	24	
...plung: ausgebaut und gereinigt. ...mellen reparirt; 12 neue ...mellen eingesetzt. ...plungsbremse angefertigt ...d montiert. Montagestunden:	12	Lamellen Material	15. ...	00 00	38	
...hmen: 1 Fettbuchse gedreht ...d angebracht. Benzindruck- ...mpe ausgebessert. 1 neuen ...ppel angelötet. 2 Unterleg- ...atten für die Hinterfedern ...ngefertigt und befestigt. ...derbänder gestreckt und ...angbar gemacht. Montagestunden:	1 1 2	Buchse Nippel Platten	4. 2. 3.	35 50 00	22	
Übertrag:			72. 40. 113 ½			

geriet von Anfang an unter heftigste Kritik der Öffentlichkeit. Insbesondere die »Freiheit« – die »Rote Fahne« war verboten – und die Mitglieder des Vollzugsrates der Arbeiter- und Soldatenräte von Groß-Berlin, aber auch der SPD-Zentralrat der Sozialistischen Republik, hatten erhebliche Zweifel an der Unbefangenheit des Gerichts. Protestresolutionen von Arbeiterversammlungen häuften sich. Ein unabhängiges Gericht bzw. eine Sonderkommission wurde gefordert.[116]

Ein ziviles Gericht zu beauftragen wäre auch formaljuristisch für die Regierung möglich gewesen. Aber die SPD-Volksbeauftragten vertrauten den Militärs weiterhin unumschränkt. Die Begründung dieser Haltung ist lesenswert: »Da an der Zuständigkeit des nach der Militärstrafgerichtsordnung berufenen Gerichts nichts geändert wird, wird niemand seinem gesetzlichen Richter entzogen.«[117] Der letzte Halbsatz taucht übrigens später wörtlich im Artikel 105 der Weimarer Verfassung auf.

Das einzige Zugeständnis der SPD-Volksbeauftragten waren die von von Hofmann vorgeschlagenen Beisitzer von Vollzugs- und Zentralrat.[118]

Jorns setzte diesen Männern erheblichen Widerstand entgegen, ließ sie Fragen an Zeugen erst gar nicht und später nur nach einem umständlichen Procedere stellen. Die Anregungen der Beisitzer wurden nicht beachtet, vorgeschlagene Verhöre wichtiger Zeugen erfolgten nicht oder verspätet. Anträge auf Verhaftungen Verdächtiger wurden mißachtet. Nach Ansicht der Beisitzer führte er die Verhöre in einer Form, die in ihnen größtes Mißtrauen hervorrief.[119]

Kriegsgerichtsrat Jorns konnte auch des Jägers Otto Wilhelm Runge, der beide Opfer mit dem Kolben schwer verletzt hatte, trotz »umgehend eingeleiteter

Richard Müller (USPD) forderte im Namen des Vollzugsrates eine Sonderkommission. Solche Kommissionen waren (wie die heutigen parlamentarischen Untersuchungsausschüsse) nichts Ungewöhnliches. Doch der Antrag wurde von der SPD-Regierung ignoriert.

Fahndung« nicht habhaft werden. Dies lag daran, daß alle Verfügungen und aller Schriftverkehr von Jorns über den Stab der GKSD nach draußen gingen. Jorns hatte sich deswegen sogar als Nachbar Pabsts im Eden einquartiert (im zweiten Stock über dem Café). Einer der Hauptverdächtigen, Hauptmann von Pflugk-Hart-tung, bearbeitete diese Verfügungen. Dann landeten sie auf dem Schreibtisch Pabsts und erst dann gingen sie an Regierung, Kriegsministerium oder andere Behörden.[120]

Das Foto zeigt den sogenann-
ten »Zentralrat der Deutschen
Sozialistischen Republik«.
Hugo Struve (1890–?), SPD
(im Bild Nr. 1), und Hermann
Wäger (1883–1942), SPD
(Nr. 14), waren ebenfalls
zivile Beisitzer.

Oskar Rusch (1884–?) und
Paul Wegmann (1890-1945),
beide USPD, waren die Beisitzer des »Vollzugsrates der
Arbeiter- und Soldatenräte«.

Jorns wird zum Jagen getragen

Erst ein Brief des ehemaligen Volksbeauftragten Haase half Jorns auf die Sprünge.[121)]
Haase belegte, daß die Leiche Rosa Luxemburgs von Uniformierten in den Landwehrkanal geworfen worden war und benannte die Wachtruppen an der Lichtensteinbrücke, die dies beobachtet hatten. Jorns verzögerte weiter. Um zu vertuschen, daß Vogel die Leiche Luxemburgs in den Landwehrkanal hatte befördern lassen, fälschte Jorns eine Aussage und machte aus »einer Viertelstunde« in einem Bericht an die Regierung »Vierundzwanzig Stunden«[122)].

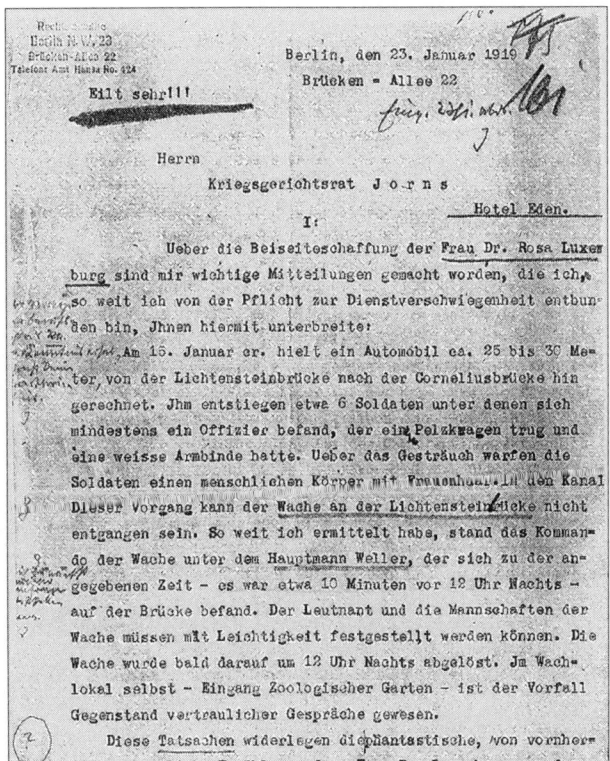

Hugo Haases Brief an Jorns.

Haase starb 1919 an den Folgen eines Attentats.

Das Original (oben) und die Fälschung von Jorns.

10 Jahre später begründete Jorns seine Aktenfälschung mit einem Schreibfehler des Protokollanten. Auch bei weiteren »Unstimmigkeiten« in den Akten war immer der Protokollant schuld.

Vermutlich wäre das Ermittlungsverfahren an diesem Punkt im Sande verlaufen und es wäre nie zu einer Gerichtsverhandlung gekommen, hätte nicht ein Artikel von Jogiches in der »Roten Fahne« vom 12. Februar, der in verblüffender Weise den tatsächlichen Geschehnissen nahekam, die Öffentlichkeit aufgeschreckt.

Der Artikel von Leo Jogiches in der »Roten Fahne« vom 12. Februar 1919.

Jogiches bezeichnet in seinem Artikel von Pflugk-Harttung und seine Begleiter als Mörder Karl Liebknechts, Vogel als Mörder Rosa Luxemburgs und Pabst als Begünstiger der Mörder.

Als Jorns daraufhin immer noch keine Verhaftungen vornahm, ja die GKSD durch Grabowsky und das WTB verlautbaren ließ, die »Rote Fahne« resümiere nichts anderes als das Ergebnis der Ermittlungen[123] und eine Beratung der Beisitzer mit der Reichsregierung in Weimar zu keinen Ergebnissen führte, traten diese von ihrem Amt zurück und ließen eine scharfe Resolution verbreiten.

Die Beisitzer trafen sich am 12. Februar 1919 mit ihren Parteigenossen Noske, Landsberg und Scheidemann im Weimarer Schloß. Doch die drei Herren in der Regierung nahmen die Militärjustiz weiter in Schutz.

Aus der Austritts-Resolution der Beisitzer: »Schon viel zu lange hat das empörte Gerechtigkeitsgefühl geschwiegen. Jetzt muß endlich aufgeräumt werden mit allen offenen und geheimen Widerständen, die sich der Aufdeckung der Wahrheit in den Weg stellen. Da die Regierung anscheinend weder die Kraft noch den Willen hat, der Gerechtigkeit zum Durchbruch zu verhelfen, appellieren wir an die Öffentlichkeit, durch machtvollen Druck auf die Regierung die Hindernisse, vor allem die ganze Militärgerichtsbarkeit aus dem Wege zu räumen. Es darf nicht sein, daß ein privilegiertes Sondergericht als Kulisse bestehen bleibt, hinter der das scheußlichste Verbrechen sich verbirgt. Das deutsche Volk in seiner Gesamtheit ist vor der Welt, vor der Geschichte verantwortlich, daß die Schuldigen an der Ermordung der Genossen Liebknecht und Luxemburg an den Pranger gestellt und zur Verantwortung gezogen werden.« (Rusch, Wegmann, Struve).

Wäger blieb als einziger Beisitzer, da er glaubte, mit einem Austritt sei »nichts erreicht«. Er erreichte allerdings damit, daß 1970/71 die Richter am Landgericht – wie am Oberlandesgericht Stuttgart – das Verbleiben Wägers als Argument anführten, daß bei den Untersuchungen von Jorns alles mit rechten Dingen zugegangen sei. Genau das hatten seine Kollegen mit ihrem Austritt vermeiden wollen.[124]

Der preußische Justizminister Heine (SPD) sah sich daraufhin bemüßigt, im »Vorwärts«[125] die Militärgerichtsbarkeit gegen die Anwürfe seiner Parteikollegen in Schutz zu nehmen. Gleichzeitig traute er aber seinen eigenen Äußerungen nicht, denn am gleichen Tag verlangte er von Staatsanwalt Ortmann, der die Ermittlungen gegen die an der Tat beteiligten Zivilpersonen leitete, einen neuen Bericht[126] und am 19. Februar beschwerte er sich in einem Brief an Landsberg, Noske und das Kriegsministerium über die Art, in der Jorns die Ermittlungen führte[127]. Noch ein anderer wurde durch den Artikel in der »Roten Fahne« aufge-

Leo Jogiches, der Autor des Artikels, wurde im März 1919 in Polizeigewahrsam »auf der Flucht erschossen«.

schreckt: Der Stadtrat Grützner[128]), der einen Tag nach dem Mord die Wache im Café des Eden-Hotels übernommen hatte, meldete sich bei Jorns. Er berichtete, er sei von einem Leutnant – mit Berufung auf Pabst – gebeten worden, auf die Mannschaft dahin einzuwirken, daß sie »über den Vorfall mit Rosa Luxemburg günstig aussage.«[129])

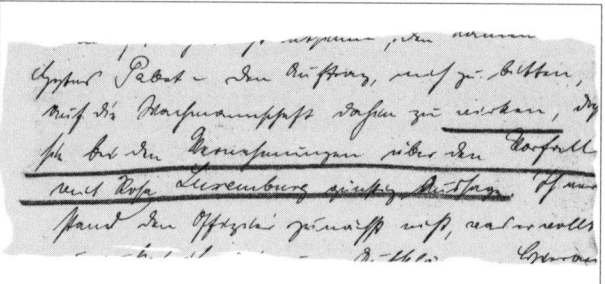

Die erste konkrete Spur zum eigentlichen Drahtzieher Pabst. Jorns will daraufhin ernstlich eine Verhaftung Pabsts erwogen und, vermutlich um seinen Ruf zu wahren, beim Gerichtsherrn von Hofmann vorgesprochen haben. Als dieser aber ablehnte, dachte sich Jorns nichts weiter und ließ am gleichen Tag weiter seine Verfügungen über den Tisch Pabsts laufen.[130])

Am 18. Februar gab Vogel zu, daß er Rosa Luxemburg in den Landwehrkanal hatte werfen lassen, trotzdem wurde »von einer Verhaftung abgesehen« und Vogel »auferlegt«, mit den Fahrern Janschkow und Hall »vor ihrer Vernehmung nicht zu sprechen«[131]). Erst auf Druck Heines erfolgte am 20. Februar die Verhaftung Vogels »wegen Verletzung seiner Pflicht als Transportführer«[132]). Zur gleichen Zeit war dem Volksbeauftragten Landsberg aufgrund andauernder öffentlichen Proteste nicht mehr ganz wohl in seiner Haut. Zwar hatte auch er nach dem Austritt der Beisitzer die Militärgerichtsbarkeit im »Vorwärts« verteidigt[133]), aber nun beorderte er Jorns zu sich nach Weimar.

Als dieser ihm hinter der Bühne des Nationaltheaters die dürftigen Ermittlungsergebnisse vortrug, bekam Landsberg einen cholerischen Anfall.[134]. Doch er beruhigte sich schnell, denn Jorns, der die wichtigsten Ergebnisse verschwieg[135], versprach nun, von Pflugk-Harttung und die an der Erschießung Liebknechts beteiligten Offiziere zu verhaften. Was er erst nach acht Tagen tat. Pabst erzählte später auch, warum: Am 28. Februar feierte er nämlich Hochzeit und sein Kommandeur, von Hofmann, hatte ihm versprochen, bis dahin niemand aus dem Liebknecht-Transportkommando verhaften zu lassen.[136]

Allerdings: Noch kurz vor dessen Verhaftung gingen die Jornsschen Ermittlungen über den Tisch von Hauptmann von Pflugk-Harttung. Nachdem Runge, den es auf Betreiben Pabsts[137], unter dem Namen »Krankenwärter Dünnwald«[138] an die dänische Grenze »verschlagen« hatte, endlich im April 1919 durch Hinweis eines anderen Truppenteils verhaftet worden war, unterhielt sich Jorns erstmal »privat« mit ihm. Als Runge ihm erzählte, er hätte Geld bekommen, erwiderte der Untersuchungsrichter: »Also, da

Pabst 1966: »Den Runge hab'
ich weggeschickt!«

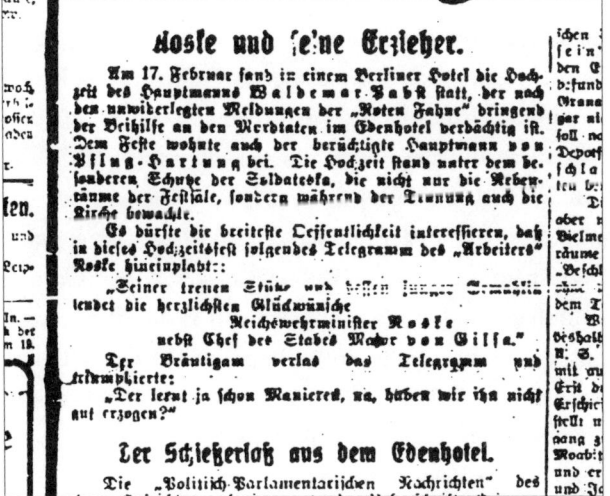

Im Laufe des schwerbewachten Jubelfestes erreichte das Brautpaar ein Glückwunsch-telegramm von Noske.
»Der Bräutigam verlas das Telegramm und triumphierte: Der lernt ja schon Manieren, na, haben wir ihn nicht gut erzogen?« (»Die Freiheit« vom 18. März 1919.)
Am selben Tag noch schreibt Pabst an Noske und erklärt, die angegebene Äußerung sei selbstverständlich nicht gefallen: »Ich verbleibe Herr Minister als Ihr Ihnen ganz ergebener W. Pabst.«
Im Datum irrte die »Freiheit«. Pabst heiratete erst am 28. Februar 1919.

sehen Sie, Sie brauchen keine Angst zu haben«. Im Protokoll stand später: Geld habe Runge von niemandenm erhalten.[139] Dieses ganze Verhalten des Kriegsgerichtsrats Jorns ist mit bloßer Sympathie für Pabst und seine Offiziere nicht erklärbar. Wie schon von Levi im ersten Jorns-Prozeß 1928/29 vermutet, mußte Jorns in irgendeiner Weise mit den Offizieren unter einer Decke stecken.[140]

Illegal gemachtes Foto aus dem zweiten Jorns-Prozeß Februar 1930. Links Wilhelm Pieck, ganz im Hintergrund Josef Bornstein (1899-1952).

Rechtsanwalt Dr. Paul Levi, der brillante Verteidiger des Angeklagten im Prozeß des Reichsanwalts Jorns gegen das „Tage-Buch". Richtiger: der Ankläger des Klägers. Der Vorsitzende hat ihm im Scherz bestätigt, er sei ein glänzender Staatsanwalt. Aber wie oft kann ein Staatsanwalt eine so gute Sache vertreten wie diesmal Dr. Paul Levi?

»Montag Morgen« vom 22.4.29.

Jorns hatte einen Beleidigungsprozeß gegen »Das Tagebuch« und dessen Mitherausgeber Josef Bornstein angestrengt, weil er dort in einem anonymen Artikel u. a. der Vorschubleistung der Mörder beschuldigt worden war. Paul Levi übernahm Bornsteins Verteidigung, bekam dadurch Einsicht in die Akten und konnte Jorns tatsächlich Vorschubleistung der Täter nachweisen. Zweimal passierte dem Staatsanwalt das Mißgeschick, daß er den Nebenkläger und Reichsanwalt Jorns mit »Angeklagter« ansprach. Das Gericht schloß sich den Ausführungen Levis an, sah den Beweis für die Behauptung, Jorns habe als Untersuchungsrichter den Mördern Rosa Luxemburgs Vorschub geleistet, als erbracht. Prozeß und Urteil erregten großes Aufsehen in der Öffentlichkeit.

Jorns aber ließ dagegen Berufung einlegen. Der Beleidigungspozeß ging am 27. Januar 1930 vor der dritten großen Strafkammer des Landgerichts I in die zweite Runde. Wieder übernahm Levi die Verteidigung, erkrankte aber sehr bald und kam vermutlich durch Selbstmord ums Leben. Bornstein verteidigte sich fortan selbst. Die Staatsanwaltschaft, die sich der Berufung Jorns nicht angeschlossen hatte, beantragte Freispruch für Bornstein. Jorns beleidigte daraufhin seinen Kollegen. So ergab sich, daß es zwischen dem Nebenkläger Jorns und dem Hauptkläger, dem Oberstaatsanwalt, zu hefigen Auseinandersetzungen kam. Dies gipfelte im Ausspruch des letzteren, Jorns habe es aus politischen Motiven heraus gewagt, die Ehre der Justiz zu vernichten. Das Gericht entschied auch hier, daß der Beweis für die Vorschubleistung von Jorns erbracht sei. Jorns wurde ein zweites Mal blamiert. Doch dieser wandte sich nun an die höchstinstanzliche Vertreterin der Gerechtigkeit: das Reichsgericht in Leipzig. Dieses erlauchte Gremium gab sich viel Mühe und fand zu dem Rechtsgrundsatz, daß der Nachweis bewußten Vorschubleistens noch nicht ausreicht, um

Robert Kempner, stellvertretender Hauptankläger bei den Nürnberger Kriegsverbrecherprozessen, nannte Reichsanwalt Jorns in seinen Lebenserinnerungen »Ankläger einer Epoche« einen »ausgesprochenen Verbrecher«, der »bei den staatsanwaltlichen Ermittlungen wegen der Ermordung von Rosa Luxemburg und Karl Liebknecht in Berlin im Eden-Hotel eine Rechtsbeugung nach der anderen gemacht« habe. »Ich kannte die Sache sehr genau aus der Zeit, als ich in der Telefonüberwachung tätig war. Da habe ich viel gehört, wie alles gefingert worden ist, wie den Leuten Dinge in die Schuhe geschoben und die wahren Täter geschützt wurden, daß sie lügen und sich nicht vernehmen lassen sollten und so weiter.«

Nach der Jorns-Revision

„Und nu mechd'ch mr ulkischerwaise gestadden, dem Kolläschen Jorns ooch noch e baar Engelsfliechelchen zu berlaihn!"

»Und nu mechd'ch mr ulkischerwaise gestadden, dem Kolläschen Jorns ooch noch e baar Engelsfliechelchen zu verlaihn!« (»Montag Morgen« vom 14.7.1930)

Das Urteil im Jorns-Prozeß.

In der Berufungsverhandlung des Beleidigungsprozesses gegen den Redakteur Bornstein wegen öffentlicher Beleidigung des Reichsanwalts Jorns, die seit dem 28. Oktober v. J. die Strafkammer des Landgerichts III beschäftigte, wurde heute mittag durch Landgerichtsdirektor Ohnesorge folgendes Urteil verkündet. Das von dem Nebenkläger Reichsanwalt Jorns angefochtene (freisprechende) Urteil des Schöffengerichts Berlin-Mitte wird aufgehoben. Der Angeklagte Vorastein wird wegen übler Nachrede in Tateinheit mit Beleidigung durch einen Artikel in der Presse zu einer Geldstrafe von 500 RM oder im Nichtbeitreibungsfalle zu zehn Tagen Gefängnis verurteilt. Der Nebenkläger erhält die Befugnis, das Urteil auf Kosten des Angeklagten zu veröffentlichen.

Herr Bornstein hatte, wie man sich vielleicht noch erinnern wird, dem Reichsanwalt Jorns nicht mehr und nicht weniger vorgeworfen, als daß er die Mörder von Liebknecht und Rosa Luxemburg, statt alles zu tun, um sie der gesetzlichen Bestrafung zuzuführen, durch seine Untersuchung begünstigt habe. Der jetzt zu Ende gegangene Prozeß war der dritte, der um dieser Affäre willen geführt wurde, und das heute gefällte Urteil wird nun wohl endlich das letzte Wort sein, das in dieser von der Linken aus demagogischen Gründen gegen unsere Rechtspflege mit Leidenschaft betriebenen Angelegenheit gesprochen worden ist. Wenigstens sollte man meinen, daß, wenn ein Gerichtsverfahren in nahezu dreimonatiger Verhandlung auf das peinlichste nachgeprüft worden ist, es einer weiteren Aufklärung wirklich weder fähig noch bedürftig ist.

Logischerweise berief sich
1970 der Richter am LG Stuttgart im Verfahren Souchon gegen SDR/Bausch/Ertel genau auf diese »Reinwaschung«, um Jorns zu bescheinigen, »daß keine Anhaltspunkte für Verfälschung oder Entstellung von protokollierten Zeugenaussagen oder Beeinflussung von Zeugen vorhanden sind.«

einem Untersuchungsbeamten zu beweisen, daß er Vorschub geleistet habe! Mit diesem Rechtsgrundsatz versehen mußte erneut vor einem Landgericht in Berlin verhandelt werden. Nun wurde erwartungsgemäß Jorns der »Schreibfehler des Protokollanten« abgenommen, der aus »1/4 Stunde« »24 Stunden« gemacht hatte. Auch wurde z. B. die Tatsache, daß Jorns Erlasse von dem am Liebknecht-Mord beteiligten Hauptmann von Pflugk-Harttung bearbeiten ließ, als völlig in Ordnung angesehen, da dieser kein »Interesse zur Sache« gehabt habe. Das Ergebnis: Die objektive Mangelhaftigkeit der Amtsführung von Jorns zu verbergen wollte auch der 4. Großen Strafkammer nicht gelingen. Aber es stellte fest, daß sich Jorns »subjektiv tadelfrei« verhalten habe! Somit war Jorns rechtlich von jeder Schuld befreit.

Pabst bestätigte dagegen im Jahr 1966:[141] Er sei quasi selbst Gerichtsherr von Jorns gewesen und habe sogar an Zeugenvernehmungen teilgenommen. Jorns aber habe den Auftrag gehabt, durch ein »Zurechtdrehen« der Zeugenaussagen einen Prozeß zu verhindern und sich auch redlich darum bemüht. »Er hat seine schwierige Aufgabe glänzend gelöst.«

Der Prozeß

Am 8. Mai 1919 begann einer der schamlosesten Lügenprozesse der deutschen Rechtsgeschichte. Starke Einheiten der GKSD hatten das Kriminalgericht in Moabit abgeriegelt, für Einlaßkarten waren hohe Schwarzmarktpreise geboten worden.[142]

Eingangskontrolle. Der Mann mit Hut könnte Rechtsanwalt Grünspach sein.

Die Angeklagten betraten durch dieselbe Tür wie die Richter den Saal, dessen Kopfende noch immer ein riesiges Bildnis Kaiser Wilhelms II. zierte. Während der gesamten Prozeßdauer waren sie guter Dinge. Sie unterhielten sich sogar in den Verhandlungspausen mit ihren Verwandten im Zuschauerraum.[143) Der Prozeß zeichnete sich vor allen Dingen dadurch aus, daß so gut wie alle Uniformierten Lügen auftischten, »daß sich die Balken bogen«[144). Man kann sogar sagen: je höher der Dienstgrad, um so größer waren die Lügen. Demgegenüber stand das stark eingeschüchterte Personal des Eden-Hotels, wovon einzelne trotzdem, so das Stubenmädchen Anna Belger und die beiden 17 Jahre alten Kellner Mistelski und Krupp, den Mut aufbrachten, das zu berichten, was sie gesehen hatten und auch darauf zu beharren.

Das Stubenmädchen Anna Belger hatte gehört, wie Offiziere von einer »Begrüßung« Liebknechts im Tiergarten gesprochen hatten. Die Kellner identifizierten den Anstifter der Kolbenschläge Runges als Hauptmann Petri, der nicht einmal als Zeuge, geschweige denn als Angeklagter geladen war. Nach der Aussage des ehemaligen Beisitzers Wegmann herrschte unter dem Hotelpersonal erhebliche Angst. Sie hätten gesagt, daß sie sich vor der »Korona da unten fürchteten«. Wegmann erinnerte in diesem Zusammenhang auch an die Fememorde.

Dem Prozeß wurde allerdings dadurch die Krone aufgesetzt, daß der Freund Pabsts und des Angeklagten Kaleu von Pflugk-Harttung, Canaris, zu einem der Richter bestimmt worden war.

Pabst gab später zu: Die Fäden im Prozeß, der eine ziemlich armselige Sache gewesen sei, irgendwie unter seinem »Niveau«, habe Canaris im Einvernehmen mit ihm und Jorns gezogen.[147) Der Vorsitzende Ehrhardt, »ein etwas zu weicher Mensch«[148), war wohl nicht bis ins letzte eingeweiht worden, mauerte aber kräftig mit, um jeden Verdacht von seiner Division abzuweisen. Deshalb wurde die völlig unglaubwürdige Story der Gebrüder von Pflugk-Harttung und der Marine-Eska-

Die wichtigen Aufzeichnungen der Beisitzer »verschwanden« bei einer Haussuchung im Vollzugsrat, die Pabst gleichzeitig mit der Verhaftung des Vollzugsrates anläßlich des Eisenbahner-Streiks am 27. Juni 1919 durchgeführt hatte.[145)

Canaris äußerte sich 1931 dienstlich dazu, indem er angab, er sei zum Richter bestellt worden, weil »ihm die Beteiligten ihr Vertrauen entgegenbrachten«. Mit »Beteiligten« wird er kaum die Hinterbliebenen der Opfer gemeint haben. Auf die Frage, warum er (als Richter!) die Angeklagten im Gefängnis besucht habe, gab Canaris an, er habe mit Pflugk-Harttung über die Einwohnerwehren sprechen müssen.[146)

dron von der Panne im Tiergarten, dem Fluchtversuch des schwerverletzten Liebknecht, der so dumm gewesen sein sollte, mit blutendem Schädel vor ihnen davonzulaufen, für bare Münze genommen und diejenigen, die geschossen hatten, von Pflugk-Harttung, Stiege, Schulze und von Ritgen, freigesprochen.

Jorns hatte, um sein Gesicht zu wahren, für die Schützen wegen unerlaubten Waffengebrauchs die Todesstrafe verlangt. Pabst, der Jorns eingeweiht hatte, ließ ihm insofern freie Hand.[149)]

Hätte ein anderer junger Marineoffizier, Ernst von Weizsäcker mit Namen, der Wahrheit die Ehre gegeben, er hätte dem Gericht mitteilen müssen, was er seinem Tagebuch am 16. Januar anvertraute: »Kapitänleutnant von Pflugk-Harttung war heute im Mar. Kabinett [jetzt Personalamt] und erzählte gegen die Verpflichtung absoluter Geheimhaltung, daß er bei der Überführung Liebknechts in das Gefängnis eine Autopanne im Tiergarten fingierte, Liebknecht dann am Arm nahm, um ihn zu führen, ihn absichtlich losließ, um ihm die Gelegenheit zu einem Fluchtversuch zu geben und dann nach kurzem Abwenden hinter L. herschoß; Liebknecht wurde getroffen und von mehreren Schüssen getötet. Ich rate Pflugk zur Flucht.«[150)]

Ernst von Weizsäcker (1882-1951). Staatssekretär beim Auswärtigen Amt, Botschafter. 1948 bei den Nürnberger Prozessen zu sieben Jahren Haft verurteilt, 1950 begnadigt.

Der Mord an Liebknecht wäre, zumindest was seine Ausführung betrifft, aufgeklärt gewesen. Im Fall Luxemburg sorgten dagegen die Aussagen der uniformierten Zeugen für große Verwirrung.[151)]

Die Begleitmannschaften Weber und Grantke sagten aus, Vogel habe auf dem Trittbrett gestanden und habe Rosa Luxemburg erschossen. Der Jäger Poppe, der auf dem Trittbrett mitgefahren war, wollte sich nicht genau festlegen, glaubte aber, Vogel im Innern des Wagens gesehen zu haben. Der Fahrer Janschkow und sein Beifahrer Hall, die Vogel von der Bürgerwehr her kannten, behaupteten jedoch, Vogel habe auf der Rückenlehne des Vordersitzes gestanden, sich auf sie beide gestützt und mit ihnen gesprochen, während der Schuß gefallen sei. Hinzu kommt etwas sehr Seltsames.

Sowohl die Begleitmannschaften als auch Vogel sprachen von einer unbekannten Person, einem angeblichen Marineoffizier in Mannschaftsuniform, der mit dabeigewesen sein sollte und den aufzufinden sich Jorns außerstande gesehen hatte, obwohl Janschkow ihn am Tag nach dem Mord im Eden-Hotel wiedergetroffen hatte und ihm noch ein zweites Mal auf der Elektrischen begegnet sein wollte. Vogel hatte zur Identität desselben die Aussage verweigert.[152] Trotz der intensiven Kontakte von Jorns zu Pabst ließ sich der Marineoffizier nicht finden. Nichtsdestotrotz ging Jorns davon aus, daß Vogel geschossen hatte.

Da man aber Rosa Luxemburgs Leiche zu diesem Zeitpunkt noch nicht gefunden hatte[153] und ihre eindeutige Todesursache (Kolbenschläge Runges oder der Schuß) nicht feststellbar war, konnte Jorns in seinem Plädoyer einen klassischen juristischen Eiertanz aufführen: »Wir stehen also hier vor der eigentümlichen Sachlage, daß durch die Handlung eines der beiden Angeklagten zweifellos der Tod der Frau Rosa Luxemburg herbeigeführt worden ist, daß wir aber nicht sagen können, wer von den beiden dies ausgeführt hat. Bei Runge würde hier also nur Versuch vorliegen und man wird auch den Oberleutnant Vogel nur wegen Versuch einer strafbaren Handlung verurteilen können, und zwar wegen Versuchs am untauglichen Objekt, wie der terminus technicum [sic!] hierfür lautet.«[154]

Somit gab es zwar eine tote Rosa Luxemburg, die noch irgendwo im Landwehrkanal trieb, aber es gab keinen Mörder, sondern nur zwei, die einen Mordversuch begangen hatten. Das Kameradengericht war hier noch weitaus »radikaler«. Es sprach Vogel auch vom Mordversuch frei, da es annahm, jener unbekannte Marineoffizier, der »siebte Mann« im oder am Wagen, habe

Der wackere Taucher Alfred Kock, der erst durch den Hinweis Hugo Haases von Jorns zum Absuchen des Landwehrkanals eingesetzt worden war, hatte zwar auf der ca. 400 m langen Strecke zwischen S-Bahn- und Lichtensteinbrücke drei Leichen (zwei weibliche und eine männliche), sowie 70 Gewehre aus dem trüben Wasser gefischt, die Leiche Rosa Luxemburgs aber nicht gefunden.

Jorns folgte hier »streng« der Konstruktion des Reichsgerichts, daß der, der auf eine Leiche schoß, wegen Mordversuchs anzuklagen war.

die Schüsse abgegeben.¹⁵⁵⁾ Dadurch konnte man im Fall Luxemburg harmlose Urteile austeilen: Runge bekam unter anderem wegen versuchten Totschlags zwei Jahre Gefängnis. Vogel wurde vom versuchten Totschlag freigesprochen und unter anderem wegen Beiseiteschaffung einer Leiche zu zwei Jahren und vier Monaten Gefängnis verurteilt.¹⁵⁶⁾

Rekonstruktion der Verhandlung fürs Fernsehen 1969. Hubert Suschka als Verteidiger Grünspach, Gerd Baltus (links, mit Schnurrbart) als Oberleutnant Vogel und Karl Walter Diess (zweiter von rechts) als Kaleu Horst von Pflugk-Harttung. Ganz rechts Friedrich G. Beckhaus als Husar Runge.

Die Flucht Vogels und seine »Verfolgung«

Am 19. Mai 1919, wenige Tage nach Prozeßende, meldete die »BZ am Mittag«, daß es Oberleutnant Vogel gelungen sei, »unter noch näher aufzuklärender Mitwirkung eines Offiziers aus der Haft zu entkommen«. Einen Tag später wurde bekannt, daß ein Leutnant Lindemann am 17. Mai im Zellengefängnis in Moabit erschienen war und eine Bescheinigung, die die »sorgfältig gefälschte« Unterschrift des Kriegsgerichtsrat Jorns und den Stempel der GKSD trug, vorzeigte.

Die Bescheinigung mit der täuschend echten Unterschrift von Jorns. In seinen unveröffentlichten Lebenserinnerungen gibt Ulrich von Ritgen an, daß er die Unterschrift gefälscht habe.[157)]

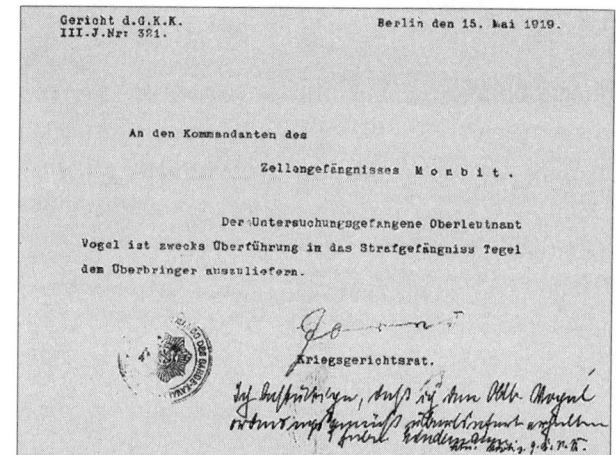

Daraufhin wurde ihm Vogel ausgeliefert.[158)] Beide Offiziere bestiegen ein Auto und verschwanden auf Nimmerwiedersehen. Da »im Weichbilde von Groß-Berlin die strengste Automobilkontrolle« bestand, herrschte großes Rätselraten, wie das Fahrzeug entkommen konnte.[159)] Dies mußte um so mehr verwundern, als auch bekannt wurde, daß der Abgeordnete Oskar Cohn am 14. Mai sich ans Kriegsministerium und an die Reichskanzlei gewandt hatte, es seien falsche Pässe zur Flucht des OL Vogel bereitgestellt worden.[160)]

Noske bat Pabst zu sich und setzte ihn von den Warnungen Cohns in Kenntnis. Pabst wurde von großer Sorge befallen und »ordnete noch vom Vorzimmer des Ministers aus telefonisch und nachher nochmals schriftlich« die Überführung Vogels in die nördliche Arrestanstalt an. Doch, oh Wunder, diese war überfüllt und außerdem von Läusen befallen, was man den Gefangenen nicht zumuten wollte. So mußte die Entlausung erst abgewartet werden.[161] Dummerweise entfloh Vogel in dieser Zeit.

Extrem um die Wiederhabhaftwerdung bemüht, setzte die GKSD eine Belohnung von 3.000 Mark aus.[162] Doch die Ermittlungen dieser streng unabhängigen Gerichtsbarkeit blieben wie immer von geringem Erfolg begleitet. Auch der Wechsel in der Untersuchungsführung – Jorns hatte sich anderen Aufgaben zugewandt und war von einem Kriegsgerichtsrat namens Spatz abgelöst worden – hatte da nicht geholfen. Denn auch Spatz gehörte zur GKSD und sah sich nicht in der Lage, den Aufenthalt Vogels und die Umstände der Flucht genauer zu eruieren. Wie Jorns eine Perle des deutschen Militärjustizwesens und grandioser Inszenator heißer Luft, ließ er Zeugen en masse verhören, machte Stempel und Schreibmaschinenproben und legte vier dicke Bände an.[163] Vor allem mit einem geizte Spatz nicht, wenn es darauf an kam – mit Zeit.

Er erließ in aller Ruhe (9 Tage nach der Flucht) einen Haftbefehl gegen Vogel und sandte ihn an die deutsche Gesandtschaft in Kopenhagen.[164] Ihm mußte von der Presse auf die Sprünge geholfen werden, wo sich Vogel wirklich befand. Am 28. Mai erschien ein Artikel in der »Freiheit«, worin u. a. ausgeführt wurde:

1. Vogel sei in Holland. 2. Ihm sei von der Paßstelle des Kriegsministeriums ein Paß auf den Namen Kurt

Dr. Oskar Cohn (1869-1934), Rechtsanwalt, USPD. Cohn hatte von einem Bekannten erfahren, daß zwei Pässe für Holland »besorgt seien«. Am selben Tag erließ Noske einen dramatisch formulierten Befehl an das Reichswehrgruppenkommando I, Abteilung von Lüttwitz, dem die GKSD unterstand, in dem er darauf drang, »daß keinerlei Freiheit für die Angeklagten zugelassen wird«.

Velsen ausgestellt worden. 3. Das Automobil, das die
beiden Offiziere so mühelos durch Berlin chauffiert
hatten, stamme aus dem Besitz von Hermann Janschkow, der auch das Mordauto Rosa Luxemburgs gefahren hatte. Das Fahrzeug sei ihm danach vom GKSD
abgekauft worden. Die Hauptverantwortlichen seien
Pabst und Grabowsky.[165]

Sogar dem »Vorwärts« wurde es jetzt zu bunt, und
er sprach von einem Skandal sondergleichen. »Eine
Regierung, die sich von einer zuchtlosen Handvoll Offiziere eine derartige Verhöhnung der Rechtspflege
gefallen ließe, müßte jede Autorität im Lande ein-
büßen«, und wörtlich wird von ihr gefordert, daß »sie
nunmehr mit eisernem Griff dieser Clique den Hals
umdreht«[166]. Doch die Regierung Scheidemann war
entweder nicht fähig oder nicht willens, sich aus dem
Netz der Militärjustiz zu befreien. Zwar forderte
Scheidemann, »sämtliche Angaben der ›Freiheit‹ müßten aufs sorgfältigste mit größter Beschleunigung
nachgeprüft werden.«[167] Doch man dachte nicht
daran, die zivile Staatsanwaltschaft darauf anzusetzen.
Im Gegenteil, mit unendlichem Vertrauen ließ man

sich von den Freunden der GKSD an der Nase herum-
führen. Eine Geschichte ohne Ende: Nachdem die
GKSD endlich auch in der deutschen Gesandtschaft in
Holland nach Vogel gefragt hatte[168]), antwortete der
tatsächlich ahnungslose Gesandte Rosen zunächst,
»vom Aufenthalt Vogels in Holland [sei] nichts bekannt.«[169]) Während damit für die GKSD alles erledigt war, schreckten »Die Freiheit« vom 31. Mai und
der »Berliner Lokalanzeiger« vom 5. Juni durch neue
Informationen. Am 13. Mai 1919 sei beim Auswärtigen
Amt ein Herr erschienen, der einen vom Polizeipräsidium auf den Namen Kurt Velsen ausgestellten Paß

Rosen war zu der Zeit
Gesandter in (Den) Haag.
1921 brachte er es bis
zum Außenminister.

Enthüllungen im Jorns-Prozeß

Erzberger und die Liebknecht-Mörder

Leitende Reichsstellen verschaffen Auslandspässe

Der jüdische Leutnant Liepmann, an der Ermordung Karl Liebknechts im Tiergarten beteiligt, ist heute körperlich ein Krüppel. Er
macht den Eindruck eines Menschen, der das
furchtbarste Erlebnis seines Daseins in seinem
Gewissen niemals überwinden kann und daran
zugrundegeht. Er war 1919 jung, durch den
Krieg verdorben und ließ sich von der Offiziers-
kamarilla der Pabst und Pflugk-Hartung im
Eden-Hotel gern mißbrauchen. Nach der Tötung
Karl Liebknechts lieferte er dessen Leichnam
in der Rettungsstelle als die eines unbekannten
Mannes ab, später verhalf er dem Jäger Runge
zur Flucht, heute sitzt er, eine menschliche Ruine,
mit der Krücke unter dem Arm, im Gerichtssaal
und enthüllt. Wahrscheinlich will er sich noch
immer die furchtbar drückende Schuld vom Herzen
reden.

Liepmann war später, unter Mordverdacht,
im Zellengefängnis in der Lehrter Straße, in
dem Mörderoffiziere mit Runge die kommende
Gerichtsverhandlung probten und ihre Aussagen
wie sollen studierten. Er ging dort, wie alle
Offiziere, bei offenen Zellentüren frei herum.

Herr Jorns kam zu Besuch, Herr Hauptmann Canaris, Gerichtsherr im Mord-
prozeß, machte bei Pflugk-Hartung Besuch
und man beriet über die Fluchtmöglichkeiten.

Während der Verhandlung in der Jorns-Un-
tersuchung spielte, erhielten die angeklagten Offiziere falsche Pässe zugestellt.

Liepmann konnte während der Haft auch aus-
gehen. Er ging zum Zahnarzt, in die Koli-
bri-Bar, und zum holländischen Konsulat, um
sich rechtzeitig ein Visum zu verschaffen.

Vorsitzender: »Wer hat Ihnen die Pässe ver-
schafft?«

Liepmann: »Das weiß ich nicht. Ich kann nur
vermuten, daß uns

die Pässe von Stellen zugekommen sind, die
damals die leitenden im Reiche waren.«

Als Liepmann weitersprechen will, unter-
bricht ihn der Vorsitzende, Landgerichtsdirektor

Hoer, mit auffallender Schärfe. Liepmann versucht erneut, zu sprechen, der Vorsitzende schneidet
ihm das Wort ab:
»Der Prozeß ist nicht dazu da, irgendwelche
Sensation zu schaffen!«

Das heißt mit anderen Worten, die Hintermänner der Morde, die in der damaligen Regierung Ebert-Scheidemann-Landsberg-Noske saßen,
sollen auch heute noch unter allen Umständen gerichtlich geschützt werden.

**Warum wurde sonst dem Leutnant Liep-
mann das Wort verboten?**

Warum konnte sonst es Herr Jorns selbst riskieren, den früheren sozialdemokratischen Reichsjustizminister zu fragen, ob die damalige sozialdemokratische Regierung nicht aufgeraumt
habe, als sie von der Ermordung der beiden revolutionären Führer hörte? Warum setzte in der
Verhandlung, in der Landsberg und Liepmann
Zeugen waren, der Rechtsanwalt Paul Levi, der
1919 die Mitschuld der Regierung festgestellt hat?

Eine Enthüllung machte Liepmann trotzdem
noch am Schluß seiner Aussage, ohne daß man
sie verhindern konnte. Er berichtet, daß er
während seiner Haft die Ausreise-
genehmigung ins Ausland erhalten hat.
Von wem? Von Erzberger, dem Vorsitzenden der Waffenstillstandskommission.

Vorsitzender: »Wußte Erzberger denn,
wer Sie waren?«

Liepmann: »Er wußte es genau.«

Herr Jorns also, nun steht es gerichtsnotorisch
fest, schützte die Mörder Karl Liebknechts und
Rosa Luxemburgs nicht allein. Dazu war er
viel zu klein und unbedeutend. Er hatte mächtige Hintermänner, und wenn er vertuschte und
verschleppte, so war er ihres Beifalls sicher. Sie
saßen mitten in der damaligen Regierung,
mitten unter den sozialdemokratischen Macht-
habern, dicht, ganz dicht, bei Herrn Landsberg, bei Herrn Scheidemann, bei
Noske und Erzberger war einer von
ihnen.

Tatsächlich war zusätzlich ein
Paß der Waffenstillstandskommission mit der Unter-
schrift »Erzberger« vorgelegt
worden. Erzberger selbst kam
dadurch ins Gerede. In einer
Sitzung der Reichskanzlei
machte Minister Erzberger
»vertrauliche Mitteilungen über
die Persönlichkeit, die nach
seinen Informationen einen Teil
der Passfälschung begangen
habe.« Wen, gibt das Protokoll
nicht bekannt. Liepmann, der
ebenfalls einen falschen Paß
auf den Namen Lohmann erhalten hatte, gab im zweiten
Jorns-Prozeß an, Erzberger
habe von der Verwendung des
WAKO-Passes gewußt. Canaris
behauptete 1931 sogar, Erzberger habe den Ausweis bewußt
zum Zweck der Flucht der Angeklagten zur Verfügung gestellt. Gleiches gibt Pabst in
seinen Memoiren an.

Bericht in der »Welt am Abend«
vom 4. Februar 1930.

Die Flucht Vogels und seine »Verfolgung«   63

Matthias Erzberger (1875-1921), wurde von Schulz und Tillessen, zwei früheren Offizieren, erschossen.

(Ausstellungsdatum 3. Mai) vorgelegt habe. Die Person gab sich als Beauftragter der Waffenstillstandskommission (künftig: WAKO) Erzbergers aus und legte dar, daß Herr Kurt Velsen auch im Auftrage dieser Kommission arbeite und deswegen nach Holland reisen müsse.[170]

Das Holländische Generalkonsulat hatte parallel dazu den zusätzlich erforderlichen Sichtvermerk erteilt. Es stellte sich bald heraus, daß diese Meldung der Wahrheit entsprach, jedoch das Polizeipräsidium niemals einen solchen Paß, der Vorbedingung zum Auslandspaß war, ausgestellt hatte. Der von der geheimnisvollen Person vorgelegte »Polizeipräsidiums-Paß« (vom 3. Mai), mußte also – da keiner Behörde aufgefallen – eine exzellente Fälschung gewesen sein.[171] Schon am 1. Juni schrieb Rosen, indem er eine Meldung des Holländischen »Telegraaf« zitierte, ans Auswärtige Amt: »In diesem Fall trifft das Ministerium keine Schuld. Denn der Paß wurde ihm zwecks Visum von einer Person vorgelegt, die als vollkommen zuverlässig gelten mußte.« Wo diese »vollkommen zuverlässige Person« zu suchen sei, verkündete das »Algemeen Handelsblad« schon am 31. Mai. Es gebe nur eine

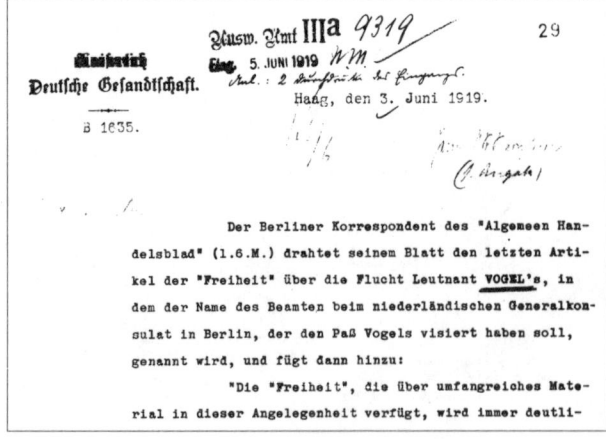

Da man noch nicht Zeit gehabt hatte, sich neues Briefpapier zuzulegen, ist das »Kaiserliche« über »Deutsche Gesandtschaft« sauber mit der Schreibmaschine durchgestrichen.

Behörde, die kriegsbedingt und »um der Spionage willen über die nötigen technischen Hilfsmittel« verfüge, um Pässe perfekt fälschen zu können: der Generalstab in Berlin. Kurz darauf nannte der frühere Volksbeauftragte Hugo Haase dem Pressechef der Reichskanzlei Rauscher[172] auch den Namen des Mannes, der seiner Überzeugung nach »Fluchthilfe geleistet« habe: Kaleu Canaris, Richter im Luxemburg/Liebknecht-Prozeß, Mitglied des Stabes des GKSD und Adjutant bei Noske. Canaris wurde daraufhin auf Insistieren Scheidemanns (unter Umgehung Noskes, der gerade nicht in Berlin war!) von General von Lüttwitz am 10. Mai festgesetzt und von diesem drei Tage später mangels Beweisen und verbunden mit einer unverhohlenen Putschdrohung an Scheidemann wieder freigelassen.[173]

Canaris waren übrigens die Läuse im Moabiter Gefängnis, die Vogels Flucht begünstigt hatten, erspart geblieben. Man hatte ihn ganze vier Tage im Stadtschloß bei der Marine-Brigade Loewenfeld, der er selbstverständlich auch angehörte, »inhaftiert«.

Mit der weiteren Untersuchung der »Paßangelegenheit« Canaris wurde wiederum, entgegen der Beteuerung der Reichsregierung[174], das Gericht der GKSD, also Kamerad Spatz beauftragt. Der veranstaltete erneut einen großen Zirkus[175] und ließ sich schließlich allzugerne ein windiges Alibi auftischen: Canaris habe sich justament am Tag der Vogel-Flucht in Pforzheim mit Erika Waag verlobt. Das Verfahren wurde darauf erwartungsgemäß eingestellt.[176]

Kriegsgerichtsrat Spatz verhörte sogar Scheidemann und arrangierte Gegenüberstellungen. Alles wie immer ergebnislos.

Das Berliner Schloß, im Dezember 1918 mit roter Fahne und im Juni 1919 mit der Reichskriegsflagge.

Auf die Idee, eine Gegenüberstellung von Canaris mit dem Wachhabenden im Moabiter Gefängnis, der »Lindemann« gesehen hatte, zu arrangieren, war Spatz selbstredend nicht gekommen. Niemand trug es ihm nach.

Sieben Jahre später ereignete sich am 23. Januar 1926 im Untersuchungsausschuß, der die »Ursachen des deutschen Zusammenbruchs im Jahre 1918« zu untersuchen hatte, ein denkwürdiger Eklat.[177] Canaris war vom Reichswehrminister (künftig: RWM) als Gutachter bestellt worden. Als bekannt wurde, daß er identisch war mit jenem »Canaris, der im Prozeß gegen die Mörder Liebknechts und Rosa Luxemburgs als Beisitzer tätig war und dem man in die Schuhe schiebt, daß er am meisten dazu tätig gewesen ist, daß Vogel damals entflohen ist«, kam es zum Tumult. Canaris antwortete: »Ich habe zu diesen persönlichen Sachen, die hier vorgebracht worden sind, nichts zu sagen. Ich bin hier ein Verteter der Marineleitung und begebe mich nicht auf das persönliche Gebiet.«

Erst nach einer Weile konnte sich der Abgeordnete Arthur Rosenberg Gehör verschaffen: »Es ist ein beispielloser Vorgang, wie ich sagte, daß hier im Ausschuß bei einer so schwierigen historischen und Rechtsfrage Herr Reichswehrminister Dr. Geßler es für gut findet, einen Vertreter herzuschicken, gegen den schwerste Vorwürfe krimineller Art erhoben werden. Die Erklärung, die Korvettenkapitän Canaris abgegeben hat, ist für jeden objektiv denkenden Menschen die Bestätigung der Anschuldigung.« Kurz darauf verließ Canaris den Saal mit den Worten, daß die völlig ungerechtfertigten Angriffe gegen ihn durch eine Anfrage an seine vorgesetzte Behörde ohne weiteres geklärt werden könnten. Herr Geßler von der »vorgesetzten Behörde« antwortete einige Tage später

Arthur Rosenberg (1889-1943) war Historiker, gehörte zeitweise der KPD an und ist Autor eines Standardwerkes über die Weimarer Republik.

mit einem seiner grandiosen Dementis: Der Vorwurf gegen Canaris, »daß er an der Entweichung des Oberleutnants Vogel beteiligt gewesen sei, ist völlig unbegründet wie durch ein von meinem Amtsvorgänger veranlaßtes gerichtliches Verfahren festgestellt ist.«[178] Und hier beißt sich die Katze in den Schwanz. Das von Noske veranlaßte gerichtliche Verfahren war jenes, das der Kamerad und Kriegsgerichtsrat Spatz so scharfsinnig, aber seltsamerweise ohne irgendein Ermittlungsergebnis geleitet hatte.

1931, im dritten Jorns-Prozeß, zeigte sich, wie wenig dem Dementi des RWM Geßlers zu trauen war, denn der Vorsitzende des Nationalverbands der Offiziere, Brederick, sagte aus, daß 30.000 Mark für die Flucht der Pflugk-Harttungs zur Verfügung gestanden hätten. Bei der Übergabe von Geldern an die Schwester der Brüder war Canaris dabeigewesen.[179] Dies führte wiederum zu einem Dementi des RWM Groener, das im Kern von Pabsts Propagandachef Grabowsky vorformuliert worden war![180]

Erst 47 Jahre nach der Tat bestätigte Waldemar Pabst die jahrzehntelangen Vermutungen: Canaris war nicht nur derjenige, der den gefälschten Paß für Vogel besorgt hatte, sondern war auch mit jenem ominösen Leutnant Lindemann identisch, der Vogel aus dem Gefängnis herausgeholt hatte.[181]

Pabst gab an, daß ihn, wenige Tage nach dem für ihn so erfolgreichen Prozeßtheater, der Kommandant des Moabiter Gefängnisses, von Zitzewitz, angerufen hätte: Vogel wolle eine erneute Aussage machen und zwar die, er habe auf Befehl gehandelt. Nun war zu befürchten, daß Vogel, der entsetzliche Angst hatte, von den Spartakisten aus dem Gefängnis geholt zu werden[182], die Wahrheit an den Tag bringen würde. Also mußte er verschwinden. Pabst verständigte sich mit

Wilhelm Groener (1867-1939), machte sich um das Eisenbahnwesen im Ersten Weltkrieg verdient und setzte sich noch während des Krieges für die Zusammenarbeit mit den Gewerkschaften ein. Chef der OHL im November 1918. Um die Jahreswende 1918/19 militärischer Verbündeter Eberts gegen die Revolution. Reichswehrminister von 1928 bis 1932.

Der ehemaligen Leiter des Insti luts für Zeitgeschichte, Helmut Krausnick, der in den dreißiger Jahren im gleichen Haus wie Vogel in der Waltraudstraße 36 in Berlin-Zehlendorf gewohnt hatte, bestätigte in den sechziger Jahren: Der Fluchthelfer Vogels hieß Canaris.

Die gefangenen Offiziere waren, zu ihrem »Schutz«, vorsorglich mit Handgranaten, Maschinengewehren und Flammenwerfern ausgestattet worden. Das Moabiter Gefängnis und sein Kommandant von Zitzewitz unterstanden dem Freikorps Reinhard, das wiederum einen Teil der GKSD bildete. Reinhard (1869-1955) wurde später SS-Offizier.

Freikorps-Truppen mit Flammenwerfern und Schützenpanzer (März 1919).

Canaris, wie dies zu bewerkstelligen sei.[183] So kam es zu dem bis dahin wohl beispiellosen Vorgang in der deutschen Rechtsgeschichte: Ein Richter verhalf dem Angeklagten zur Flucht und besorgte ihm auch noch die Papiere dafür.

Doch zurück zur Verfolgung Vogels: Rosen, redlich um Aufklärung bemüht, ließ nach Vogel in Holland fahnden und berichtete fast täglich ans Auswärtige Amt. Am 6. Juni wurde bekannt, daß sich Vogel tatsächlich in Holland, und zwar bei der deutschen Auslandsstelle in Haag befand.[184] Während zur gleichen Zeit Kriegsgerichtsrat Spatz nicht so recht vorankam[185], ließ Scheidemann an Rosen drahten, man solle Vogel veranlassen, in Begleitung eines Beamten nach Berlin zu kommen. Im Falle seiner Weigerung würde Weiteres wegen seiner Auslieferung veranlaßt.[186] Am 8. Juni wußte Rosen zu berichten, daß Vogel sich in einem Internierungslager befinde, wo ihn die holländischen Behörden nach seinem Auftauchen festgesetzt hätten.

Rosen war nun der Meinung, da Vogel seine Bewegungsfreiheit verloren habe, »dürfte der mir erteilte Auftrag, ihn zur freiwilligen Rückkehr nach Deutsch-

land zu veranlassen, als erledigt anzusehen sein.«[187]
Damit ruhte die ganze Angelegenheit. Fünf Wochen
später, am 21. Juni 1919, ließ der frischgebackene
Reichskanzler Bauer beim Auswärtigen Amt nachfra-
gen, ob man ihm etwas über »den Stand der Bemühungen zur Auslieferung« mitteilen könnte. Man antwortete ihm: »Das Gericht des GKSD hat die Übersendung der zur Begründung des Auslieferungsantrages
bei der Niederländischen Regierung erforderlichen
Papiere in nahe Aussicht gestellt.«[188] Wieder passierte
nichts, außer daß Rosen einen Brief von einem Herrn
Husborg aus Kopenhagen bekam, der um Rat bat:
»Mir sind von verschiedenen dänischen und schwedi-
schen Familien Geldmittel zugegangen, um sie dem
deutschen Oberleutnant, Herrn Kurt Vogel, zukommen zu lassen, der in Holland interniert ist. Ich bitte
deshalb die Deutsche Gesandtschaft ergebenst um
Auskunft, ob Herrn Oberleutnant Vogel von hier aus
das Geld zugestellt werden kann.«[189] Wieder zwei
Wochen später, am 16. Juli, erklärte Rosen dem Auswärtigen Amt, daß eine Weisung bezüglich der Auslieferung nicht vorliege. Kurz darauf bat der Reichskanzler erneut um eine Äußerung zum Stand der Auslieferungsfrage.[190] Das Auswärtige Amt antwortete zehn
Tage später, eine Auslieferung Vogels könne nicht erfolgen, da das Gericht der GKSD die erforderlichen
Schriftstücke zurückhalte.[191] Als schließlich erneut ein
Monat vergangen war, konnte sich Spatz entschließen,
den Entwurf eines Haftbefehls vorzustellen. Wir
schreiben den 21. August 1919.[192]
Doch der Entwurf erwies sich als untauglich. Untauglich sei er deswegen, weil er sich auf im militärischen
Dienst begangene »Vergehen« beziehe, die nicht im
Auslieferungsabkommen mit Holland enthalten seien,
meinte das Auswärtige Amt. Also wurde ein neuer

Gustav Bauer (1870-1944),
SPD, Rechtsanwaltsgehilfe
und Gewerkschaftsfunktionär.
Gehörte zu den Befürwortern
der Kriegskredite, weil er sich
davon materielle Vorteile für
das Proletariat versprach.
Reichskanzler von Juni 1919
bis März 1920.

Haftbefehl gefordert, der sich auf Straftaten nicht-militärischer Art beziehe.[193] Spatz konnte sich dank seines geschickt formulierten Entwurfs solcher Bedenken sicher sein.

Die Verzögerungstaktik fruchtete. Am 22. September meldete sich wieder einmal die Reichskanzlei und fragte höflich »um baldgefällige Mitteilung über den Stand der Angelegenheit« nach.[195]

Am 27. September wußte das WTB, Vogel sei in Montevideo. Doch Gesandter Rosen konnte beruhigen, Vogel befinde sich nach wie vor in Holland.[196] Am 16. Oktober bat die geduldige Reichskanzlei erneut um eine Mitteilung über »den Stand der Auslieferungsfrage«. Wieder passierte nichts.[197]

Am 10. November »griff« das Reichswehrministerium »ein«. Noske, in dessen Vorzimmer Canaris saß, ließ seinen Stabschef von Gilsa in einem Brief an die Reichskanzlei folgendes behaupten: Spatz hätte in dauernder Verbindung mit dem Auswärtigen Amt gestanden und dieses habe ihm mitgeteilt, daß nur geringe Aussicht auf Auslieferung bestehe.[198] Eine glatte Lüge.

Empört antwortete das Auswärtige Amt am 21. November, daß in dem Schreiben des Reichswehrministeriums die »Auslieferungsangelegenheit Vogel« nicht zutreffend geschildert würde. Denn Spatz habe lediglich am 21. August einen Entwurf eines Haftbefehls übersandt. Auf die Bedenken des Auswärtigen Amtes sei keine Antwort erfolgt. Auch habe keinerlei weiterer Schriftwechsel stattgefunden.[199] Schließlich konnte das nunmehr zuständige Gericht der Reichswehrbrigade 15 (die GKSD war aufgelöst, Spatz jedoch immer noch der Untersuchungsführer) nicht mehr anders, es mußte einen Haftbefehl für Vogel ausstellen. Darin wurde Vogel kurz und bündig und abweichend vom

---

Spatz trieb seine Hinhaltetaktik soweit, daß sogar ein aufrichtiger Kriegsgerichtsrats-Kollege sich darüber beschwerte: »Spatz setzte mir in der ihm eigenen aufgeregten, weitschweifigen Weise auseinander, welche Schwierigkeiten er bei der Bearbeitung der Sache gehabt hat. [...] Darauf bemerkte ich, ich wäre der Ansicht, daß er wohl schneller und einfacher zum Ziele gekommen wäre, wenn er nicht soviel bei den Behörden herumgegangen wäre, sondern sich die vom Kriegsministerium erlassenen Bestimmungen über Auslieferung angesehen hätte.«[194]

Wie absichtlich Spatz verzögerte zeigt wiederum der Bericht seines Kollegen, der empört darüber war, daß Spatz einfach unverrichteter Dinge in Urlaub gefahren wäre und auch danach alles liegengelassen hätte.

Urteil des Feldkriegsgerichts des Mordes an Rosa Luxemburg beschuldigt. Allerdings, fügte Spatz hinzu,
könne Vogel nicht ausgeliefert werden, wenn jenes
Urteil vom 14. Mai 1919 bestätigt würde, das sich ja
nur auf Wachvergehen und Beiseiteschaffung einer
Leiche beziehe.[200)]

Der Schwarze Peter

In einem einstimmig
verabschiedeten Antrag
forderte der SPD-Bezirk von
Groß-Berlin, die Urteile nicht
zu bestätigen. Gleiches ver-
langten die SPD-Mitglieder
des Vollzugsrates von Berlin.

Dieser Einwand spielte auf einen Vorgang an, der parallel zu diesen Ereignissen ablief. Nachdem sich auf das beschämende Kameradenurteil eine Welle der Empörung in der Öffentlichkeit ausgebreitet hatte[201], herrschte in der Regierung verständliche Ratlosigkeit, wer denn nun dieses grandiose Urteil zu bestätigen oder aufzuheben habe. Erst meinte man, Ebert als Reichspräsident und Rechtsnachfolger des Kaisers sei dafür zuständig. Dieser zweifelte allerdings daran und »neigte zu der Auffassung«, daß das Preußische Staatsministerium zuständig sei. Dieses verneinte ebenfalls und so wurde Noske der Schwarze Peter zugeschoben, da Ebert ja ihm den militärischen Oberbefehl übertragen hatte.[202]

Noske scheute wie schon im Januar 1919 »dic Verantwortung nicht«. Zwar hatte er im März 1919 geäußert, daß er sich auf »juristische Tüfteleien« nicht einlasse und für ihn Paragraphen nichts gälten,[203] aber ganz auf Rechtsbeistand konnte er nun doch nicht verzichten. Also sollten Gutachten des Reichsmilitärgerichts

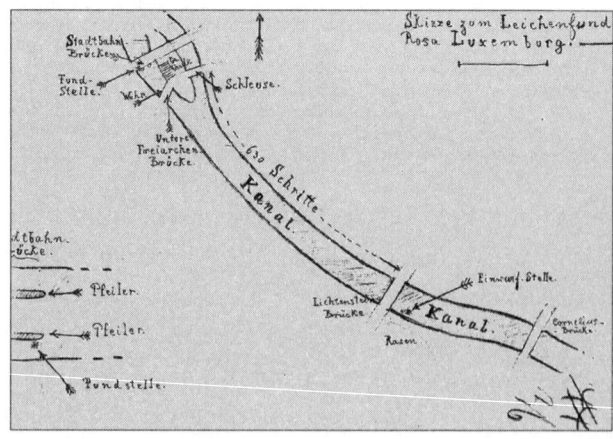

und des Reichsjustizministers Schiffer bei seiner Entscheidungsfindung behilflich sein.[204] Die Gutachter fanden jedoch eine veränderte Sachlage vor: Am Samstagmorgen, dem 31. Mai 1919, entdeckte nämlich der Schleusenarbeiter Knepel zwischen Freiarchen- und S-Bahnbrücke eine weibliche Leiche.[205] Es war die Leiche Rosa Luxemburgs.

Ein Zeuge, ein Sozialdemokrat, erkannte sie und rief den »Vorwärts« an. Doch weder am Samstag noch am Sonntag fand er eine Meldung vor.[206] Erst am Montagabend erschien eine Notiz, die, wie so oft, nur die halbe Wahrheit enthielt: Eine Militärpatrouille (sic!)

Die Fundstelle der Leiche Rosa Luxemburgs heute: Die Schleuse zwischen Freiarchen- und S-Bahnbrücke.

»Vorwärts« vom 2. Juni 1919.

Die Leiche Rosa Luxemburgs gefunden!

Eine Korrespondenz berichtet: Ein Leichenfund, der in der Nacht vom Sonnabend zum Sonntag an der Freiarchenbrücke im Tiergarten gemacht worden ist, wird in den nächsten Tagen sämtliche Behörden und die in Frage kommenden Gerichte beschäftigen. In der Nacht vom Sonnabend zum Sonntag wurde von einem militärischen Wachkommando eine Leiche im Landwehrkanal gesehen. Man benachrichtigte, nachdem die Leiche geborgen war, die Mordkommission, die unter Führung des Oberregierungsrats Doppe an der Fundstelle erschien. Da der Körper der Frau und auch der Fundplatz einige Wahrscheinlichkeit dafür boten, daß man die Leiche Rosa Luxemburgs vor sich habe, wurde der Berliner Polizeipräsident Ernst sofort benachrichtigt. Die gefundene Leiche wurde auf Veranlassung des Polizeipräsidenten in das Leichenschauhaus in der Hannoverschen Straße übergeführt und hier aufgebahrt.

Entführung der Leiche.

Im Laufe des Sonntags ist nun die Leiche der Frau durch ein militärisches Kommando aus dem Schauhause entfernt und nach Zossen gebracht worden. Im Schauhause erschien ein Leutnant Kehler und wies dem Leichendiener Eberhard, der Wache hatte, ein Schreiben vor, das vom Reichswehrminister Noske unterzeichnet war und das die Herausgabe der Leiche verlangte, um sie nach dem Garnisonlazarett des Truppenübungsplatzes Zossen zu bringen. Der Leichendiener sprach seine Verwunderung darüber aus, daß man die Leiche nach Zossen schaffen wolle, doch erklärte der Offizier, daß die Überführung unbedingt zu erfolgen habe. Die Leiche wurde nun von Soldaten in einen Kraftwagen gebracht, der sich entfernte.

habe am 1. Juni (sic!) die Leiche gefunden. Der Grund für diese Verdrehungen war wiederum ein seltsam zwielichtiger Vorgang: Noske war an jenem Samstagabend, als er gerade im Hause des ehemaligen Chefs der Hochseeflotte, Admiral von Holtzendorff, weilte, von seinen aufgeregten Parteikollegen Wolfgang

Das Sturmbataillon Schmidt der GKSD war im Militärlager in Zossen stationiert. Eines der Mitglieder der Marine-spezialeinheit, die Pabst in der Mordnacht zum »Transport« von Liebknecht und Luxemburg bestimmt hatte, war genau zu dem Zeitpunkt, als Rosa Luxemburgs Leiche auf Noskes Geheiß dorthin transportiert wurde, beim Sturmbataillon in Zossen: Leutnant zur See Hermann W. Souchon.

Heine und Eugen Ernst[207]) unterrichtet worden, daß man »sie« gefunden habe. Noske verhängte sogleich eine Nachrichtensperre (worüber »er« nicht berichtete) und ließ die Leiche ins Lager Zossen zu seinen militärischen Freunden im Süden von Berlin verfrachten.

Selbst vor der Leiche Rosa Luxemburgs fürchtete man sich also noch. Und wieder spricht der Sozialdemokrat Noske eine deutliche Sprache: »Über die rechtliche Zulässigkeit eines solchen Verfahrens stellte ich Betrachtungen nicht an.«[208]) Solcherart Vorgehen verletzte aber nun die Ehre des Kriegsgerichtsrat Ehrhardt.

Ehrhardt sagte im zweiten Jorns-Prozeß (nunmehr Oberregierungsrat im Patentamt) aus: »Pabst gab sein Ehrenwort, daß er nichts vom Abtransport der Leiche gewußt habe, es sei auf Befehl des Reichswehrministeriums geschehen.«

Die »beleidigte Justiz« (Noske) machte dem Oberbefehlshaber in den Marken Vorhaltungen, er habe in ihre Befugnisse eingegriffen.[209]) Leichendieb Noske, sonst sehr erpicht darauf, der GKSD nicht in die Parade zu fahren, kanzelte Ehrhardt ab.[210])

Mathilde Jacob, die langjährige Freundin und Sekretärin Rosa Luxemburgs, hatte die Leiche aufgrund eines goldenen Anhängers und blauer Samtstoffreste identifiziert. Im Protokoll gibt sie noch an: »Die Fotografien der Leiche möchte ich mir lieber nicht ansehen.« (Auf einen Abdruck der grausigen Bilder wird verzichtet.)

Mathilde Jakob[211]), die vermutete, Noske müsse »ein Interesse an dem leblosen Körper haben«[212]), wurde nun von dem brüskierten Ehrhardt gestattet, »einen von uns gewählten Arzt in ihrem Auto nach Zossen mitzunehmen, damit dieser den Obduktionsbefund der

Gerichtsärzte nachprüfen könnte.«[213] Doch der Vertreter Theodor Liebknechts, Dr. Siegfried Weinberg, lehnte ab, man würde damit das Gericht der GKSD anerkennen.[214]

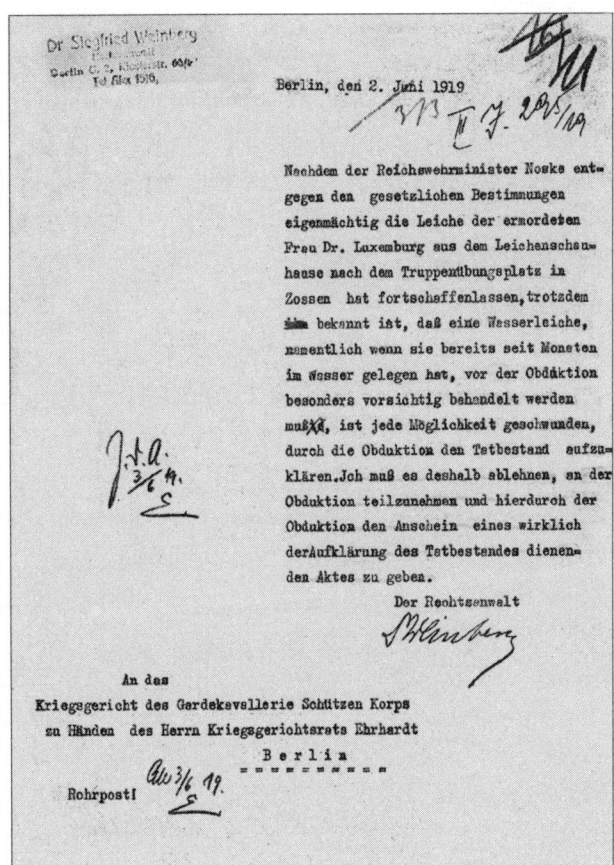

Berlin, den 2. Juni 1919

Nachdem der Reichswehrminister Noske entgegen den gesetzlichen Bestimmungen eigenmächtig die Leiche der ermordeten Frau Dr. Luxemburg aus dem Leichenschauhause nach dem Truppenübungsplatz in Zossen hat fortschaffenlassen, trotzdem ihm bekannt ist, daß eine Wasserleiche, namentlich wenn sie bereits seit Monaten im Wasser gelegen hat, vor der Obduktion besonders vorsichtig behandelt werden muß, ist jede Möglichkeit geschwunden, durch die Obduktion den Tatbestand aufzuklären. Ich muß es deshalb ablehnen, an der Obduktion teilzunehmen und hierdurch der Obduktion den Anschein eines wirklich der Aufklärung des Tatbestandes dienenden Aktes zu geben.

Der Rechtsanwalt

An das
Kriegsgericht des Gardekavallerie Schützen Korps
zu Händen des Herrn Kriegsgerichtsrats Ehrhardt
Berlin
Rohrpost!

Ablehnungsschreiben des Anwalts Dr. Siegfried Weinberg. Kriegsgerichtsrat Ehrhardt wollte bei der Obduktion unter anderem die Rechtsanwälte Dr. Theodor Liebknecht, Dr. Kurt Rosenfeld und Dr. Siegfried Weinberg dabeihaben, von denen keiner daran teilnahm.

Frau Jacob war nicht einverstanden, da sie sich zu Recht Aufschluß über »die Art der Ermordung« erhoffte. Verzweifelt suchte sie um Unterstützung: Zwei Ärzte »fürchteten um ihr Leben«, ein anderer hielt seine Zusage nicht ein.[215] Die Obduktion fand so ohne einen Vertrauensarzt der Frau Jacob statt.

Am 3. Juni 1919 nahmen der Geheime Medizinalrat Dr. Strassmann und Professor Dr. Fraenkel die Untersuchung an der stark verwesten Leiche vor. Das Ergebnis ließ den Schluß zu, daß Rosa Luxemburg nicht durch die zwei Kolbenschläge Runges, sondern durch einen Schuß aus unmittelbarer Nähe getötet worden war.[216]

Als Täter kam somit nur Vogel oder jener ominöse Marineoffizier in Frage. Dies konnten die Rechtsgutachter bei ihrer »Revisionsentscheidung« nicht unbeachtet lassen. Beide sprachen sich zwar, wie nicht anders zu erwarten, für eine Bestätigung der Urteile gegen Runge und die Besatzung des Liebknecht-

Ausschnitt aus dem Obduktionsbefund des Geheimen Medizinalrats Dr. Strassmann und des Gerichtsarztes Dr. Fraenkel. Strassmann (1853-19??) hat sowohl Liebknecht als auch den 1922 ermordeten Außenminister Walther Rathenau obduziert und später wissenschaftliche Vorträge über »Erschießen auf der Flucht« gehalten. 1935 lebte er noch in Berlin. Von seinem weiteren Schicksal – er war Jude – ist nichts bekannt.

Die vorgefundene Fettembolie war nicht so erheblich, dass sie den Tod erklären kann. Als Todesursache kommt eigentlich nur eine Gehirnerschütterung in Betracht, neben der vielleicht nicht mehr nachweisbare Blutungen im Innern des Gehirns mitgewirkt haben mögen. Dass eine solche Gehirnerschütterung sofort tötet, ist ein nicht grade häufiger Fall. Die Möglichkeit wird man desto eher annehmen können, je schwerer die Verletzung gewesen ist, die mit der Gehirnerschütterung einherging. Insofern besteht die höhere Wahrscheinlichkeit dafür, dass die aller Wahrscheinlichkeit nach durch den Schuss bewirkte schwere Zertrümmerung der Schädelgrundfläche den sofortigen Tod herbeigeführt hat, als die vorangegangenen Kolbenschläge und es spricht die Wahrscheinlichkeit dafür, dass der Schuss Frau L u x e m b u r g noch lebend getroffen und getötet hat. Es ist diese Annahme bereits in der Hauptverhandlung von dem Erstunterzeichneten für wahrscheinlicher erklärt wor-

Transports (von Pflugk-Harttung et al.) aus. Beim Urteil gegen Vogel plädierten jedoch beide ausdrücklich für eine neue Hauptverhandlung.[217)]

Das Gutachten des Justizministers Schiffer ergänzte noch abweichend vom Reichsmilitäranwalt, daß es zwar wahrscheinlich sei, daß Vogel den Schuß auf Rosa Luxemburg abgegeben hätte, »ein lückenloser Schuldbeweis für die Täterschaft aber nicht erbracht sei.« Ausdrücklich wurde erwähnt, daß dies auch von Wichtigkeit sei, »wenn Vogel nachträglich noch Angaben über die Persönlichkeit des bisher unermittelt gebliebenen Offiziers machen sollte, der neben ihm als Täter in Frage kommt.«[219)] Am 7. Oktober folgte das Kabinett den Gutachten und bestätigte die Urteile gegen Runge und von Pflugk-Harttung et al. Bei Vogel wurde die Entscheidung in der Schwebe gelassen.[220)] Noske behielt sich ausdrücklich am 26. Oktober 1919 die Entschließung über die Bestätigung bis nach Vogels Verhör vor.[221)]

Doch der saß dank Spatz immer noch in Holland. Am 4. Dezember schließlich konnte der geplagte Rosen endlich verkünden, er habe weisungsgemäß bei der holländischen Regierung die Auslieferung Vogels beantragt.[222)] Am 11. Dezember verbreitete WTB das Gerücht, Vogels Urteil sei doch bestätigt.

Dies trug erneut zur Verwirrung der Lage bei. Am 24. Januar 1920 fragte die Reichskanzlei nach, wie die Holländer denn entschieden hätten.[223)] Doch die Niederländische Regierung schien nicht zu reagieren. Dagegen Vogel. Er schickte frech einen Schriftsatz, daß er das Urteil des Kameradengerichts vom 14. Mai 1919 annehme.[224)] Am 28. Februar 1920 wurden daraufhin Noske die Akten Vogels noch einmal vorgelegt. Der Oberreichsanwalt merkte an, er habe seinem vorherigen Gutachten nichts hinzuzufügen.[225)]

Eugen Schiffer (1860-1954), DDP, 1919 Finanzminister, 1919-1921 Justizminister. Pabst verkehrte übrigens im Hause Schiffer und hatte ein Verhältnis mit der Tochter des Vizekanzlers.[218)]

Am 26. Februar hatte die niederländische Regierung immer noch nicht reagiert. Am 10. März 1920 wurde sie noch einmal vom deutschen Gesandten daran erinnert. Aber da war es zu spät. Denn am 8. März 1920 bestätigte Noske völlig unerwartet, entgegen sämtlichen Rechtsgutachten, entgegen dem Kabinettsbeschluß und entgegen seiner eigenen Verfügung vom 26. Oktober 1919, das lächerliche Urteil gegen Vogel.[226)]

Die Urteilsbestätigung Noskes. Ob sich Noske damit bei den Kapp-Putschisten, zu denen ja auch Pabst zählte, beliebt machen wollte – denn am 7. März, also einen Tag vorher, fand das entscheidende Treffen Noskes mit den designierten Hochverrätern von Lüttwitz et al. statt – spielt keine Rolle. Tatsache ist: Noske bewies mit seinem Verhalten, daß er absolut kein Interesse daran hatte, daß der Fall aufgeklärt wurde. Ein Verhör Vogels, mit der Gefahr, daß der auspackte und Licht ins Dunkel brachte, wollte Noske tunlichst vermeiden.

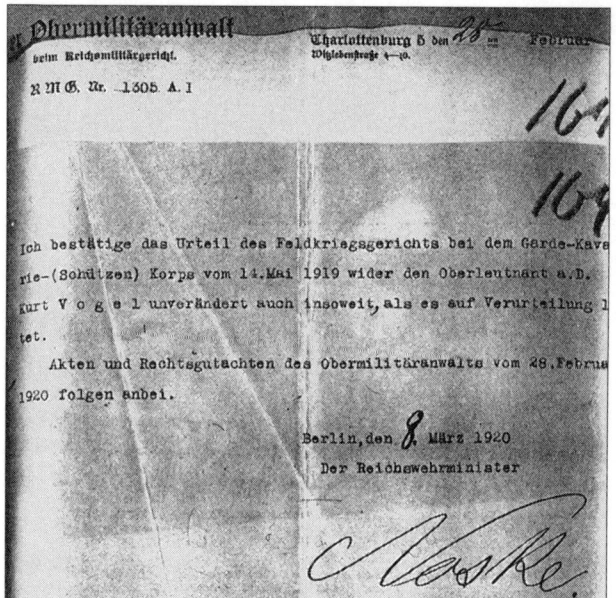

Am 13. März (dem Tag des Kapp-Pusches) wurde das Auslieferungsersuchen zurückgenommen, denn die relativ geringen Straftaten, wegen der Vogel von der »Eden-Justiz« verurteilt worden war, reichten nun nicht mehr für eine Auslieferung.[227)] Verblüfft ließ – nach dem Scheitern des Putsches – der neue Reichskanzler Müller beim Reichswehrministerium anfragen: »Für gefällige Mitteilung, welche Gründe zu der veränderten Entscheidung Anlaß gegeben haben, wäre der Herr Reichskanzler dankbar.«[228)] Doch Noske

konnte nicht mehr antworten, er mußte auf Druck der
Gewerkschaften und der SPD zurücktreten.

Der neue Mann, RWM Geßler, antwortete am
6. Juni 1920 lakonisch: »Aus welchem Grunde er
[Noske] hierbei von der weiteren Befolgung des Be-
schlusses des Reichsministeriums vom 7. Oktober

Dr. Otto Geßler (1875-1955),
DDP, 1920-28 Reichswehr-
minister (auf dem Foto mit
Ebert beim Abschreiten einer
Ehrenkompanie am »Tag der
Verfassung«, 11. August
1924). 1944/45 KZ. Später
Vorsitzender des Deutschen
Roten Kreuzes.

1919 abgesehen hat, entzieht sich der diesseitigen
Kenntnis.«[229] Noske dagegen zog es in seinem jensei-
tigen Buch »Von Kiel bis Kapp« vor, eine glatte Lüge
zu verbreiten: »Das Urteil in dem Prozeß wegen der
Tötung Liebknechts und Rosa Luxemburgs habe ich
als Oberbefehlshaber in den Marken bestätigt, nachdem die ersten Autoritäten der zivilen und Militär-Ge-
richtsbarkeit Gutachten erstattet hatten, daß bei einer
Wiederholung der Beweisaufnahme eine härtere Strafe
für keinen der Angeklagten zu erwarten wäre.«[230]
Vermutlich haben die »ersten Autoritäten« dieses
Buch nicht gelesen und, falls doch, mit der Wahrheit
hinter dem Berg gehalten, um Herrn Noske nicht
brüskieren zu müssen. Noske hatte also bewußt die
Verfolgung der Täter unmöglich gemacht und ein un-
einnehmbares juristisches Bollwerk kreiert, auf das ge-
betsmühlenartig immer wieder verwiesen werden

konnte: Das Verfahren sei ordnungsgemäß abgeschlossen und nichts bewiesen. Alle kommenden Auseinandersetzungen bezüglich der Frage der Verantwortung für die Tat mußten mit logischer Konsequenz an diesem juristischen Prellbock enden. Es drängt sich der Verdacht auf, daß Noske die wirklichen Täter laufen lassen wollte, um nicht in einem weiteren Prozeß neuen Staub aufzuwirbeln.

Es scheint, als hätte er Angst gehabt, daß die Wahrheit doch noch an den Tag kommen könnte. Eine Wahrheit, die auch ihm geschadet hätte: Denn wenn Vogel gesungen hätte, hätte der auch den Befehlshaber und Drahtzieher im Hintergrund, nämlich Pabst, genannt. Eine Verhaftung Pabsts wäre unausweichlich gewesen. Abgesehen davon, daß sich Pabst nicht so einfach hätte verhaften lassen, hätte der dann auch ausgepackt.

Pabst 1969: »Es war schon damals [1919] eine Schweinerei, daß es zu einem Prozeß kam, den weder Ebert noch Noske gewollt haben. Speziell Noske hatte mir versprochen, daß es dazu nicht kommen werde.«[231] Zu einem ähnlichen Prozeß gegen Oberleutnant Marloh (Pabst: »Ein Schwein«), der im März 1919 dreißig Matrosen hatte ermorden lassen und später freigesprochen wurde, schreibt Noske übrigens, er habe den Prozeß »im Staatsinteresse für unnötig gehalten.«[232]

Der siebte Mann

Im Fall Luxemburg hatte es schon diverse Selbstbezichtigungen gegeben.[233] Aber am 13. Mai 1921 glaubte Staatsanwalt Ortmann den Richtigen gefunden zu haben: Leutnant Ernst Krull. »Krull steht im dringenden Verdacht, die bisher nicht ermittelte Militärperson zu sein, die nach der Abfahrt des Autos der Frau Luxemburg [sic!] vom Eden-Hotel auf das Trittbrett des Autos aufgesprungen, eine Strecke mitgefahren ist, auf der Fahrt den Schuß auf Frau Luxemburg abgegeben hat und dann vom Auto herabgesprungen ist.«[234] Die Verhaftung Krulls ging auf ein Vorkommnis zurück, das Paul Levi der Staatsanwaltschaft geschildert hatte: Ein Mann war im Büro der »Roten Fahne« erschienen und hatte dort die goldene Uhr Rosa Luxemburgs feilgeboten. Er erzählte, er habe sie von Leutnant Krull erhalten.[235] Später tat der Mann noch mehr kund: »Krull habe sich wiederholt der Ermordung Luxemburgs renommiert«.[236] Krull gab nun bei seiner Vernehmung zu, u. a. die Uhr und das Abiturzeugnis Rosa Luxemburgs bei einer »Haussuchung« aus deren Wohnung, eine Woche vor ihrer Ermordung, gestohlen zu haben.[237] Außerdem wollte er auch noch der Trittbrettfahrer des 15. Januar 1919 gewesen sein. Von dem Schuß wußte er nichts.

Ortmann leitete die abermalige Vernehmung der fünf Männer an, die außer Vogel und dem Unbekannten den Luxemburg-Transport begleitet hatten. Es waren dies Poppe, Hall, Grantke, Janschkow und Weber.[238] Die Vernehmungen ergaben: Keiner kannte Krull.[239] Daraus folgt: Krull, aus dem Freikorps Rossbach, schon wegen diverser Betrügereien verurteilt, erwies

Leutnant a. D. Ernst Krull.

sich zwar als Dieb der Uhr, hatte mit dem Luxemburg-Transport jedoch nichts zu tun. Er war ein »Trittbrettfahrer«, aber nur im übertragenen Sinn des Wortes. Gleichwohl drang einiges von den Nachforschungen der Staatsanwaltschaft an die Öffentlichkeit und heizte die Spekulationen an: Insbesondere die »Rote Fahne« erklärte nun Krull zum Mörder und wiederholte diese Behauptung immer wieder, so daß er fälschlicherweise in die Geschichtsschreibung der DDR und der Sowjetunion als Mittäter einging.[240]

Wer war aber nun der siebte Mann? Ein Phantom, erfunden von der GKSD, um Vogel vor der Mordanklage zu schützen? Oder existierte er wirklich? Aufschluß gibt ein Artikel in der »Freiheit« vom 28. Mai 1919. Darin hieß es, Kriegsgerichtsrat Spatz teile »das

der zur Befreiung Vogels aus dem Zellengefängnis in Moabit diente, gedrückt hat.

So merkwürdig es ist, daß alle diese Dinge dem Herrn Kriegsgerichtsrat Spatz, der die Untersuchung „auf das energischste" betreibt, verborgen geblieben sind, so wenig wundern wir uns darüber. Er teilt damit das bedauernswerte Schicksal seines Kollegen Jörns, denn auch diesem war angeblich nicht bekannt, was alle Leute im Edenhotel wissen, daß der große Unbekannte, der auf dem Auto gestanden hat und den Vogel nicht nennen wollte, der Leutnant Souchong ist, der als Zeuge im Prozeß aufgetreten ist.

Lassen wir nun alle Ironie beiseite.

Nach unseren Mitteilungen kann es keinem Zweifel

bedauernswerte Schicksal seines Kollegen Jörns, denn auch diesem war angeblich nicht bekannt, was alle Leute im Eden-Hotel wissen, daß der große Unbekannte, der auf dem Auto gestanden hat, der Leutnant Souschong ist, der als Zeuge im Prozeß aufgetreten ist.«[241]

Die »Berliner Volkszeitung« und der »Vorwärts« vom selben Tag übernahmen diese Meldung. Noske und den höchsten Autoritäten des Miltärgerichtshofes sowie des Reichsjustizministeriums blieb diese in hohen Auflagen und »großer Aufmachung«[242] verteilte Meldung jedoch verborgen. Kriegsgerichtsrat

Spatz nicht, aber er dementierte sogleich²⁴³⁾ und beorderte den jungen Leutnant als Zeugen nach Berlin. Dieser weilte inzwischen ausgerechnet beim Sturmbataillon Schmidt in Zossen als Sportoffizier. Souchon hatte aber wichtigeres zu tun als noch einmal vor dem Gericht seiner ehemaligen Division zu erscheinen, er mußte nämlich Sportgeräte in Berlin einkaufen.²⁴⁴⁾ Also nahm er den Termin nicht wahr. Bald darauf setzte er sich in den Zug nach Wilhelmshaven, um dem Ruf der Marine-Station zu folgen und diese lästige Angelegenheit hinter sich zu lassen.²⁴⁵⁾

Vermutlich hat er vorher noch die Ankunft der Leiche Rosa Luxemburgs im Lager Zossen miterlebt (31. Mai), denn eben dorthin hatte Noske sie transportieren lassen.²⁴⁶⁾ Vielleicht hat Souchon (oder einer seiner Kameraden) der Leiche ja auch noch kurz vor seiner Abfahrt einen Besuch abgestattet und Spuren beseitigt. In einem Fall, in dem das Mordopfer im selben Quartier lagert wie ein Tatverdächtiger, scheint schließlich alles möglich.

Doch der Leutnant zur See sollte auch nach seiner Flucht keine Ruhe haben. Denn der Fahrer des Luxemburg-Transports, Janschkow, machte im Krull-Verfahren (1922) eine wichtige Aussage: »Der mir vorgestellte Krull ist, wie ich mit Bestimmtheit sagen kann, nicht die Persönlichkeit, mit der ich am anderen Tage gesprochen habe. Das war ein Herr in Marineuniform; wie ich später gehört habe, Souchon. Souchon sagte mir, als er mich am anderen Tage [am 16. Januar 1919] traf, er wäre mit dabei gewesen. In welcher Weise er beteiligt war, kann ich nicht sagen. [...] Wie ich schon ausgesagt habe, fiel der Schuß links hinter mir. Er kann also von dem abgegeben worden sein, der auf dem linken Trittbrett stand. Wer dort gestanden hat, kann ich nicht sagen.«.²⁴⁷⁾

Die GKSD verlautbarte, von der Beschuldigung, die gegen Leutnant Souchon ausgesprochen worden sei, sei ihr nichts bekannt. Dabei hatte ihn die »Freiheit« ja gar nicht »beschuldigt«, sondern nur behauptet, daß er der Unbekannte sei.

Nach der Mitteilung Schmidts wurde Souchon exakt einen Tag nach dem Erscheinen des Artikels in der »Freiheit« von Wilhelmshaven »angefordert« und sei »abgefahren«.

Tafel zum Gedenken an Rosa Luxemburg, angebracht im September 1989 am Haupteingang des früheren Standortlazaretts in Zossen.

Staatsanwalt Ortmann ordnete daraufhin die Vernehmung Souchons an.[248] Souchon, der bis dahin allenfalls durch sein bescheidenes Auftreten im Luxemburg-Prozeß aufgefallen und dort vom Verteidiger Grünspach zum Kronzeugen der »Unschuld« der Offiziere gemacht worden war[249], ließ sich jedoch zuerst nicht auffinden[250]. Im Februar 1922, als er merkte, daß man nach ihm suchte, meldete er sich aus Helsinki. »Falls man ein Anliegen habe, stehe er für eine Beantwortung zur Verfügung.«[251] Skandinavien, damals ein beliebtes Ausflugsziel für Männer mit vaterländischer Gesinnung, war also auch zur Herberge des Oberleutnants a. D. geworden, der nun als Bankkaufmann sein täglich' Brot verdiente. Wenig später teilte er mit, er werde im Mai 1923 nach Deutschland zurückkehren. Die Staatsanwaltschaft wollte ihn dann vernehmen.[252] Doch im Mai 1923 hatten »seine Dispositionen eine Änderung erfahren«[253], er beabsichtige, in Finnland zu bleiben. Jetzt erst wurde die Voruntersuchung gegen ihn eingeleitet und zwar wegen Beihilfe zum Mord an Rosa Luxemburg.[254] Im Herbst 1923 wußte dann der Schwiegervater, daß Souchon seine Reisen nach Deutschland überhaupt habe aufgeben müssen, da er in Finnland nicht abkömmlich sei.[255] Erst durch Zufall wußte ein Regierungsrat der Staatsanwaltschaft im Juni 1925 (!) mitzuteilen, daß Souchon in Berlin weile. Am nächsten Tag wurde er vernommen.[256]

»Zur Zeit der fraglichen Angelegenheit«, meinte der junge Mann und bezeichnete damit die Nacht vom 15. auf den 16. Januar 1919, habe er einer Marinekompanie unter Kaleu von Pflugk-Harttung angehört. Sie seien öfter von der GKSD »zu Sonderaufträgen herangezogen« worden. Er habe an dem betreffenden Tag den Befehl vom Kaleu gehabt, mit vier Mann ins Eden-Hotel zu kommen (Ritgen, Schulze, Stiege und er). Er habe im Hotel wiederum von diesem den Befehl erhalten, Dr. Liebknecht abzutransportieren. »Als wir den Dr. Liebknecht hinausbrachten, ging ich als letzter. Wegen der großen Menschenmenge und der schnellen Abfahrt des Autos war es mir nicht möglich, das Auto zu besteigen, ich blieb zurück.«

Er habe sich dann zurückgemeldet und den Befehl erhalten, »an dem späteren Abtransport der Frau Luxemburg teilzunehmen und diese bis dahin zu bewachen. »Das habe ich dann auch getan, und zwar war ich allein in dem Zimmer mit Frau Luxemburg, die ein Buch las.« Die Bewachung habe wohl etwas über eine Stunde gedauert. Dann sei Frau Luxemburg aufgefordert worden, sich bereit zu machen. Etwa zehn Minuten später sei Vogel, den man zum Transportführer bestimmt hatte, erschienen, er »holte Frau Luxemburg ab.« Unten seien er, Vogel und die Mannschaften durch die Drehtüre gegangen. Runge sei sogleich auf Frau Luxemburg zugesprungen »und schlug sie unter einer beschimpfenden Bemerkung mit dem Kolben. Vogel, der gerade die Tür passierte, sprang schnell dazwischen, dann auch ich. Runge versuchte zwar nochmals, an Frau Luxemburg heranzukommen, trat aber gegenüber unserem energischen Eingreifen zurück. Frau Luxemburg war anscheinend etwas betäubt.« Dann sei Frau Luxemburg ins viersitzige Auto gesetzt worden.

Er habe sich in Fahrtrichtung gedreht und nach wenigen Metern Fahrt einen Schuß neben sich gehört. »Ich drehte mich um und sah, wie Frau Luxemburg nach hintenüber gefallen war; Vogel hatte eine Pistole in der Hand, die Parabellumpistole.« Trotzdem meinte Souchon nicht sagen zu können, wer den Schuß abgegeben habe. Er führte weiter aus, er habe Mannschaftsuniform getragen und sei bis zum Landwehrkanal mit-

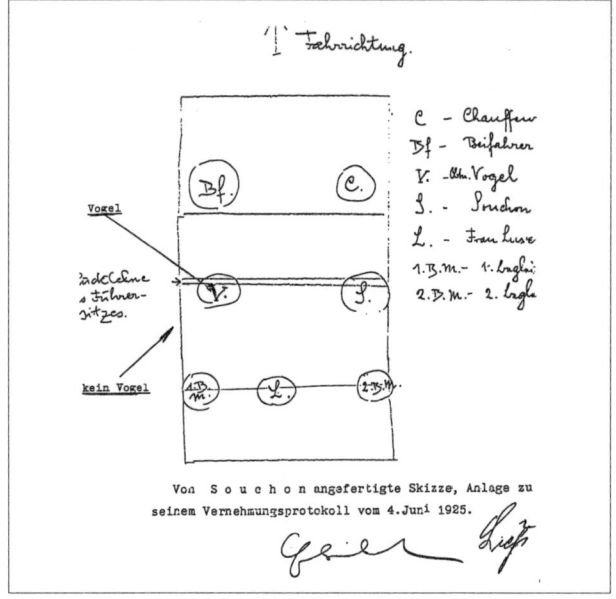

Von S o u c h o n angefertigte Skizze, Anlage zu
seinem Vernehmungsprotokoll vom 4.Juni 1925.

Souchon fertigte eine Zeichnung an: Er plaziert Vogel
richtig in den Innenraum des
Wagens und nicht auf das
Trittbrett. Den Jäger Poppe,
der auf dem linken Trittbrett
gestanden hat, vergißt er.
Zwei Männer, an die Rücklehne
gelehnt (Vogel und Souchon),
wie von Souchon gezeichnet,
hat nie ein Zeuge gesehen.

gefahren. Auf Befehl Vogels sei er aber im Auto
zurückgeblieben. »Ich hörte nachher von den zurück-
kehrenden Mannschaften, daß der Körper auf Befehl
des Vogel in den Kanal geworfen worden sei. Dann
fuhren wir nach dem Eden-Hotel zurück.«

Daß er in der Hauptverhandlung 1919 angegeben
hatte, er sei nach dem Abtransport Liebknechts nach
Hause gegangen, erklärte sich der junge Mann damit,
daß ihn ja keiner bezüglich der »Luxemburg-Angele-
genheit« gefragt habe. Auch daß er im März 1919 beim
Verhör gelogen hatte, er hätte vom Abtransport der
Frau Luxemburg nichts gesehen[257], kümmerte ihn
und, man staunt, auch die Staatsanwaltschaft nicht.
Souchon wurde entlassen. Am nächsten Tag dampfte
er wieder nach Finnland ab.

Auf die Idee, ihn wegen Meineids bzw. Falschaussage
zu belangen, kamen die Ermittler des Staates anscheinend nicht. Jedenfalls war man weit davon entfernt,
ihn deswegen vorläufig festzunehmen. Während
Souchon in Finnland seinem Kaufmannsberuf nach-

ging, ermittelte die Staatsanwaltschaft in aller Ruhe und über Jahre hinweg weiter. Erst Ende Oktober 1925 kam man auf die Idee, das Verfahren von Beihilfe zum Mord zusätzlich auf Meineid auszudehnen.[258] Schließlich wollte man Souchon gegen Ende des Jahres 1925 erneut vernehmen.

Der antwortete, daß er, obwohl doch die Sache geklärt wäre, selbstverständlich bereit sei, sich erneut vernehmen zu lassen. Wenn er das nächste Mal nach Deutschland reise, werde er Mitteilung machen.[260] Doch die Staatsanwaltschaft wartete vergeblich auf eine solche Mitteilung und stellte am 18. Juli 1932 (!) das Verfahren ein.

Es bleibt festzuhalten: Durch die Vernehmung vom Juni 1925 wurde bestätigt (ohne daß allerdings die Öffentlichkeit etwas davon erfuhr), was die »Freiheit« am 28. Mai 1919 geschrieben hatte. Der unbekannte Marineoffizier, der tatsächlich »mit dabei« gewesen war, hieß Souchon. Er war der siebte Mann.

Selbst der mit Souchon sympathisierende Richter am LG Stuttgart mußte 1970 feststellen, daß dieses Verfahren von der damaligen Staatsanwaltschaft wohl »lässig« geführt worden sei.[259]

Souchon hielt sich übrigens ab und an in Berlin auf. So wollte er z. B. im Januar 1932 zwecks »Gedankenaustausch« seinen sehr verehrten Herrn »Major Pabst« besuchen, um mit ihm über die Möglichkeiten einer Faschistischen Internationale zu sprechen. Vielleicht hat ihn auch hier (wie im Juni 1919) der Erwerb von Sportgeräten daran gehindert, bei der Staatsanwaltschaft vorbeizuschauen.[261]

```
              Zeuge Leutnant  S o u c h o n .
       -------------------------------------
Leutnant Hermann  S o u c h o n , 24 Jahre alt, evangelisch,
mit keinem der Angeklagten verwandt oder verschwägert.Wegen
Verletzung der Eidespflicht nicht vorbestraft.


Verhandlungsleiter KGR. E h r h a r d t :
     Sie waren gestern um 9 Uhr nicht hier.

Zeuge Leutnant S o u c h o n:
     Nein,ich bin erst später hier gewesen.Es wurde mir gesagt,
dass die Zeugen um 9 Uhr heute morgen herbestellt seien.

Verhandlungsleiter KGR. E h r h a r d t:
     Warum haben Sie sich gestern nicht gemeldet? Ich muss
verlangen,dass Sie,wenn Sie vom Gericht geladen sind,auch
pünktlich um 9 Uhr erscheinen.Veranlassen Sie,dass eine Mel-
dung zu den Akten beigebracht wird,dass Sie verhindert gewesen
seien,pünktlich zu erscheinen.

Zeuge Leutnant S o u c h o n:
     Ich muss jeden Morgen von Zossen hierher kommen.
```

Schon bei der Verhandlung vor dem Feldkriegsgericht der GKSD im Mai 1919 fiel niemandem auf, was erst Jahrzehnte später im Zuge des Verfahrens Souchon gegen SDR/Bausch/Ertel entdeckt wurde: Souchon war am ersten Verhandlungstag (8. Mai 1919) »zu spät« gekommen. So hatte man vermieden, daß er den Zeugen des Luxemburg-Transportes begegnete, die ihn unter Umständen als »Transportbeteiligten« hätten identifizieren können.

Ausschnitt aus dem Wortprotokoll des Camouflage-Prozesses vor dem Feldkriegsgericht der GKSD vom 9. Mai 1919

Hoher Besuch

Dr. Günther Nollau (1911-1991), 1972 Präsident des Bundesamtes für Verfassungsschutz, hier beim Gespräch mit dem Autor am 13. Dezember 1989.

Wilhelm Pieck war von 1949 bis 1960 Staatspräsident der DDR.

Erich Wollenberg berichtete 1951 von einer Untersuchung, die Kippenberger im Auftrag von Ernst Thälmann 1931 gegen Pieck eingeleitet habe. Daß es solches Material noch gibt bzw. je gegeben hat, erscheint wenig wahrscheinlich.[263]

1955, dreißig Jahre nach der Vernehmung von Souchon, war Pabst nach (West-)Deutschland zurückgekehrt. Zwar fürchtete er eventuelle Ost-Entführungskommandos, aber mit den Jahren fühlte er sich doch immer sicherer. So sicher, daß er hinter vorgehaltener Hand zu plaudern begann. Am 30. November 1959 klingelte an Pabsts Haus der stellvertretende Leiter des Bundesamtes für Verfassungsschutz, Günter Nollau.

Er begehrte nicht etwa Einlaß, weil Pabst unter Beobachtung seiner Behörde stand, sondern weil Nollau seine Bauchschmerzen loswerden wollte. Diese Bauchschmerzen waren durch fortgesetzte Angriffe der DDR-Medien hervorgerufen, die die Nazi-Vergangenheit des damaligen Bundespräsidenten Lübke gegeißelt hatten.[262] Nollau hatte sich der Gerüchte erinnert, die seit Jahrzehnten über die Rolle Piecks bei der Verhaftung von Luxemburg und Liebknecht herumschwirrten und wollte Munition für einen Gegenangriff.

Pabst schien ihm dafür die beste Adresse. Und der gab bereitwillig Auskunft. Pieck habe zwar nicht Luxemburg und Liebknecht verraten, denn diese waren ja mit ihm verhaftet worden, dafür habe er aber andere Anführer der Kommunisten verpfiffen etc. Während Nollau diese Nachricht sogleich in einem Buch verwertete[264], behielt er eine andere Neuigkeit (auf Bitte Pabsts) für sich, machte darüber aber – ganz Geheimdienstmann – eine vertrauliche Aktennotiz[265]. Darin heißt es: »Die Rolle, die wütende Volksmenge darzustellen, war dem Marineleutnant Souchon zugedacht, der an einer verabredeten Stelle auf den Kraftwagen wartete, mit dem Rosa Luxemburg weggebracht wurde. Der Kraftwagen hielt an, und Souchon schoß auf die noch bewußtlose Luxemburg. Danach wurde die Leiche der Luxemburg in den Landwehrkanal geworfen. Bisher ist immer ein Oberleutnant Vogel als der Schütze bezeichnet worden, das ist aber nach Pabsts Darstellung falsch.«

Zunächst die Behauptung betreffend Wilhelm Pieck: Pieck hat sich in diversen Aussagen, Briefen und Interviews immer wieder zu seiner Verhaftung geäußert. Diese weichen nur in Details voneinander ab.[266] Er sei mit Luxemburg ins Eden-Hotel verbracht worden. Während Pabst Luxemburg im »Sitzungszimmer« verhörte, sei er, mit dem Kopf zur Wand, in einer Ausbuchtung des Eden-Hotels[267] von Runge »bewacht« worden. Er hörte den Abtransport Liebknechts und auch Luxemburgs. Dann sei ein Offizier (vermutlich Petri) gekommen, habe mit Runge geflüstert und sei dann weggegangen. Da Pieck nun befürchtete erschossen zu werden, habe er sich herumgedreht, sei auf Runge zugegangen und habe verkündet, er wolle mit Pabst sprechen, dessen Sitzungszimmer (gemeint ist der »kleine Salon«) genau gegenüber lag. Er sei zu Pabst hineingegangen, habe diesen täuschen können

Im ersten Jorns-Prozeß gab Runge an, Pieck sei auf ihn zugekommen und habe gesagt: »Nicht schießen, ich bin noch nicht vernommen worden.«

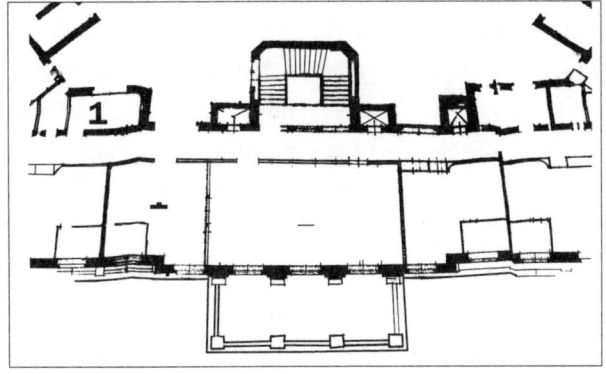

(1) In dieser Ausbuchtung des Flures mußte Wilhelm Pieck mit erhobenen Händen und dem Gesicht zur Wand unter Bewachung Runges stehen.

Runge gab an, Pieck habe gesagt, »er hätte noch eine Aussage zu machen.« Dann sei er in ein Zimmer geführt worden. Beim Verlassen des Zimmers habe ein Offizier angeordnet ihn abzuführen: »Und Sie haben dafür zu sorgen, daß nichts passiert.«[268]

und sei über verschiedene Stationen ins Polizeirevier gebracht worden.

Auf dem Hof sei er entkommen, weil er einen Bewacher, der mit der KPD sympathisierte, davon überzeugt habe, ihn laufen zu lassen.[269] Tatsächlich wußte Pabst nicht, wer Pieck war, er kannte damals nicht einmal seinen Namen[270] und hielt ihn für den Schriftleiter der »Roten Fahne«.

Daß Runge, der im Auftrag des Hauptmanns Petri handelte, Pieck erschießen wollte, ist denkbar. Für Pabst wäre allerdings eine solche Erschießung »coram publico« und auch noch vor seiner Tür eine große Dummheit gewesen.[271] Pabst hatte auch gar kein Interesse, Pieck erschießen zu lassen, da er ihm viel zu unwichtig erschien.[272]

Pabst hat, wenn er meinte, Pieck habe »militärische Angaben« gemacht, wohl etwas übertrieben und seine soldatische Denkweise auf Spartakus übergestülpt. Der Putsch- und Militärdilettant Pieck konnte ihm über die militärische Organisation von Spartakus gar nichts verraten, denn die gab es nicht. Wichtige »Spartakusführer« konnte er auch nicht verpfeifen: Luxemburg und Liebknecht waren schon tot, Jogiches[273] und Ledebour saßen im Gefängnis[274] und Radek wurde erst im Februar verhaftet[275]. Daß Pieck aber in Todesangst Adressen von Genossen verraten, vielleicht auch nur falsche Angaben gemacht hat, ist durchaus denkbar. Denn Pabst nahm seine Behauptung auch in den sechziger Jahren in einem internen Briefwechsel mit seinem Mordkameraden von Pflugk-Harttung nicht zurück.[276]

Vor dem Kriegsgericht der GKSD gibt Pabst ihn mit »Dr. Schröder« an. Vermutlich hat Pieck ihm den falschen Namen genannt bzw., wie er später angab, falsche Papiere auf diesen Namen bei sich gehabt.

1953 äußerte sich Pieck zuletzt zu dieser Angelegenheit, die ihm sichtlich peinlich war. Es heißt da, die Westpresse benütze die angeblichen Memoiren Pabsts, um ihn, Pieck, infam zu verleumden. Pabst habe damals (am 15. Januar 1919) schon den Befehl zu seiner Erschießung erteilt gehabt. Aber er (Pieck) habe ihn mit der Angabe, ein Redakteur der »Frankfurter Zeitung« zu sein, täuschen können. Was nicht gerade sehr glaubwürdig klingt.

Der Bekenner

Zwei Jahre nach dem Besuch Nollaus ärgerte sich Pabst über einen Artikel von Gerhard Zwerenz im »Stern«[277] und beschloß, zum Gegenangriff überzugehen. In seinem Blatt »Das deutsche Wort«[278] bekannte er sich zum ersten Mal in aller Öffentlichkeit zu seinem Mordbefehl: »Dieser Entschluß zur Beseitigung der beiden verderblich wirkenden und gelehrigen Moskau-Schüler ist mir nicht leicht gefallen.« Der Artikel wurde von anderen »Nationalen« Blättern wie dem »Stahlhelm« und dem »Deutschen Studentenanzeiger« nachgedruckt.

Die Bundesregierung, zu deren Presseamt Pabst hervorragende Beziehungen hatte (vermutlich über seinen alten Kameraden Albrecht Freiherr von Wechmar), machte in ihrem berühmt-berüchtigten Kommunique sodann aus dem Doppelmord eine »standrechtliche Erschießung«.[279] Pabst sah sich endlich offiziell bestätigt.

fasser, daß der weiße Terror damals schlimmer als der rote Terror gewütet habe. Das veranlaßte Major a. D. Pabst zu einer Erwiderung. Er ist ein bekannter Freikorpsführer gewesen und im Nazi-Reich von der Gestapo verhaftet worden. Einer nochmaligen Festnahme entzog er sich durch die Flucht in die Schweiz. Pabst bestreitet nicht seine Verantwortung für die standrechtlichen Erschießungen, aber er versichert, es in höchster Not und in der Überzeugung getan zu haben, nur so den Bürgerkrieg beenden und Deutschland vor dem Kommunismus retten zu können.

Im übrigen enthält die Darstellung von Pabst kaum neue Details. Mit einer Ausnahme. Pabst kommt auch auf die Rolle zu sprechen, die Pieck damals spielte, und was er dazu sagt, ist eine politische Sensation: „Wilhelm Pieck, damals bereits ein nicht ganz unbedeutender kommunistischer Führer, inzwischen als der erste Staatspräsident der von den Kommunisten geschaffenen „Deutschen Demokratischen Republik" verstorben, wurde, als er gefangen genommen worden war, mir zur Vernehmung vorgeführt. Trotz sehr erheblicher Hetztätigkeit wurde er wieder entlassen. Allerdings hatte er seine eigenen Genossen in einem Umfang verraten, der es uns ermöglichte, die weiteren Aufstände in Berlin rasch niederzuschlagen. Herr Pieck war nämlich so freundlich gewesen, mir alle militärischen Angaben zu machen über Wohnungen und

»Pabst bestreitet nicht seine Verantwortung für die standrechtlichen Erschießungen, aber er versichert, es in höchster Not und der Überzeugung getan zu haben, nur so den Bürgerkrieg beenden und Deutschland vor dem Kommunismus retten zu können.« (Verlautbarung des Presse- und Informationsamtes der Bundesregierung vom 8. Februar 1962.)

Sechzehn Jahre zuvor galt der Mord an Luxemburg und Liebknecht im gleichen Land noch als Verbrechen gegen die Menschlichkeit.

Kurz darauf bekam er Besuch vom »Spiegel« und gab
sein bekanntes Interview, in dem er zugab, er habe
Luxemburg und Liebknecht »richten lassen.«[280)]
Außerdem gab er zum besten: »Was ich mit den Herren, die sich freiwillig gemeldet hatten zu den Trans-
porten – es war keiner kommandiert worden –, was ich
mit denen besprochen habe, das geht keinen Menschen etwas an.«[281)] Trotz wütender Leserbriefe und
mehrerer Strafanzeigen geschah nichts[282)], außer, daß
Pabst einige Drohanrufe bekam und sich daraufhin
kurzzeitig in eine andere Gegend Deutschlands zu-
rückzog. Doch weil er eine uralte Abmachung ge-
brochen hatte, meldete sich sein Mordkamerad von
Pflugk-Harttung[283)]: Pabst habe sie »s.[einer] Z.[eit]
zu unbedingten Stillschweigen verpflichtet«, das hätte
aber auch umgekehrt für ihn gegolten. Pabst hätte also
wissen müssen, daß seine noch lebenden Kameraden
von seinen Enthüllungen, im Gegensatz zu ihm, nicht
gerade begeistert waren.

Trotzdem plauderte er weiter.

Der Auftrag

Im Jahr 1966 bekam Dieter Ertel den Auftrag, für den 50. Todestag von Rosa Luxemburg und Karl Liebknecht ein Dokumentarspiel zu schreiben. Neben seinem Studium der Kriegsgerichtsakten hatte er mit Pabst einen lebhaften Briefwechsel und stattete ihm jeweils mit einem Zeugen mehrere folgenschwere Besuche ab (Gedächtnisprotokolle dieser Besuche sind im Anhang dokumentiert).

Beim ersten Besuch verkündete Pabst u. a.: Den Befehl, Rosa Luxemburg zu erschießen, habe Leutnant Souchon gehabt. Er sollte an einem bestimmten Punkt der Strecke warten und die Tat ausführen. »Sie sollte dann so dargestellt werden, als ob ein Unbekannter aus einer aufgebrachten Volksmenge geschossen hätte.«[284] Ertel und sein Zeuge glaubten nach dieser Unterredung, daß Vogel nach der Panne mit Runge die Nerven verloren und Rosa Luxemburg erschossen habe. Kurz danach bekam Ertel die Krull-Akten in die Hände. Aus der schon zitierten Janschkow-Aussage ging nicht nur hervor, daß Souchon beim Transport

Regisseur Theo Metzger, Produzent Gustav Strübel und Autor Dieter Ertel (von links) bei den Dreharbeiten zum Fernsehspiel »Der Fall Liebknecht-Luxemburg – Darstellung eines Offizierskomplotts«, in dem Auto, in dem die Ermordung Rosa Luxemburgs nachinszeniert wurde.

dabeigewesen war, sondern auch, daß er vermutlich auf dem Trittbrett gestanden hatte. Ertel stattete Pabst einen erneuten Besuch ab und erklärte, daß ihm der Leutnant Souchon unter einem merkwürdigen Licht erscheine. Er sei offensichtlich im Auto mitgefahren. Pabst erklärte daraufhin: »Nein, er ist nicht mitgefahren. Souchon ist auf das Trittbrett gesprungen und hat von da aus Rosa Luxemburg erschossen.«[285]

50 Jahre danach

Ertel wollte diese Neuigkeit in sein Fernsehspiel ein-
bauen und ließ sie auch in einer Pressekonferenz
verbreiten.[286] Kurz vor der Sendung allerdings, im
Dezember 1968, erwirkte Souchon, der damals schon
Rentner war und in Bad Godesberg wohnte, eine
einstweilige Verfügung gegen den SDR. Es wurde bestimmt, daß das Fernsehspiel, in dem Souchon der
Schütze ist, zwar gesendet werden darf, allerdings
mit dem Vorspruch, daß es sich dabei »nicht um in
allen Punkten gesicherte Tatsachenbehauptungen
handelt.«[287] Was war geschehen?
Kurz nach der Pressekonferenz hatte Souchon bei dem
Rechtsanwalt Otto Kranzbühler, der schon in den
Nürnberger Prozessen erfolgreich Dönitz und Krupp
verteidigt hatte, um Beistand nachgesucht.
Kranzbühler, ein mit allen Wassern gewaschener ehe-
maliger Marinerichter, der selbst vier Streifen am
Ärmel getragen hatte, übernahm die Rechtsvertretung
Souchons. Er stattete Pabst einen denkwürdigen Besuch ab. Pabst erzählte dabei, nach Angaben von
Kranzbühler, so manches aus seinem Kampf gegen
die »Novemberrevolution«[288] und sagte dann plötzlich und völlig unvermittelt: »Unter uns gesagt, selbstverständlich habe ich Souchon den Befehl gegeben,
Rosa Luxemburg zu erschießen, und er hat sie auch
erschossen.«[289]

**Otto Kranzbühler als Verteidi-
ger vor dem Internationalen
Militärgerichtshof in Nürnberg
1946.**

Kranzbühler legte Pabst daraufhin eine eidesstattliche
Erklärung Souchons vor, in der dieser beschwor: »Ich
habe nicht auf Frau Rosa Luxemburg geschossen«.[290]
Als Pabst die Erklärung Souchons durchgelesen hatte,
wurde er blaß.[291] Vermutlich merkte er, daß auch die-

de [...] führung von Oberleutnant Vogel weggetragen. Auf
Befehl von Oberleutnant Vogel blieb ich als Wache beim
Kraftfahrzeug.

Ich habe nicht auf Frau Rosa Luxemburg geschossen. Dies
wäre auch gar nicht möglich gewesen, weil ich auf dem Not-
sitz sehr beengt saß, den Karabiner zwischen den Beinen
hatte und mich nicht hätte umdrehen können.

Stuttgart, den 6. 12. 1968   gez. H.W. Souchon

ser Kamerad nicht mitziehen wollte und nicht daran
dachte, sich dem Bekennertum Pabsts anzuschließen.
Um seinen ehemaligen Kameraden nicht im Regen
stehen zu lassen, machte Pabst nun einen Teilrückzie-
her und unterschrieb Kranzbühler die eidesstattliche
Erklärung, er habe Ertel nie gesagt, daß Souchon geschossen habe.[292]

Dies schloß zwar nicht aus, daß Souchon der Schütze
gewesen war, doch Ertel hatte damit seinen wichtigsten Zeugen verloren, zumal Pabst fortan keine offiziellen Erklärungen mehr abgab. Intern allerdings ließ
Pabst keinen Zweifel daran, wem er in jener folgen-
schweren Januarnacht 1919 den Befehl zur Ermordung
Rosa Luxemburgs gegeben hatte und was er von dessen eidesstattlicher Erklärung hielt, nämlich gar nichts.
Pabst schreibt kurz darauf an seinen Anwalt, Kranzbühler habe »die Sache überhaupt nicht begriffen,
sonst hätte er mich nicht neulich mit der eidesstattlichen Erklärung überfallen.« Er (Pabst) sei in eine
Zwangslage gekommen. Vogel oder Souchon. Für
Souchon spreche: »Insbesondere auch s.[eine] freiwillige Meldung zur Begehung der Tat oder wenn Sie
so wollen zur Ausführung derselben nach meinen Anordnungen«. Er habe so wenig wie möglich Kameraden in die Sache hineinziehen wollen. Er habe deshalb
Souchon 40 Jahre herausgehalten. Da es aber um die
Ergründung der wirklichen Tatsachen gegangen sei,
habe er ihn (gegenüber Ertel) genannt. Er hätte ihn

gleich nennen sollen, als der Südfunk seine Serie (das Dokumentarspiel war als Teil einer Serie mit dem Titel: »Befangene Justiz« geplant gewesen) angefangen habe. Und an Ertel gerichtet notiert Pabst: »Herr Souchon hat zu seiner Verteidigung erklärt ›ich‹, sein damaliger Chef ›sei ein Abenteurer u.[nd] unglaubwürdig‹. Warum hatte er sich dann für die Aufgabe freiwillig zur Verfügung gestellt auf Veranlassung e.[ines] ›Abenteurers‹? Frau L.[uxemburg] zu liquidieren?« Pabst spricht auch von »Herrn Souchon und die durch seine Märchen entstandene Lage« und bezeichnet seinen ehemaligen Kameraden als verlogen.[293]

Martin Benrath als Waldemar Pabst, Edith Heerdegen als Rosa Luxemburg in dem Fernsehspiel des SDR. Pabst 1968 in einem Brief an Franz von Papen: »Ich bin gespannt wie Benrath mich spielt. Wechmar war begeistert und behauptet, er habe manchmal nicht gewußt ob er mich, seinen alten Chef vor sich habe oder einen Schauspieler, so gut habe er mich imitiert.«

Aber dies nützte Ertel reichlich wenig, da niemand diese schriftlichen Niederlegungen Pabsts zu Gesicht bekam. Zwar wurde das Fernsehspiel in zwei Teilen, am 14. und 15. Januar 1969, in der ARD ausgestrahlt, Souchon jedoch hatte die Chance erhalten, die Flucht nach vorn anzutreten. Und dies tat er auch. Zwei Monate nach der Sendung erhob er Klage gegen den Süddeutschen Rundfunk (SDR), seinen Intendanten Bausch und den verantwortlichen Redakteur Dieter Ertel. 1969/70 kam es zur Verhandlung.

Pabst, zu diesem Zeitpunkt schon sehr krank, konnte nicht mehr verhört werden. Gleichwohl sprechen bislang unbekannte handschriftliche Notizen Pabsts aus dieser Zeit eine deutliche Sprache. Es gab für Pabst auch zu diesem Zeitpunkt keinen Zweifel, wer die Tat ausgeführt hatte: Souchon.[294]

Doch davon erfuhr die Öffentlichkeit nichts mehr. Vor dieser entfaltete sich nunmehr das seltsame Schauspiel eines Prozesses, der 50 Jahre nach der Ermordung Rosa Luxemburgs klären wollte, wer sie nun wirklich erschossen hatte, dabei aber auf den Hauptzeugen, nämlich Pabst, verzichten mußte. Besonders merkwürdig aber war, daß der des Mordes Bezichtigte als

Brief Ertels an Pabst vom Januar 1969. Ertel: »Ich war selbst Soldat und weiß, daß über einen ausgeführten Befehl Vollzugsmeldung zu erstatten ist.« Die handschriftliche Randnotiz Pabsts lautet: »Die Vollzugsmeldung habe ich mündlich durch Hr. Vogel erhalten, S[ouchon] habe geschossen.«

in seinem Plädoyer bewertete. Er sagte, man könne unser Fernsehspiel "die Hauptmann-Pabst-Story" überschreiben, denn Sie hätten sich darin von uns als Retter des Vaterlandes in entscheidender Stunde feiern lassen. Herr Dr. Karch wollte damit anscheinend artikulieren, daß wir uns bei unserer Arbeit allzu sehr von Ihnen und Ihrer Darstellung der damaligen Ereignisse hätten beeinflussen lassen, und daß dabei die geschichtliche Wahrheit in einigen Details – z. B. der Erschießung Rosa Luxemburgs – unter die Räder gekommen sei.

Lieber Herr Pabst, ich errate und verstehe durchaus die Gründe, aus denen heraus Sie sich entschlossen haben, in letzter Minute Herrn Souchon beizuspringen. Aber wenn Ihre Darstellung jetzt darauf hinausläuft, Sie hätten zwar Herrn Souchon den Befehl gegeben, Rosa Luxemburg zu exekutieren, wüßten aber nicht, ob dieser Befehl auch so ausgeführt worden sei, so kann ich Ihnen nur antworten: Ich war selbst Soldat und weiß, daß über einen ausgeführten Befehl Vollzugsmeldung zu erstatten ist. Daß man Sie falsch ins Bild gesetzt hätte und daß ausgerechnet Sie im Irrtum gewesen wären, als Sie annahmen, Souchon habe geschossen, das lasse ich mir nun wirklich nicht einreden. Denn eines geht ja nun aus meinen Forschungen wirklich zweifelsfrei hervor: nämlich daß Sie – späterdann auch Canaris – sämtliche Fäden in der Hand hatten und über nichts im unklaren geblieben sind. Nur so war ja auch die geradezu raffinierte Prozeßregie möglich.

Ich möchte Sie über das alles doch ehrlich informiert haben, obwohl ich es heute fast für unwahrscheinlich halte, daß der Rechtsstreit noch weitergeht. Immerhin haben wir ja unser Hauptziel erreicht, nämlich die Sendung ausstrahlen zu dürfen. Und was Herrn Souchon betrifft, so hat er eine eidesstattliche Versicherung abgegeben, die für mich als Kenner der Materie von Ungereimtheiten und haarsträubenden Widersprüchen nur so strotzt. Außerdem hat er – dies ist natürlich mein privater Eindruck – bei seinen Aussagen vor dem Stuttgarter Landgericht einen Eindruck gemacht, der alles andere als überzeugend war, um mich milde auszudrücken. Er wäre wirklich gut beraten, wenn er sich wieder in den Hintergrund verzöge, in dem er sich 50 Jahre lang aufgehalten hat; auch das ist natürlich meine private Meinung.

Die Bilanz: Wir haben mit unserer unglückseligen Pressekonferenz einen Fehler gemacht. Niemand hat mehr Grund, das zu beklagen als ich. Ich nehme mir aber die Freiheit hinzuzufügen: Ich glaube, Sie haben auch einen Fehler gemacht. Wir saßen in einem Boot. Und daß Sie dabei nicht schlecht gefahren sind, zeigt nichts besser als die Reaktion von Souchons Anwalt ("Retter des Vaterlandes" usw.)

Mit den besten Grüßen, auch an Ihre verehrte Frau Gemahlin,

Ihr sehr ergebener

(Dieter Ertel)

Kläger agierte und der, der seine Tat aufgedeckt hatte, auf der Anklagebank saß. Man stelle sich vor, um ein aktuelles Beispiel zu nennen, nicht dem ehemaligen Leiter des Ministeriums für Staatssicherheit der DDR, Erich Mielke, würde der Prozeß gemacht, sondern er bekäme die Möglichkeit, all jene, die ihn des Mordes an den beiden Polizeibeamten Paul Anlauf und Franz Lenk im Jahr 1931 bezichtigten, gerichtlich zu verfolgen.

Doch zurück zum Verfahren »Souchon gegen Ertel/ Bausch/SDR«. In Ermangelung von Tatzeugen entschied das Stuttgarter Gericht 1969/70 nach Aktenlage – und dies macht das eigentlich Beschämende dieses Prozesses aus. Denn der Richter am Landgericht Stuttgart nahm die Akten des Feldkriegsgerichts der

Der Täter als Ankläger. Hermann W. Souchon vor dem Landgericht Stuttgart im Januar 1969.

GKSD wie jede andere Akte, mit der er es sonst zu tun hatte: Er sah sie als wahrhaftig an. Die Fälschungen von Jorns, seine Vorschubleistungen, der Austritt der Beisitzer, das Kameradengericht, der Fall Canaris, all das hatte kein wirkliches Gewicht für ihn. Es zählten nur die Akten und die Aussage des »unbescholtenen Offiziers preußischer Prägung« Souchon.[295]

Ein Befangenheitsantrag des Intendanten des SDR, Dr. Hans Bausch (CDU), gegen den parteiischen Richter wurde abgeschmettert.[296]

Ein Offizierskomplott wurde in Zweifel gezogen, die planende Hand Pabsts als nicht bewiesen hingestellt. Überhaupt wurden alle Aussagen Pabsts, die er seit seiner Rückkehr in die BRD gemacht hatte, als unglaubwürdig abgetan. Alles gleiche eher »den Methoden eines hinterhältigen Verleumders«.[297] Pabst sei ganz allgemein als Zeuge unzuverlässig und unglaubwürdig. Ohne Beweis behauptete der Richter, Pabst habe spätestens seit 1959 an Cerebralsklerose (Gedächtnisschwund) gelitten.[298] Der SDR und Ertel wurden zum Widerruf (in der »Tagesschau«!) verpflichtet. Ertel, der SDR und der mitangeklagte Intendant Bausch legten daraufhin Berufung ein. Doch auch die Richter des Oberlandesgerichts Stuttgarts waren in Anbetracht des historischen Komplexes überfordert. Sie versuchten nicht einmal eine Abwägung von Persönlichkeitsrecht und Meinungsfreiheit. Auch sie nahmen die Akten gänzlich für bare Münze und waren sich sehr sicher.[299]

Dagegen hatte der Gutachter des Reichsjustizministers Schiffer schon im Oktober 1919 Zweifel an bestimmten Zeugenaussagen, insbesondere an der Frage, ob Vogel oder der Marineoffizier der Schütze gewesen war.

Da die damaligen Begleiter des Mordfahrzeugs, Poppe, Weber und Grantke, behauptet hatten, Vogel habe

Süddeutscher Rundfunk unterliegt

(dpa) STUTTGART, 12. Februar

Der Süddeutsche Rundfunk darf den 74-jährigen Oberst a. D. Hermann Souchon nicht als den Mörder der Sozialistin Rosa Luxemburg bezeichnen. Nach 14monatiger Verhandlung entschied die 17. Zivilkammer des Landgerichts Stuttgart am Donnerstag außerdem, daß das Deutsche Fernsehen die am 15. Januar 1969 in der Fernsehdokumentationsserie „Der Fall Liebknecht-Luxemburg" mit Vorbehalt gesendete Behauptung, Souchon sei der Mörder, an einem noch zu bestimmenden Tag nach der Tagesschau und vor der Wetterkarte widerrufen muß. Der Rundfunk will Berufung einlegen.

DPA-Meldung vom 12.2.1969.

geschossen, mußte es Vogel gewesen sein. Janschkow und Hall, die beiden Fahrer, die das Gegenteil bekundet hatten, wurden dabei willkürlich zu Lügnern gemacht, den andern aber wurde geglaubt. Eine Bestechung von Weber, Grantke und Poppe, ähnlich wie bei Runge und den Chauffeuren, schloß man ebenso aus, wie man den Hinweis Poppes auf Beeinflussung als unwichtig abtat.

Wortwechsel in der Hauptverhandlung am 12. Mai 1919: »Zeuge Poppe: Ja, ich wurde gefragt, daß ich alles so sagen mußte. [...]
Verhandlungsleiter KGR Ehrhardt: Wollen Sie damit sagen, daß Sie nach irgendeiner Seite bei Ihrer Vernehmung beeinflußt worden sind?
Zeuge Poppe: Da war ich so willensschwach.
Anklagevertreter KGR Jorns: Genauso ängstlich wie heute.«[300]

Daß die drei unter extremem Druck der Offiziere gestanden hatten, wurde ebensowenig berücksichtigt wie die Tatsache, daß durch ihre Aussage der Unbekannte aus der Sache herausgehalten worden war, während man für den belasteten Vogel schon lange die Flucht vorbereitet hatte.[301] Daß Vogel außerdem nicht auf dem Trittbrett gestanden hatte, wo der Täter aber nach Aussage von diesen Männern gestanden haben mußte, störte dabei ebensowenig wie die zahlreichen Widersprüche in Souchons Aussagen, der als völlig unbeteiligter Mitfahrer gesehen werden wollte.[302]

Zeuge Weber 1921 vor der Staatsanwaltschaft: »Wenn Vogel im Wagen gesessen hat, so hat er jedenfalls den Schuß nicht abgegeben.«

Selbst der Pabst-Brief vom 30. Mai 1967[303], in dem dieser die freiwillige Meldung Souchons schriftlich bestätigt hatte, wurde als Rätsel hingestellt. All dies konnte nur geschehen, weil auch diese Herren annahmen, Pabst habe nunmehr seit 1967 (!) Gedächtnisschwund, und deswegen seien seine Angaben Blödsinn. Nicht einmal die Möglichkeit, daß Souchon geschossen haben könnte, wurde zugelassen.[304] Widerlegt aus den Akten des Kameradengerichts! Ergebnis: Aus Souchon wurde der ahnungslose unbeteiligte Mitfah-

Die Widersprüche in Souchons Aussagen von 1925 und 1968 deuten darauf hin, daß er Luxemburg auf ihrem letzten Weg vom Zimmer Pabsts zum Auto nicht begleitete, sondern an der Ecke des Hotels gewartet hat.

rer, die Verabredung der Offiziere in der »Mitfahrzentrale« Eden-Hotel ausgespart und aus der Ermordung von Luxemburg und Liebknecht ein seltsam gleichzeitig ungleichzeitiger Vorgang.

Nach den heutigen Erkenntnissen gibt es weder am Offizierskomplott unter Pabsts Führung noch an der Beteiligung Souchons Zweifel – und zwar selbst dann, wenn man die Aussagen Pabsts nicht berücksichtigt:

1. Souchon war 1919 der einzige der Marine-Eskadron gewesen, der nicht auf der Anklagebank gesessen hatte, sondern als unbeteiligter Zeuge vernommen worden war. Dies hatte er neben seiner Falschaussage vom 29. März 1919 und seinem Meineid im Prozeß selbst (9. Mai 1919) seiner Angabe zu verdanken, er, der 1,90 m große Hüne, sei für den Liebknecht-Transport eingeteilt gewesen, aber beim Abtransport Liebknechts am Nebenausgang des Eden-Hotels von einer Menschenmenge (die es nicht gab) abgedrängt worden und habe deshalb nicht mitfahren können.

Er sei, so Souchon 1919, nach dieser gescheiterten Beteiligung an der Erschießung Liebknechts nach Hause gegangen. Abgesehen davon, daß er tatsächlich nicht am Liebknecht-Transport beteiligt, also auch nicht abgedrängt worden war, hatte man ihn so zum gänzlich Unbeteiligten gemacht: Er konnte als unbedarfter Zeuge seine Kameraden entlasten. Der Verteidiger der Offiziere, Grünspach, argumentierte im Prozeß 1919 folgerichtig, daß Kaleu von Pflugk-Harttung doch, wenn er einen Mordplan gehabt hätte, nicht einen »Unbeteiligten«, nämlich Souchon, zum Gruppenführer gemacht hätte und die Täter würde haben aussuchen lassen.[305]

Daß von Pflugk-Harttung aber diesen Plan hatte, steht aufgrund der Tagebucheintragung Ernst von Weizsäckers und eines Briefes von Pflugk-Harttung an Pabst zweifelsfrei fest.[306] Daraus ergibt sich – und hier ist der Argumentation Grünspachs nichts hinzuzufügen: Der Mann, der die Täter auszusuchen hatte, mußte wissen, um was es ging, und dieser Mann hieß unstrittig Souchon.

2. Souchon begründet 1968 sein Mitfahren im Luxemburg-Transport folgendermaßen: Nachdem er abgedrängt worden sei, habe er sich bei Hauptmann Rühle von Lilienstern gemeldet. Der habe ihm, Souchon, gesagt: »das treffe sich gut, denn es müsse jetzt sogleich der Transport von Frau Luxemburg durchgeführt werden, zu dessen Führer der Oberleutnant Vogel bestimmt sei; da das Begleitpersonal ausschließlich aus Mannschaften bestände, sei es zweckmäßig, daß außer dem Führer des Transportes ein weiterer Offizier als Begleitperson teilnehme.«[307]
Es stellt sich die Frage, wieviel Offiziere ein Transport dieser Größe braucht. Doch wohl nur einen, nämlich Vogel, der auch die Uniform eines Offiziers trug. Es sei denn, die Offiziere haben etwas vor.
Wie stand es nun aber mit Souchon?
Da er nach eigenen Angaben Mannschaftsdienst tat, also Mannschaftsuniform trug, ist seine Erklärung, man habe ihn als zweiten Offizier benötigt, schlicht unlogisch. Weder wurde ein zweiter Offizier für den Transport benötigt noch wäre Souchon von den mitfahrenden Mannschaften als solcher erkannt worden.

3. In der gleichen eidestattlichen Erklärung von 1968 führt Souchon wie schon 1919 und 1925 aus, woraus seine Tätigkeit und die seiner Kameraden in der Mordnacht bestand: »Pflugk-Harttung begab sich zum Befehlsempfang, während die übrigen Offiziere un-

serer Gruppe warteten.«[308]) 1919 hatte Verteidiger Grünspach dadurch die Möglichkeit, von Pflugk-Harttung zu entlasten.

Grünspach: »Als sie [die Männer der Marine-Eskadron] in das Eden-Hotel kamen, begab sich Kapitänleutnant von Pflugk-Harttung sofort in das Zimmer, in welchem Liebknecht wartete, und hat das Zimmer, wie durch eidliches Zeugnis des Leutnant Souchon [...] erwiesen ist, nicht verlassen. [...] Er [Kaleu von Pflugk-Harttung] kann also unmöglich im Eden-Hotel mit seinen Offizieren einen Plan ausgearbeitet und beraten haben, Herrn Liebknecht umzubringen.«[309])

Der Haken ist nur, dieser Plan wurde nach den Angaben Stieges vom 6. Dezember 1967[310]) und denen in Pflug-Harttungs Brief vom 3. Mai 1962 an Pabst[311]) im Eden-Hotel gefaßt. Eine Verabredung in Pabsts Zimmer hatte stattgefunden. Die Marineoffiziere können also gar nicht, wie von Souchon bis zuletzt behauptet, die ganze Zeit auf der Treppe gewartet haben.

Unwahr ist dadurch auch Souchons Behauptung im Prozeß 1969/70, er habe Pabst am Abend des 15. Januar 1919 gar nicht gesehen.[312]) Somit ist bewiesen: Seine Angaben von 1919, 1925 und 1968 bis 1970 sind unwahr und unbrauchbar. Welche deutsche Justiz auch immer sich mit ihm beschäftigte, Souchon hat sie bis zuletzt belogen.

Acht Monate vor seinem Tod äußerte sich Stiege bei einem Besuch Ertels auf dessen Frage, wie Pabst 1919 Stiege und den Marineoffizieren im Eden-Hotel den Befehl zur Erschießung Luxemburgs und Liebknechts erteilt habe: An Einzelheiten erinnere er sich nicht mehr. Er wisse nur noch, daß von »standrechtlicher Erschießung« gesprochen wurde. Diese sei aber wegen der politischen Lage auf normale Weise nicht durchführbar, sondern müsse getarnt werden, damit aus Liebknecht und Rosa Luxemburg keine Märtyrer gemacht würden.«

Und nun zu den Angaben Pabsts. Pabst war bis zu den Stuttgarter Prozessen als Quelle von historischen Begebenheiten eine wenig in Zweifel gezogene Persönlichkeit.[313]) Besonders aber der konservative Historiker Prof. Dr. Johannes Erger benutzte Pabsts Angaben ausgiebig. In seinem Standardwerk »Der Kapp-Lüttwitz-Putsch« werden Aussagen von Pabst in über 50 Anmerkungen als Beleg angeführt.[314])

Erger lernte Pabst noch als Student kennen, traf ihn immer wieder und korrespondierte mit ihm. Pabst hatte ihm von der Verabredung der Offiziere und dem »Standgericht« erzählt.[315] Erger war auch beim ersten Ertel-Pabst-Gespräch dabei. Er meinte hierzu: »Also das ausführlichste, das sicher mit Abstand ausführlichste und nach meiner Ansicht in allen Punkten glaubhafteste, steht in diesem Protokoll, das Herr Ertel gemacht hat [siehe Dokumente II-IV im Anhang]. Sie können diesem Papier aus meiner Erinnerung nach einen ganz hohen historischen Wert beimessen, und im Zweifelsfalle würde ich aus meiner Einschätzung heraus Pabst folgen und keinem anderen.«

Daß Pabst Gedächtnisschwund gehabt hat, wird von Erger wie von Nollau völlig ausgeschlossen.

Pabst, der übrigens nie behauptete, Vogel habe geschossen, hatte Ende der sechziger Jahre überhaupt kein Motiv, den Falschen zu belasten.

Martin Benrath als Hauptmann Pabst (links) erteilt den getarnten Marineoffizieren (Helmut Dietl als Souchon, mitte, und Karl Walter Diess als Kaleu Pflugk-Harttung, rechts) in seinem Stabsquartier im Eden-Hotel den Befehl zur Ermordung von Rosa Luxemburg und Karl Liebknecht. Standfoto aus dem Fernsehspiel des SDR von 1969. Die Aussage Heinrich Stieges 1967 und der Brief von Pflugk-Harttung an Pabst 1962 (siehe Dokument I im Anhang) sind der Beweis, daß es sich so abgespielt hat.

Auch Günther Nollau war von der Täterschaft Souchons überzeugt.[316]

Im Gegenteil, er wollte, wie aus seiner umfangreichen Korrespondenz an politische Freunde hervorgeht, daß endlich die Wahrheit und somit seine führende Rolle bei diesem Doppelmord an den Tag kam.

Warum hätte er also sonst den damals schon toten Vogel (der ihm höchst unsympathisch war) entlasten und den noch lebenden Souchon (der ihm sympathisch war) belasten sollen? Nur hatte Pabst nicht damit gerechnet, daß sich einer seiner Kameraden 50 Jahre später – aus Furcht vor moralischer Ächtung, denn juristisch konnte ihm nichts mehr passieren – nicht zu der Tat bekennen wollte, auf die Pabst immer stolz war.

Auch aus den letzten handschriftlichen Aufzeichnungen, die nicht für die Öffentlichkeit bestimmt und in den siebziger Jahren noch nicht zugänglich waren, geht eindeutig hervor: Pabst war bis zu seinem Lebensende überzeugt davon, daß sich Souchon freiwillig zur Ermordung Rosa Luxemburgs gemeldet und die Tat auch ausgeführt hat.[318]

Pabsts Angaben haben sich immer dann, wenn sie durch andere Belege nachprüfbar waren, als im wesentlichen glaubwürdig erwiesen, sieht man von einigen Übertreibungen ab.[317]

74 Jahre danach

Als ich Ende 1992 meine Forschungen in einem Aufsatz veröffentlichte, sandte ich ein Exemplar davon an den ehemaligen Anwalt Souchons, Herrn Otto Kranzbühler. Der hochbetagte Herr antwortete prompt und lüftete, herausgefordert durch meine Publikation, ein von ihm bis dahin sorgsam gehütetes Geheimnis.

Herr Kranzbühler, Marinerichter im Zweiten Weltkrieg, in den Nürnberger Prozessen erfolgreicher Anwalt des Admirals Karl Dönitz und Friedrich K. Krupps, hatte am 17. Dezember 1968 eine folgenschwere Begegnung mit Waldemar Pabst. In seiner Aussage vor dem Stuttgarter Landgericht 1969 und in einem Interview mit mir 1990 umging Herr Kranzbühler geschickt ein bestimmtes Detail seines Gespräches mit Pabst. Dieses Detail gibt er in seinem Brief zum ersten Mal preis: »Pabst hat mir, wie Ihnen bekannt ist [hier täuschte sich Herr Kranzbühler], versichert, daß er vor seiner Entscheidung [zur Ermordung Luxemburgs und Liebknechts am Abend des 15. Januar 1919] Noske angerufen habe. Dieser habe ihn zunächst aufgefordert, die Genehmigung des Generals von Lüttwitz zur Erschießung der beiden Gefangenen einzuholen und nach der Einwendung Pabsts, ›die werde er nie bekommen‹ mit den Worten reagiert, ›dann müsse er selbst verantworten was zu tun sei‹.«[320]

Kranzbühlers Aussage ist das letzte Teil zu einem Puzzle, für das sich im Nachlaß Pabsts zahlreiche Teile finden lassen. Pabst schreibt in seinem Memoirenfragment, was er nach der Einlieferung Luxemburgs und Liebknechts ins Eden-Hotel getan hat: »Dann ging ich

Auf meine Anfrage, warum er erst jetzt dieses Geheimnis preisgegeben habe, antwortete mir Kranzbühler, er habe dies für sich behalten, »um nicht den politischen Zank zwischen Sozialdemokraten und Kommunisten über dieses Thema anzuheizen.«[319]

wieder in mein Büro, um mir in den wenigen Minuten, in denen ich in einer gewissen Ruhe nachdenken konnte, mir zu überlegen, *wie* die Exekution an diesen beiden nach unserer Auffassung schwer schuldigen Spitzen-Landes- und Hochverrätern durchgeführt werden solle.

Daß sie durchgeführt werden *mußte*, darüber bestand bei Herrn Noske und mir nicht der geringste Zweifel, als wir über die Notwendigkeit der Beendigung des Bürgerkrieges sprachen. Aus Noskes ›Andeutungen‹ mußte und sollte ich entnehmen, auch er sei der Ansicht, Deutschland müsse so schnell wie möglich zur Ruhe kommen. [...] Über das ›Daß‹ bestand also Einigkeit. Als ich nun sagte, Herr Noske, geben Sie bitte Befehle über das ›Wie‹, meinte Noske: ›Das ist nicht meine Sache! Dann würde die Partei zerbrechen, denn für solche Maßnahmen ist sie nicht und unter keinen Umständen zu haben. Das soll der General [gemeint ist von Lüttwitz, Pabsts Vorgesetzter] tun, es sind seine Gefangenen.‹«[321]

In einer handschriftlichen Randnotiz zu einem Brief Dieter Ertels vom 2. Januar 1969 heißt es: »Die Tat war geschehen auf m.[eine] Veranlassung n.[icht] ohne Kenntnis höherer Stellen, sonst hätte man wohl kaum vor meiner Person Halt gemacht!! Doch das ist ein Kapitel für sich u.[nd] gehört nicht in diesen Prozeß, überhaupt nicht in die Öffentlichkeit.«[322] (Siehe Faksimile des Briefes auf Seite 98.)

Und in einem Brief an Dr. Georg Franz vom 22. Februar 1969 schreibt Pabst: »Noske und ich waren uns in dieser Auffassung restlos einig. Die Anordnungen konnte Noske natürlich nicht selbst geben.«[323]

Am schärfsten aber reagierte Pabst, als ihn im Juni 1969 das Landgericht Stuttgart zu einer Zeugenaussage im Verfahren Souchon gegen Ertel (siehe oben) vorlud. In dieser Zeit notierte er: »Tatsache ist: Die Durchführung der von mir angeordneten Befehle […] ist erfolgt, und dafür sollten diese Idioten Noske und mir auf den Knien danken, uns Denkmäler setzen und nach uns Straßen und Plätze genannt haben! Der Noske war damals vorbildlich, und die Partei (bis auf ihren halbkommunistischen linken Flügel) hat sich in dieser Affäre damals tadellos benommen. Daß ich die Aktion ohne Noskes Zustimmung gar nicht durch-

»Noske war damals vorbildlich.«

Euch allen, die Ihr vier Jahre lang die deutsche Heimat heldenhaft geschützt habt, gilt in erster Linie dieser Mahnruf. Helft auch jetzt mit, die bitterste Not abzuwenden. Meldet Euch bei den Freiwilligen Verbänden, die die Regierung zum Schutze der Grenzen und zur

Aufrechterhaltung von Sicherheit und Ordnung im Innern

aufgestellt hat.

Pflicht aller Behörden und Privatunternehmer ist es, die Werbung mit allen Mitteln zu unterstützen. Sie müssen im Interesse der großen Sache dafür sorgen, daß die sich freiwillig Meldenden keinen Schaden für ihre dienstliche, geschäftliche und wissenschaftliche Zukunft erleiden.

Der Zentralrat der deutschen sozialistischen Republik
gez. Cohen.

Der Oberbefehlshaber der Regierungstruppen in Berlin
gez. Noske.

Berliner, meldet Euch sofort
bei der
Garde-Kavallerie-Schützen-Division
Berlin, Nürnberger Str. 70 (Deutsches Künstlertheater).

führen konnte (mit Ebert im Hintergrund) und auch meine Offiziere schützen mußte, ist klar. Aber nur ganz wenige Menschen haben begriffen, warum ich nie vernommen oder unter Anklage gestellt worden bin, und warum die kriegsgerichtliche Verhandlung so verlaufen ist, Vogel aus dem Gefängnis befreit wurde, usw. Als Kavalier habe ich das Verhalten der damaligen SPD damit quittiert, daß ich 50 Jahre lang das Maul gehalten habe über unsere Zusammenarbeit. Die Saukerle vom ›Spiegel‹, ›Stern‹ hätten gerne herausbekommen, wer alles hinter unserer Aktion gestanden hat. Wenn es nicht möglich ist, an der Wahrheit vorbeizukommen und mir der Papierkragen platzt, werde ich die Wahrheit sagen, was ich auch im Interesse der SPD gerne vermeiden möchte.«[324]

Die Tat und die Verantwortlichen

Nach der Einlieferung Liebknechts in Pabsts »kleinen Salon«, gegen 21 Uhr 30 am 15. Januar 1919, ging Pabst nach nebenan – er wußte, daß ihm Rosa Luxemburg auch noch »angeliefert« würde – und dachte kurz nach. Dann entschied er, beide »erledigen« zu lassen[325], griff zum Telefonhörer und wählte die Nummer des Mannes in der Reichskanzlei, der ihn später als seine treueste Stütze bezeichnen sollte: Gustav Noske. Noske, der – laut Pabst – früher schon Andeutungen gemacht hatte, daß Luxemburg und Liebknecht zu beseitigen seien, wollte den Mordbefehl erst nicht geben und forderte Pabst auf, die Genehmigung des Generals von Lüttwitz zur Erschießung der beiden Gefangenen einzuholen. Pabst wandte ein: »Die werde ich nie bekommen.« Noske anwortet: »Dann müssen Sie selbst wissen, was zu tun ist.«[326]

Pabst begriff dies als Freibrief und besprach sich mit seinem Stellvertreter Rühle von Lilienstern und seinem Adjutanten Hauptmann von Pflugk-Harttung über die Details.

Die Absperrung des Eden-Hotels.

Damit auch nichts schiefgehe, sollte die Marine-Eskadron geholt werden[327]), obwohl genug Soldaten und Offiziere für einen »Transport« im Hotel zur Verfügung standen. Pabst wußte, ein »Stoßtrupp« aus diesen Marineoffizieren würde folgendes auf sich vereinigen: fanatischer Haß gegen Luxemburg und Liebknecht, unbedingter Gehorsam, eiskalte Präzision und absolute Verschwiegenheit.[328])

»Der Regimentskommandeur, dem in den Kämpfen eine solche Abteilung unterstellt wurde, konnte sicher sein, daß jeder Auftrag ausgeführt wurde.«[329]) Hauptmann Heinz von Pflugk-Harttung wurde mit dem »Sonderauftrag« zu den Marineoffizieren geschickt. Im Quartier »In den Zelten« angekommen, verständigte er seinen Bruder Horst, den Kommandeur der Truppe, und dieser suchte sich Leutnant zur See Hermann W. Souchon aus, welcher als Gruppenführer noch die anderen drei benannte.

Alle wußten, was gespielt wurde, und was es zu tun gab: Luxemburg und Liebknecht zu töten.

Im Eden-Hotel angekommen, besprachen sich Souchon, Schulze, Stiege, von Ritgen, die beiden Pflugk-Harttungs, Rühle von Lilienstern und Pabst im »kleinen Saal«, neben dem »kleinen Salon«, in dem Liebknecht saß. Dies geschah, kurz bevor Rosa Luxemburg ins Eden eingeliefert wurde. Eine mit »Standgericht« bezeichnete Entscheidung wurde getroffen.[330]) Von Pflugk-Harttung, Stiege, Schulze und von Ritgen sollten Liebknecht im Tiergarten »auf der Flucht« erschießen. Für die hinkende Rosa Luxemburg konnte dieser Weg kaum gewählt werden, also

entschloß sich Pabst, sie von einem Unbekannten »aus der Menge heraus« töten zu lassen.[331])

Alle Offiziere erklärten sich freiwillig zur Tat bereit. Die vier für Liebknecht und Souchon für Luxemburg, darüber gibt es keinen Zweifel.[332] Es war dies im wesentlichen Pabsts Entscheidung und die der Offiziere, die Noske, wie von Pabst dargestellt, duldete.

Pabst verpflichtete alle Anwesenden zum Stillschweigen bis an ihr Lebensende.[333] Dann wurde Liebknecht abtransportiert, bekam die von Pabst nicht vorgesehenen Kolbenschläge Runges und wurde (nach der »Autopanne«) von Pflugk-Harttung, Stiege, von Ritgen und Liepmann, der vom Mordplan nichts wußte, aber trotzdem sozusagen instinktiv mitmachte[334], erschossen.

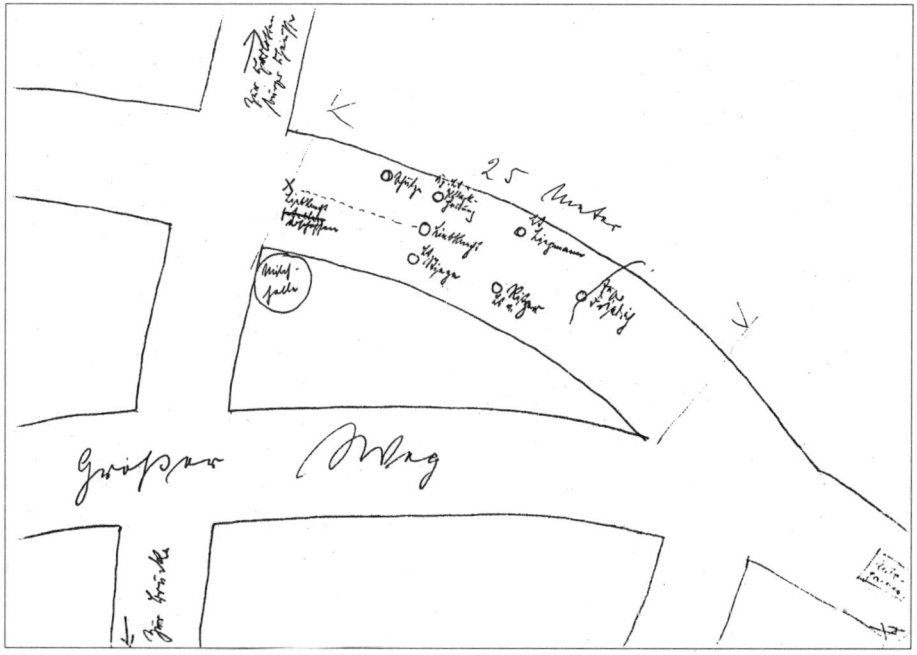

Planskizze der KPD nach den Prozeßakten.

Souchon bewachte in der Zwischenzeit Rosa Luxemburg im »kleinen Salon«. Oberleutnant a. D. Kurt Vogel von der Bürgerwehr Wilmersdorf wurde von Rühle oder Pflugk-Harttung zum Transportführer bestimmt und in den Plan eingeweiht.[335]

Der Liebknecht-Transport kam zurück und meldete Vollzug. Souchon ging nach draußen. Pabst ließ den

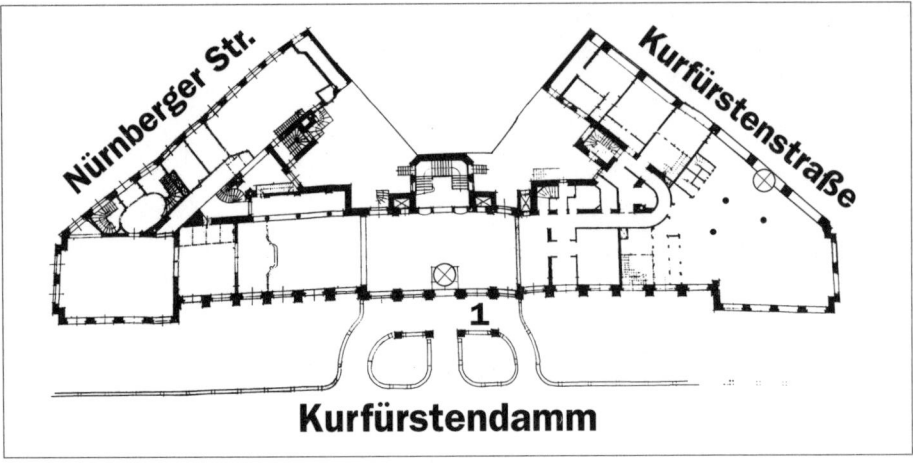

Kurfürstendamm

Das Eden-Hotel. An dieser Stelle vor der Drehtür (1) stand der Jäger Runge, der Rosa Luxemburg mit dem Gewehrkolben schwer verletzte.

Luxemburg-Transport abgehen. Wieder geschahen die Kolbenschläge Runges außer Plan. Rosa Luxemburg wurde ins Auto geworfen wie ein Stück Vieh.

Der Wagen fuhr an, von Rzewuski sprang kurz auf, schlug die Bewußtlose und sprang wieder ab. Mit an Sicherheit grenzender Wahrschcinlichkeit sprang dann nach weiteren 40 Metern Fahrt an der Ecke Kurfürstendamm/Nürnberger Straße Souchon, der dort im Dunkeln kurz gewartet hatte, auf und erschoß Rosa Luxemburg als »Unbekannter aus der Menge«.

So wurde es Pabst auch hinterher gemeldet.[336)] Im übrigen erfüllt das vom Oberbefehlshaber in den Marken gebilligte Offizierskomplott den Tatbestand des gemeinschaftlichen Mordes, und Souchon war schon allein durch seine freiwillige Meldung zweifelsfrei Mittäter. Skandal ist, daß Souchon jahrzehntelang als Unbeteiligter galt, und als herauskam, daß er dabei gewesen war, die »Kühnheit« hatte zu klagen und überforderte Richter fand, die es Anfang der siebziger Jahre in unhistorischem Aktenpositivismus, oder so man will, in einem Fall von politischer Justiz, nicht nur schafften, einen Mittäter reinzuwaschen, sondern auch noch Jorns, Spatz und die Militärjustiz von 1919/20.

Das Urteil des OLG gegen SDR/Bausch/Ertel ist noch gültig und müßte eigentlich aufgrund der Erkenntnisse, die der Pabstsche Nachlaß bietet, aufgehoben werden.

Canaris, der am Mordplan selbst nicht mitgewirkt hatte, verschaffte falsche Pässe, holte Vogel aus dem Gefängnis und vertuschte als Richter, zusammen mit dem reibungslos als Vernebler funktionierenden Jorns und im Verein mit Pabst, die Angelegenheit. Grabowsky aber lieferte der emotional aufgeladenen bürgerlichen Presse über das WTB verdrehte und falsche Informationen, die diese dankbar aufnahm.

Und Noske?

Ein Mann, dessen politische Devise lautete: »Da gelten Paragraphen nichts, sondern da gilt lediglich der Erfolg.«[337] Eine präfaschistische Figur, die, wie er selbst zugab, wußte, »daß im Eden-Hotel, wo sich der Stab der Division einquartiert hatte, manches getan und geplant wurde, was außerhalb des ihm [Pabst] gesteckten Rahmens lag.«[338] Ein Mann, der die Verfolgung der Täter wissentlich und gegen den Rat seiner Berater einstellte, der nicht wollte, daß Licht ins Dunkel dieses verhängnisvollen Verbrechens kam. Ein Mann also, der etwas zu verbergen hatte und der sich am Ende des zweiten Weltkriegs nicht scheute zu schreiben: »Und ich habe ausgemistet und aufgeräumt, in dem Tempo, das damals möglich war«[339], der unverhohlen zu denen gehörte, die die Frage gestellt hatten, »ob denn niemand die Unruhestifter unschädlich mache.«[340]

Einem solchen Mann ist absolut zuzutrauen, was Pabst über ihn berichtet. Es besteht kein Zweifel am Wahrheitsgehalt der Pabstschen Aussagen: Noske billigte insgeheim die Tat Pabsts und der Offiziere.

Er war Pabsts Komplize und der seiner.

Ebert, Scheidemann, Heine und Landsberg aber (die vermutlich von Noskes Billigung nichts wußten) ließen sich widerstandslos einfangen von der Militärjustiz und setzten ihr nur Schwäche entgegen, weil sie, wie

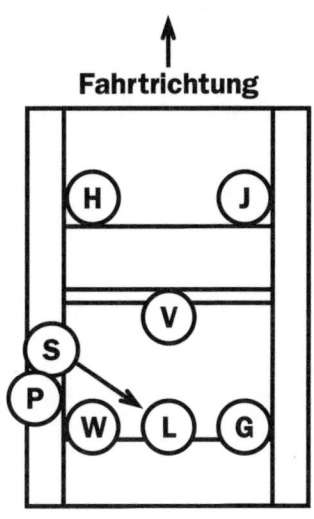

Fahrtrichtung

J – Fahrer Janschkow
H – Beifahrer Hall
V – Oberleutnant a. D. Vogel
S – Leutnant zur See Souchon
L – Rosa Luxemburg
W – Jäger Weber
G – Jäger Grantke
P – Jäger Poppe

Der Mörder sprang auf das linke Trittbrett, beugte sich zur bewußtlosen Rosa Luxemburg, setzte ihr seine Mauserpistole, Kaliber 7,65 mm, an die linke Schläfe und drückte ab. Der Schuß ging zuerst nicht los, da der Mörder in der Aufregung vergessen hatte, die Waffe zu entsichern. Er entsicherte die Waffe, drückte ab, der Schuß ging quer durch den Kopf und zertrümmerte ihn. Rosa Luxemburg war sofort tot. Der Mörder sprang wieder ab und verschwand in der Nacht.

Noske, eine Schwäche für die Militärs hatten, bei den Namen Luxemburg und Liebknecht aber nur Verhärtung empfanden. Erlöst von ihren durchaus realen Ängsten vor der sozialen Revolution, die nicht nur gegen Krieg und Kapitalismus – die die Führung der SPD nicht störten –, sondern auch gegen »Reich und Nation« – mit denen sie sich identifizierten – gerichtet war, und befreit von ihrer »Bolschewismuspsychose« glaubten die ehemaligen »Volksbeauftragten« zur Tagesordnung übergehen zu können, nachdem sie mit den Feinden der Republik »Ordnung« geschaffen hatten. Doch ihre klammheimliche Freude währte nicht lange. Denn die Führer der SPD hatten übersehen, daß mit dem Leichnam Rosa Luxemburgs auch schon die Weimarer Republik im Landwehrkanal untergegangen war.

Gedenkstein am
Landwehrkanal in Berlin.

Anmerkungen

1) Der gleichen Meinung: Ossip K. Flechtheim, Die KPD in der Weimarer Republik (künftig: **Flecht-heim, KPD in Weimar**). Hamburg 1986 (zuerst: Offenbach 1948), S. 106. Hermann Weber, Die Wandlung des deutschen Kommunismus (künftig: **Weber, Wandlung**). Frankfurt 1969, S. 14. Manfred Scharrer, Die Spaltung der deutschen Arbeiterbewegung (künftig: **Scharrer, Spaltung**). Stuttgart 1983, S. 220.

2) Paul Levi: Der Jorns-Prozeß. Berlin 1929 (künftig: **Levi, Jorns-Prozeß**), S. 55.

3) Wolfram Wette, Gustav Noske. Düsseldorf 1987 (künftig: **Wette, Noske**), S. 309.

4) Flechtheim, KPD in Weimar, S. 105.

5) Vgl. Anhang: Dokumente.

6) Ernst Rudolf Huber, Deutsche Verfassungsgeschichte. Stuttgart, Berlin, Köln, Mainz 1978 (künftig: **Huber, Verfassungsgeschichte**), Bd. 5, S. 928.

7) Helmut Trotnow, Karl Liebknecht. München 1982 (zuerst: Köln 1980), S. 369, Anm. 342.

8) Wette, Noske. S. 309, Anm. 221. Auf S. 866 wird Runge als einer der Mörder genannt.

9) Das Kabinett Scheidemann, 13. Februar bis 20. Juni 1919. Bearb. von Hagen Schulze, Boppard 1971, (künftig: **Schulze, Kabinett Scheidemann**) Einleitung S. L.

10) Illustrierte Geschichte der deutschen Novemberrevolution. Autorenkollektiv, Leitung Günther Hortz-schansky. Berlin/DDR 1978, S. 313.

11) Jakow S. Drabkin, Die Novemberrevolution 1918 in Deutschland. Berlin 1968, S. 518.

12) Die Weizsäcker-Papiere 1900-1932. Hrsg. von Leonidas Hill, Berlin, Frankfurt/M, Wien 1982 (künf-tig: **Hill, Weizsäcker-Papiere**), S. 614, Anm. 6.

13) Der Zentralrat der Deutschen Sozialistischen Republik, 19.12.1918 - 8.4.1919. Vom ersten zum zwei-ten Rätekongreß. Bearbeitet von Eberhard Kolb, unter Mitwirkung von Reinhard Rürup (künftig: **Kolb/Rürup, Zentralrat**). Leiden 1968, S. 678, Anm. 22. Karl Friedrich Kaul, Prozesse, die Geschich-te machten. Deutscher Pitaval von 1887 bis 1933. Berlin/ DDR 1988, S. 117.

14) Sibylle Quack, Geistig frei und niemandes Knecht. Paul Levi – Rosa Luxemburg. Politische Arbeit und persönliche Beziehung. Köln 1983, S. 241, Anm. 10.

15) Haupt-Nachlaß Pabst: Bundesarchiv-Militärarchiv (künftig: **BA-MA**), N 620. Memoirenfragment: BA-MA, N 620/5 (künftig: **Pabst, Memoiren**). Tonbandinterview: BA-MA, N 620/56 (künftig: **Pabst, Tonbandinterview**). Teil-Nachlaß Pabst: Stiftung Archiv der Parteien und Massenorganisationen der DDR beim Bundesarchiv (künftig: **BA-SAPMO**), NL 35. Gepräche und Korrespondenz mit Dieter Ertel siehe Anhang: Dokumente II-VII.

16) Ernst-Heinrich Schmidt, Heimatheer und Revolution. Stuttgart 1981, S. 42.

17) Heinz Höhne, Canaris. München 1976 (künftig: **Höhne, Canaris**), S. 23. Siehe auch: Holger H. Herwig, Das Elitekorps des Kaisers, Hamburg 1977 (künftig: **Herwig, Elitekorps**), S. 59-84.

18) Martin Niemöller, Vom U-Boot zur Kanzel. Berlin 1934, S. 210. Siehe auch Herwig, Elitekorps, S. 98-207.

19) Wilfried von Loewenfeld, Das Freikorps von Loewenfeld. In: Deutsche Soldaten. Hrsg. von Hans Roden, Leipzig 1935, S. 149FF. Richard Frey, Die Versenkung der deutschen Kriegsflotte bei Scapa Flow. In: Der Kampf um das Reich. Hrsg. von Ernst Jünger, Essen 1929, S. 52.

20) Höhne, Canaris, S. 30.

21) Höhne, Canaris, S. 59.

22) Darstellungen aus den Nachkriegskämpfen deutscher Truppen und Freikorps. Bd. 6. Die Wirren in der Reichshauptstadt und im nördlichen Deutschland 1918-1920, Berlin 1940 (künftig: **Wirren**), S. 53. Hans von Kessel, Handgranaten und rote Fahnen, Berlin 1933 (künftig: **Kessel, Handgranaten**), S. 163.

23) Hessisches Hauptstaatsarchiv Wiesbaden (künftig: **HStA**), Spruchkammerakten Heinrich Stiege, Abt. 520 F/A 409-499, Bl. 18.

24) Landesarchiv Berlin (künftig: **LAB**) Rep. 58, Nr. 464, Akten des Landgerichts II, Berlin. Strafsache gegen Hermann W. Souchon, Bd. 1, Bl. 2.

25) Huber, Verfassungsgeschichte, S. 901, Anm. 34.

26) Siehe Anhang: Dokument III.

27) Hagen Schulze, Freikorps und Republik. Boppard 1969 (künftig: **Schulze, Freikorps**), S. 29, Anm. 125.
28) Wirren, S. 36, siehe auch Tabelle. In: a.a.O. S. 182FF.
29) BA-SAPMO, NL 56/7, Bl. 11-13, Brief Noskes an den österreichischen Bundeskanzler Seipel vom 10.10.1928.
30) Waldemar Pabst, Spartakus. In: Deutscher Aufstand. Hrsg. von Kurt Hotzel. Stuttgart 1934 (künftig: **Pabst, Spartakus**), S. 28. Zum Rückmarsch siehe auch Pabst, Memoiren, S. 3FF.
31) Siehe Anhang: Dokument III. Vgl. auch: Pabst, Memoiren, S. 12-15 und 22-24. Emil Barth, Werkstatt der Revolution, Berlin 1919, S. 75. Wirren, S. 32. Die Interpretation des Treffens in: Ulrich Kluge, Soldatenräte und Revolution, Göttingen 1975 (künftig: **Kluge, Soldatenräte**), S. 443, Anm. 171, ist falsch.
32) Siehe Anhang: Dokument III.
33) Kluge, Soldatenräte, S. 233FF.
34) Pabst, Memoiren, S. 28F. Siehe auch die Aufzeichnungen über eine geheime Besprechung der OHL am 26.12.1919. In: Zwischen Revolution und Kapp-Putsch. Militär und Innenpolitik 1918-1920. Bearb. von Heinz Hürten, Düsseldorf 1977, S. 32F. Der fälschlicherweise mit v. Pape bezeichnete Offizier ist Pabst.
35) Die Regierung der Volksbeauftragten 1918/19. Eingel. von Erich Matthias. Bearb. von Susanne Miller unter Mitwirkung v. Heinrich Potthoff, 2 Bde. Düsseldorf 1969 (künftig: **Die Regierung der Volksbeauftragten**), Nr. 70-72, 77, 78. BA-MA, NL 620/2, Bericht Pabst vom 25.12.1918.
36) Rudolf Rotheit, Das Berliner Schloß im Zeichen der Novemberrevolution. Berlin 1923, S. 88.
37) Pabst, Spartakus. S. 34F.
38) Wirren, S. 42.
39) Pabst, Memoiren, S. 66.
40) Siehe Anhang: Dokument II.
41) Wirren, S. 73
42) Gustav Noske, Von Kiel bis Kapp. Zur Geschichte der deutschen Revolution. Berlin 1920 (künftig: **Noske, Kiel bis Kapp**), S. 72.
43) Pabst, Memoiren, S. 64. Baupläne des Edenhotels von 1912-19: LAB, Rep. 202, Nr. 4835-40.
44) Interview Pabst. In:»Der Spiegel«, Nr. 16/1962, S. 38.
45) Pabst, Memoiren, S. 30.
46) Ebd.
47) Eduard Stadtler, Als Antibolschewist 1918/19. Düsseldorf 1936, S. 48.
48) Wirren, Tabellen S. 183FF.
49) Brief Pabsts an Ertel vom 3.3.1967. In: Dokumentation der Vor- und Nachgeschichte des Verfahrens Souchon gegen SDR/Bausch/Ertel (1966-1975) im Archiv des SDR (künftig: **Dokumentation SDR**), Bl. 110. Siehe auch BA-MA, PH 8V/27.
50) Friedrich W. von Oertzen, Die deutschen Freikorps, München 1936 (künftig: **Oertzen, Freikorps**), S. 284.
51) BA-Potsdam, Reichspostministerium 47.01, Nr. 4818,Bl. 326.
52) Richard Müller, Der Bürgerkrieg in Deutschland. Nachdruck Berlin 1974, S. 171
53) Das gefälschte Dokument: LAB, Rep. 58, Nr. 2072, Bd. 1, Bl. 8a. Urteil im Prozeß Scheidemann/Prinz: LAB, Rep. 58, Nr. 2072, Bd.3y 3, Bl. 150-177. Zum Selbstmord Hilde Plaumanns: LAB, Rep. 58, Nr. 2072, Bd. 3, Bl. 145
54) BA-MA, PH 8V/Bd. 22, Bl. 7. Brief Pabsts an Ertel vom 16.1.67. In: Dokumentation SDR, Bl. 101. Kessel, Handgranaten, S. 222. Wilhelm Reinhard, 1918/19. Die Wehen der Republik. Berlin 1933, S. 77.
55) Aufschluß über die Kommando- und Finanzverhältnisse der Kommandantur gibt die Auflistung eines Anwalts im Prozeß Scheidemann/Prinz: LAB, Rep. 58, Nr. 2072, Bd. 3, Bl. 67-75.
56) Siehe hierzu BA-Koblenz, R 43 I 1239, sowie LAB, Rep. 58, Nr. 408-410, 433.
57) Vgl. LAB, Rep. 58, Nr. 6021.
58) Siehe Anhang: Dokument III.
59) Folgende Angaben nach dem Bericht des Staatsanwalts Ortmann an den Preußischen Justizminister Heine vom 5.2. und 24.2.1919. BA-Potsdam, Nachlaß Heine, Nr. 144, Bl. 3-7 und Bl. 10-14 (künftig: **Bericht Ortmann**).
60) Siehe Aussage Frau Marcusson, BA-MA, PH 8V/Bd. 6, Bl. 28.
61) BA-MA, PH 8V/Bd. 13, Bl. 214, Aussage Lindner.

62) Bericht Ortmann, Bl. 10.
63) Bericht Ortmann, Bl. 3. Die Schule liegt am Nikolsburger Platz. Siehe »Berliner-Börsen-Courier« vom 11.1.1919. Heinz Knobloch, Meine liebste Mathilde, Berlin/DDR 1985, S. 132. BA-MA, PH 8/27, Bl. 1.
64) BA-MA, PH 8 V/Bd. 13, Bl. 211, Aussage Lindner.
65) Wilhelm Pieck. In: Karl und Rosa, Erinnerungen. Berlin/DDR 1971, S. 194F.
66) BA-Koblenz, R 43 I 2676, Bl. 10. Bericht Breuer vom 2.4.1919, auch enthalten in: BA-Potsdam, Mikrofilm Reichskanzlei 19190 (dieser Mikrofilm ist identisch mit BA-Koblenz R 43 I 2676).
67) Bericht Ortmann, Bl. 4.
68) BA-Koblenz, R 43 I 2676, Bl. 6F. Bericht Staatsanwalt Hagemann.
69) Siehe Anhang: Dokument IV.
70) Bericht Ortmann, Bl.4.
71) BA-Potsdam, 80 Ba2/Deutsche Bank, Rechtsabteilung, Bd. 372, Bl. 1-21.
72) BA-MA, PH 8V/Bd. 12, S. 48 u. Bd. 15, S. 764, Aussagen Pflugk-Harttung; Bd. 12, S. 129, Aussage Liepmann.
73) BA-MA, PH 8V/Bd. 13, S. 193, Aussage Pabst.
74) BA-MA, PH 8V/Bd. 17, S. 990, Plädoyer Grünspach.
75) Siehe Anhang: Dokument II.
76) PH 8V/Bd. 12, Bl. 194, Aussage Pabst.
77) Wirren, S. 53 und S. 73.
78) BA-MA, PH 8V/Bd. 12, S. 50, Aussage Pflugk-Harttung.
79) Siehe Bauplan Eden-Hotel.
80) BA-MA, PH 8V/Bd. 1, Bl. 109, Brief des Ingenieurs Otto Wiener.
81) BA-MA, PH 8V/Bd. 13, S. 330, Aussage des Kellners Krupp.
82) Nach den Aussagen der Offiziere. BA-MA, PH 8V/Bd. 12, Bl. 46FF., 92FF., 101FF., 116FF., 122FF., 143FF.
83) Siehe auch Hermann Simon: Bemerkungen zu Rudolf Liepmann, einem Beteiligten an der Ermordung von Karl Liebknecht. In: Die Normalität des Verbrechens. Bilanz und Perspektiven der Forschung zu nationalsozialistischen Gewaltverbrechen. Hrsg.: Helge Grabitz, Klaus Bästlein, Johannes Tuchel. Berlin 1994.
84) Aussage Liepmann im ersten Jorns-Prozeß, nach »Vossische Zeitung« vom 21.4.1929. BA-MA, PH 8V/Bd. 12, S. 56, Aussage Pflugk-Harttung.
85) Pabst, Memoiren, S. 68. Siehe Anhang: Dokument III. Sowie Pabst, Tonbandinterview.
86) Oertzen, Freikorps, S. 502, Anm. 87.
87) BA-MA, PH 8V/Bd. 13, S. 195, auch abgedruckt in: Der Mord an Rosa Luxemburg und Karl Liebknecht. Dokumentation eines politischen Verbrechens. Hrsg. von Elisabeth Hannover-Drück und Heinrich Hannover. Frankfurt a. M. 1967 (künftig: **Der Mord**), S. 67.
88) Pabst, Spartakus, S. 38.
89) Persönliche Mitteilung von Günther Nollau. Siehe auch »Der Spiegel« Nr. 1/1970, S. 49, bzw. Dokumentation SDR, S. 429.
90) »Die Freiheit« Nr. 54 vom 28.2.1920, Aussage Franz Flick.
91) BA-MA, PH 8V/Bd. 15, S. 760, Aussage Liftboy Köhler; S. 778, Aussage Wäschenäherin Anna Wandinger.
92) BA-MA, PH 8V/Bd. 13, S. 329, Aussage Pauline Baumgärtner.
93) Folgendes nach den Aussagen der Begleitmannschaften, BA-MA, PH 8V/Bd. 14, S. 571FF., Bd. 16, S. 609FF., S. 68OFF.
94) BA-MA, PH 8V/Bd. 6, Bl. 43, Obduktionsbefund Geheimer Medizinalrat Dr. Strassmann.
95) Folgendes nach Pabst, Memoiren S. 70FF. Sowie ders., Tonbandinterview. Siehe auch Anhang: Dokumente II und III.
96) In seinen Memoiren gibt Pabst fälschlicherweise den 17.1. an. Pabst, Memoiren, S. 70.
97) Aussage Kurtzig im ersten Jorns-Prozeß, nach »Berliner Tageblatt« vom 20.4.29. Siehe auch Paul Levi, Jorns-Prozeß, S. 24. Noch detaillierter ist Kurtzigs Aussage im zweiten Jorns-Prozeß, siehe »Vorwärts« vom 31.1.1930.
98) Siehe Kolb/Rürup, Zentralrat, Nr. 55. Oehme (Walter Oehme, Damals in der Reichskanzlei. Berlin/DDR 1958, S. 312FF.) erzählt nichts davon. Sein Bericht beginnt aber erst um 9 Uhr.
99) Siehe »Volksstimme Magdeburg« vom 16.5.1919.
100) Siehe Anm. 97.

101) BA-MA, PH 8V/Bd. 1, Bl. 4.
102) BA-MA, PH 8V/Bd. 1, Bl. 90.
103) Hermann Müller, Die Novemberrevolution. Berlin 1928, S. 272.
104) BA-MA, PH 8V/Bd. 13, S. 334F., Bd. 15, S. 796. Bericht Ortmann, Bl. 3.
105) BA-MA, PH 8V/Bd. 1, Bl. 1FF., auch abgedruckt bei Der Mord, S. 36-39.
106) Siehe auch den »offiziellen« Befehl Pabsts, BA-MA, PH 8V/Bd. 1, Bl. 102.
107) Zum Topos der »bedrohlichen Menge« in der Freikorpsliteratur siehe Klaus Theweleit, Männer-
     phantasien, 2 Bde. Basel und Frankfurt a. M. 1977 (künftig: **Theweleit, Männerphantasien**), Bd. 2,
     S. 10-109.
108) Handschriftliche Randnotiz von Pabst zur eidesstattlichen Erklärung Beuthner vom 19.12.1968,
     BA-MA, N 620/46. Siehe auch Anhang: Dokument II.
109) BA-MA, PH 8V/Bd. 1, Bl. 109, Brief Otto Wiener. Bl. 139, Brief Sergeant Alker. Siehe auch »Die Frei-
     heit« vom 17.1.1919.
110) Haase hatte ihm im »Vorwärts« vom 18.1.1919 das Vertrauen ausgesprochen.
111) BA-MA, PH 8V/1, Bl. 13a R. Siehe auch »Berliner Tageblatt« vom 20.4.29, »Vorwärts« vom 30.1.30.
112) Brief Hofmanns an Reichsregierung vom 21.1.1919, BA-Potsdam, Akten der Reichskanzlei (künftig:
     RK) Nr. 2494/15, Bl. 6.
113) Siehe Anhang: Dokument I.
114) BA-MA, PH 8V/Bd. 1, Bl. 90/90R. Paul Levi, Jorns-Prozeß, S. 8 u. 26.
115) BA-MA, PH 8V/Bd. 14, S. 464, Aussage »Sachverständiger« Leutnant Herbst. BA-MA, PH 8V/Bd. 5,
     Bl. 18F.
116) Protesttelegramm Theodor Liebknechts vom 17.1.1919, BA Potsdam, RK Nr. 2494/14, Bl. 14. Brief
     Richard Müllers vom 22.1.1919 an die Regierung, a.a.O. Bl. 24/25. Antrag des Vollzugsrates an Justiz-
     minister Landsberg auf Einsetzung einer Sonderkommission vom 23.1.1919, Bl. 30. Siehe auch »Die
     Freiheit« vom 17.1. bis 24.1.1919. Der Zentralrat stellte den Antrag auf Überweisung an ein Zivil-
     gericht erst am 28.2.1919, siehe Kolb/Rürup, Zentralrat, Nr. 90, 92 und 94.
117) Brief der Reichsregierung an den Vollzugsrat. BA-Potsdam, RK Nr. 2494/14. Brief vom 27.1.1919,
     a.a.O., Bl. 23. Siehe auch die Ausreden von Landsberg in seiner Aussage im ersten Jorns-Prozeß, nach
     »Berliner Tageblatt« vom 18.4.1929.
118) Zu den Personen siehe Kolb/Rürup, Zentralrat, Einleitung. Zur Arbeit der Beisitzer siehe auch
     BA-MA, PH 8V/Bd. 1, Bl. 26F., 56, 59, 78, 91, 172FF., Bd. 2, Bl. 4, 23FF., 66, 92, 94, Bd. 4, Bl. 101,
     Bd. 5, Bl. 31, 42.
119) Aussagen von Struve und Wegmann im ersten Jorns-Prozeß, nach »Frankfurter Zeitung« und »Ber-
     liner Tageblatt« vom 21.4.1929.
120) »Berliner Tageblatt« vom 26.5.1929. Paul Levi, Jorns-Prozeß, S. 40.
121) BA-MA, PH 8V/Bd. 1, Bl. 161-164, vom 23.1.1919; teilweise abgedruckt in Der Mord, S. 50.
122) Vgl. BA-MA, PH 8V/Bd. 1, Bl. 133R und 187. Levi, Jorns-Prozeß, S. 10.
123) BA-MA, PH 8V/Bd. 1, Bl. 46.
124) Vollständiger Text in: »Die Freiheit« und »Republik« vom 16.2.1919 sowie in Kolb/Rürup, Zentralrat,
     Nr. 89. BA-Koblenz, Handakte Wäger 454-3, Bl. 30. Siehe Urteil des Landgerichts (künftig: **LG**)
     Stuttgart vom 12.2.1970, S. 33, Urteil des Oberlandesgerichts (künftig: **OLG**) Stuttgart vom 20.1.1971,
     S. 77, in: Dokumentation SDR, S. 977 u. S. 1408.
125) »Vorwärts« vom 18.2.1919.
126) Bericht Ortmann, Bl. 10: »Auftrag vom 17. Februar 1919.«
127) Teilweise abgedruckt in: »Vossische Zeitung« vom 18.4.1929.
128) Siehe Paul Levi, Der Verdacht Pabst, in: »Arbeiterzeitung Wien«, Nr. 136, vom 17.5.1929.
129) BA-MA, PH 8V/Bd. 1, Bl. 40-44.
130) Siehe auch Briefwechsel Pabst/Ertel vom 16.12.1967 und vom 19.12.1967, in: Dokumentation SDR,
     S. 155-158.
131) BA-MA, PH 8V/Bd. 1, Bl. 83, Notiz Jorns vom 18.2.1919.
132) Aussage Heine, zweiter Jorns-Prozeß, nach »Vorwärts« Nr. 57 vom 7.2.1930.
133) »Vorwärts« Nr. 49, vom 20.2.1919.
134) Aussage Landsberg, erster Jorns-Prozeß, nach »Berliner Tageblatt« vom 18.4.1929.
135) Siehe den Wortwechsel Levi/Landsberg/Jorns im ersten Jorns-Prozeß, nach »Berliner Tageblatt« vom
     18.4.1929.
136) Pabst, Memoiren, S. 74. Tatsächlich sind die Haftbefehle erst am 28.2.1919 ausgestellt: BA-MA, PH
     8V/Bd. 2, Bl. 174. BA-SAPMO, NL 56/3, Bl. 5.

137) Pabst, Tonbandinterview.
138) Die falschen Pässe in: BA-MA, PH 8V/Bd. 4, Bl. 56.
139) BA-MA, PH 8V/Bd. 4, Bl. 57. Siehe auch Runges berühmten Brief vom 6.1.1920, BA-MA, PH 8V/Bd. 8, Bl. 123-130, leicht abgeändert abgedruckt in: »Die Freiheit« Nr. 13, vom 9.1.1921.
140) Vgl. »Das Tagebuch«, 9. Jg., 1. Halbjahr 1928, S. 471-473, Autor: Berthold Jacob Salomon (1898-1944) – zum Schicksal Jacobs siehe Jost Nikolaus Willi, Der Fall Jacob-Wesemann. Diss., Basel 1972, S. 6-51. »Berliner Tageblatt« vom 20.4.1929. Josef Bornstein, Mit Reichsanwalt Jorns vor Gericht, in: »Das Tagebuch«, 10. Jg. 1. Halbjahr 1929, S. 676. LAB, Rep. 58, Nr. 59, Bd. 2, Bl. 110ff., »Leipziger Volkszeitung« vom 14.2.1930. Siehe auch: Dokumentation SDR, S. 1168, sowie »Berliner Tageblatt«, vom 8./9./25.7.1930, »Vorwärts« vom 8.7.1930, »Montag Morgen« vom 14.7.1930, Der Mord, S. 169. BA-MA, PH 8V/Bd. 24, Urteil S. 211. Dr. Wenzel, Dokumentation SDR, S. 1169. Urteil LG Stuttgart, S. 107, Dokumentation SDR S. 1051. Die Urteile der drei Jorns-Prozesse und weiteres Material sind enthalten in: LAB, Rep. 58, Nr. 59, 7 Bde., siehe auch BA-MA, PH 8V/Bd. 24. Aufschlußreich sind auch die Zeitungsausschnittsammlungen des Reichsgerichts vom Februar bis Juli 1930, Gen. Akten II 147 b, BA-Potsdam und des »Stahlhelm«, BA-Potsdam, 61 Sta 1, Nr. 2040. Fotos aus dem Gerichtssaal des zweiten Jorns-Prozesses, »Blick in die Welt« vom 8.2.1930, in: BA-SAPMO, NL 1/19, Bl. 117F. Eine sehr gute Einführung ist die Sammlung in: Der Mord, S. 133-178.
141) Siehe Anhang: Dokument II.
142) Original Einlaßkarte in: BA-SAPMO, NL 1/18, Bl. 2.
143) Was der Vorsitzende Ehrhardt bestätigte, BA-MA, PH 8V/Bd. 13, S. 180.
144) Ausdruck von Paul Levi, den Günther Nollau in seiner Zeugenaussage vor dem LG Stuttgart 1970 wieder aufgriff. Levi, Jorns-Prozeß, S. 45, Protokoll der Aussage Nollaus vor dem LG Stuttgart am 12.12.1969, in: Dokumentation SDR, S. 844.
145) Nach »Berliner Tageblatt« vom 20.4.1929, »Vorwärts« vom 21.4.1929. Pabst, Memoiren, S. 126. Aussage Belger und die der Kellner in: BA-MA, PH 8V, S. 229FF., 329FF., 345FF.
146) BA-MA, PH 8V/Bd. 4, Bl. 117. Telefonnotiz Korvettenkapitän Fliess vom 31.1.1931, in: BA-MA, RM 6/267, Handakte Canaris, Bl. 38.
147) Siehe Anhang: Dokument II
148) Siehe Anhang: Dokument II
149) Siehe Anhang: Dokument II, Brief Pabst an Ertel, vom 28.10.1968, in: Dokumentation SDR, S. 184, siehe auch den leicht abweichenden handschriftlichen Entwurf dazu, in: BA-MA, N 620/21.
150) Tagebucheintragung Ernst von Weizsäcker. In: Hill, Weizsäcker-Papiere, S. 325
151) BA-MA, PH 8V/Bd. 14, S. 571-598, Bd. 15, S. 609-703, 730-759.
152) BA-MA, PH 8V/Bd. 15, S. 743F., Aussage Janschkow, S. 657, Aussage Vogel.
153) BA-MA, PH 8V/Bd. 3, Bl. 185F., Bd. 15, S. 783.
154) BA-MA, PH 8V/Bd. 17, S. 955.
155) BA-MA, PH 8V/Bd. 17, S. 1036FF.
156) BA-MA, PH 8V/Bd. 17, S. 1035.
157) BA-MA, PH 8V/Bd. 19, Bl. 3. Von Ritgen in einem Tonbandinterview aus den 60er Jahren. Für die Einsichtnahme in dieses Material danke ich seiner Witwe, Frau Elisabeth von Ritgen.
158) Siehe Meldung Rühle von Lilienstern vom 18.5.1919, BA-MA, PH 8V/Bd. 19, Bl. 1F., den in wesentlichen Teilen erlogenen Bericht Pabst vom 21.5.1919, a.a.O. Bl. 38, sowie die Aussage des Vertreters des Gefängnis-Kommandanten von Moabit, von Zitzewitz, Oskar Heidemann, a.a.O. Bl. 1820. Siehe auch »Berliner Volkszeitung« vom 19.5.1919.
159) »Berliner Volkszeitung« vom 20.5.1919.
160) BA-MA, PH 8V/Bd. 19, Bl. 119F. Erklärung Cohns vor der Staatsanwaltschaft. »Berliner Volkszeitung« vom 21.5.1919, siehe auch Bericht Pabst vom 21.5.1919, BA-MA, PH 8V/Bd. 19, Bl. 57.
161) Befehl Pabst BA-MA, PH 8V/Bd. 4, Bl. 234, siehe auch Aussage Heidemann, BA-MA, PH 8V/ Bd. 19, Bl. 19, sowie Urteil im dritten Jorns-Prozeß, LAB, Rep. 58, Nr. 59, Bd. IV, S. 316.
162) Das Originalplakat, unterschrieben mit »Gericht des GardeKav. (Schützen-) Korps«, behauptet, wenige Tage nach Vogels Freispruch vom Vorwurf des versuchten Totschlags, Vogel sei »wegen Mordes an Frau Rosa Luxemburg« in U-Haft gewesen. BA-MA, PH 8V/Bd. 4, Bl. 217; siehe auch »Berliner Volkszeitung« vom 19.5.1919.
163) BA-MA, PH 8V/Bd. 19-22.
164) BA-Potsdam, Auswärtiges Amt, Akten betreffend die strafrechtliche Verfolgung des Oberleutnant Vogel (künftig: **AA-Vogel**), Nr. 27402/1, Bl. 2, Haftbefehl vom 26.5.1919.
165) »Die Freiheit« vom 28.5.1919.

166) »Vorwärts« vom 29.5.1919.
167) BA-Potsdam, AA-Vogel, Nr. 27402/1, Bl. 18, Auszug aus dem Protokoll der Sitzung der Reichsregierung vom 31.5.1919.
168) BA-Potsdam, AA-Vogel, Nr. 27402/1, Telegramm vom 28.5.1919.
169) BA-Potsdam, AA-Vogel, Nr. 27402/1, Bl.13, Telegramm vom 29.5.1919.
170) BA-Potsdam, AA-Vogel, Nr. 27402/1, Bl. 65, Aussage des Konsularsekretärs Ernst sowie Bl. 66. R 43 I 2676, Bl. 55, Protokoll der Sitzung der Reichsregierung vom 29.5.1919. »Vorwärts« Nr. 47 vom 6.2.30, »Welt am Abend« vom 4.2.30. BA-MA, RM 6/267, Handakte Canaris, Bl. 50. Fast identisch: Grabowsky, a.a.O. Bl. 22. Pabst, Memoiren, S. 81F.
171) Dies wird bestätigt durch Mitteilungen der zuständigen Beamten an Staatsanwalt Weismann. BA-Potsdam, AA-Vogel, Nr. 27402/1, Bl. 65-67 u. Bl. 70-73.
172) BA-MA, PH 8V/Bd. 21, Bl. 36F., Aussage Rauscher. Siehe auch Brief Haase an GKSD vom 21.7.1919, BA-MA, PH 8V/Bd. 20, Bl. 125.
173) Brief von Lüttwitz an Scheidemann vom 13.6.1919. BA-Koblenz R 43 I 2676, Bl. 63F. BA-MA, RM 6/267, Handakte Canaris, Bl. 38.
174) Protokoll der Sitzung der Reichsregierung vom 29.5.1919, BA-Koblenz, R 43 I 2676, Bl. 55.
175) BA-MA, PH 8V/Bd. 19, Bl. 167F.
176) Am 23.12.1919. BA-MA, PH 8V/Bd. 21, Bl. 187FF.
177) Folgende Zitate nach: Das Werk des Untersuchungsausschusses der verfassunggebenden Deutschen Nationalsammlung und des deutschen Reichstages 1919-1926. 4. Reihe: Die Ursachen des deutschen Zusammenbruchs im Jahre 1918. Hrsg. von Albrecht Phillipp, Berlin 1928 (künftig: **WUA**), Bd. 9. I. S. 139FF.
178) WUA, Bd. 9. I. S. 165.
179) Aussage Brederick dritter Jorns-Prozeß, nach »Vorwärts« vom 23.1.1931. Siehe dazu auch die Auskünfte von Canaris. BA-MA, RM 6/267, Handakte Canaris, Bl. 50F. A.a.O. Bl. 22.
180) BA-MA, RM 6/267, Handakte Canaris, Bl. 22F. und 48F.
181) Siehe Anhang: Dokument II. Persönliche Auskunft von Heinz Höhne. Siehe auch Höhne, Canaris, S. 576, Anm. 123.
182) Siehe Anhang: Dokument II. Siehe auch Aussage Liepmann, dritter Jorns-Prozeß, BA-MA, PH 8V/Bd. 24 oder LAB, Rep. 58 Nr. 59, Bd. IV. Auch abgdr. bei Der Mord, S. 177.
183) Pabst, Tonbandinterview.
184) BA-Potsdam, AA-Vogel, Nr. 27402/1, Bl. 33.
185) BA-Potsdam, AA-Vogel, Nr. 27402/1, Bl. 38 u.43
186) BA-Potsdam, AA-Vogel, Nr. 27402/1, Bl. 46a, Telegramm AA an Rosen vom 3.6.1919.
187) BA-Potsdam, AA-Vogel, Nr. 27402/1, Bl. 58, Brief Rosen an AA vom 13.6.1919.
188) BA-Potsdam, AA-Vogel, Nr. 27402/1, Bl. 69, Brief AA an RK, vom 27.6.1919.
189) BA-Potsdam, AA-Vogel, Nr. 27402/1, Bl. 78, Brief Husborg an Rosen vom 3.7.1919.
190) BA-Potsdam, AA-Vogel, Nr. 27402/1, Bl. 82, Brief RK an AA vom 19.7.1919.
191) BA-Koblenz, R 43 I 2676, Bl. 81, Brief AA an RK vom 29.7,1919.
192) BA-Koblenz, R 43 I 2676, Bl. 122FF., BAPotsdam, AA Vogel, Nr. 27402/1, Bl. 90FF.
193) BA-Koblenz, R 43 I 2676, Bl. 97F., Brief an GKSD vom 8.9.1919.
194) BA-MA, PH 8V/Bd. 22, Bl. 54FF.
195) BA-Potsdam, AA-Vogel, Nr. 27402/1, Bl. 99.
196) BA-Potsdam, AA-Vogel, Nr. 27402/1, Bl. 104. Telegramm Rosen an AA vom 8.10.1919.
197) BA-MA, PH 8V/Bd. 22, Bl. 5355.
198) BA-Potsdam, AA-Vogel, Nr. 27402/1, Bl. 108, Brief von von Gilsa an RK vom 10.11.1919.
199) BA-Potsdam, AA-Vogel, Nr. 27402/1, Bl. 109F., Brief AA an RWM und RK vom 21.11.1919.
200) BA-Potsdam, AA-Vogel, Nr. 27402/1, Bl. 113F., Brief Spatz an AA.
201) nach »Die Freiheit« Nr. 236 vom 17.5.1919 und nach »Berliner Tageblatt« vom 18.5.1919.
202) BA-Potsdam. Reichs-Justizamt. Akten betreffend die militärgerichtliche Untersuchung des Herganges bei der Tötung des Karl Liebknecht und der Rosa Luxemburg. Strafverfahren gegen Runge und Genossen (künftig: **RJA-Tötung**), Nr. 3720. Bl. 61, Brief Büro Reichspräsident vom 18.9.1919 sowie Bl. 12F., Brief Reichsjustizministerium vom 26.9.1919. Siehe auch »Vorwärts« vom 10.9.1919.
203) Noske in der Nationalsammlung am 13. und 27.3.1919.
204) BA-MA, PH 8V/Bd. 8, Rechtsgutachten des Oberreichsanwalt beim Reichsmilitärgericht vom 12.7.1919, Bl. 2634. BA-Koblenz, R 43 I 2676, Bl. 105-114, Rechtsgutachten Reichsjustizminister Schiffer vom 13.10.1919.

205) BA-MA, PH 8V/Bd. 6, Bl. 9FF., insb. Bl. 15, Begleitschein Nr. 116 des Polizeireviers Tiergarten vom 31.5.1919 zur Einlieferung einer Leiche.
206) BA-SAPMO, NL 1/19, Bl. 99F., Bericht Otto Fritsch vom 28.2.52.
207) Gustav Noske, Erlebtes aus Aufstieg und Niedergang einer Demokratie. Offenbach/M. 1947 (künftig: **Noske, Erlebtes**), S. 86.
208) Noske, Erlebtes, ebd.
209) BA-MA, PH 8V/Bd. 6, Bl. 910, Schriftliche Beschwerde Ehrhardts vom 2.6.1919.
210) Noske, Erlebtes, S. 86. Erhardts Aussage, nach »Vorwärts« vom 7.2.30.
211) BA-MA, PH 8V/Bd.6, Bl.30. Mathilde Jacob war ebenso wie Maxim Zetkin den Nachforschungen von Spatz ausgesetzt, siehe: BA-MA, PH 8V/Bd. 7, Bl. 115F.
212) Mathilde Jacob, Von Rosa Luxemburg und ihren Freunden in Krieg und Revolution 1914-1919. Hrsg. und eingeleitet von Sibylle Quack und Rüdiger Zimmermann, in: IWK, Jg. 24 (1988), H. 4, (künftig: **Jacob, Krieg und Revolution**) S. 503.
213) Jacob, Krieg und Revolution, S. 504.
214) Siehe BA-MA, PH 8V/Bd. 6, Bl. 10F., Ablehnungsbrief Weinberg an GKSD vom 2.6.1919.
215) Jacob, Krieg und Revolution, S. 504.
216) BA-MA, PH 8V/Bd. 7, Bl. 3641, Obduktionsbefund Geheimer Medizinalrat Dr. Strassmann und Stellvertretender Gerichtsarzt Dr. Fraenkel vom 3.6.1919 sowie Bd. 6, Bl. 3749, Nachtragsgutachten Strassmann/Fraenkel vom 13/17.6.1919. Siehe BA-SAPMO, NL 1/19, Bl. 69FF.
217) BA-MA,PH 8V/Bd. 8, Rechtsgutachten des Oberreichsanwalt beim Reichsmilitärgericht vom 12.7.1919, Bl. 33. BA-Koblenz, R 43 I 2676, Bl. 113F., Rechtsgutachten Reichsjustizminister Schiffer vom 13.10.1919.
218) Auskunft von Prof. Dr. Johannes Erger.
219) BA-Koblenz, R 43 I 2676, Bl. 114, Rechtsgutachten Schiffer. Im Entwurf des Gutachtens heißt es sogar noch ausführlicher:»Dabei wird insbesondere in Betracht kommen, ob etwa neue Momente hervorgetreten sind, die geeignet erscheinen, die bisher gegen einzelne Zeugenaussagen [der Begleitmannschaften des Luxemburg-Transports] bestehenden Bedenken zu beseitigen.« BA-Potsdam. RJA-Tötung, Nr. 3720, Bl. 72.
220) BA-Potsdam, RJA-Tötung, Nr. 3720, Bl. 74, Protokoll der Sitzung der Reichsregierung vom 7.10.1919.
221) Brief Noske an Präsidenten des Reichsmilitärgerichts vom 26.10.1919, BA-Koblenz, R 43 I 2676, Bl. 119; auch in: BA-MA PH 8V/Bd. 8, Bl. 34.
222) BA-Potsdam, AA-Vogel, Nr. 27402/1, Bl. 121, Brief Rosen an AA vom 4.12.1919.
223) BA-Potsdam, AA-Vogel, Nr. 27402/1, Bl. 130, Brief RK an AA vom 24.1.1920.
224) BA-Potsdam, AA-Vogel, Nr. 27402/1, Bl. 134FF.
225) BA-MA, PH 8V/Bd. 8, Bl. 165R.
226) BA-Potsdam, AA-Vogel, Nr. 27402/1, Bl. 143, Brief Rosen an AA vom 10.3.1920.
227) BA-MA, PH 8V/Bd. 8, Bl. 164. BA-Potsdam, AA-Vogel, Nr. 27402/1, Bl. 144 u. Bl. 148. Siehe auch BA-Koblenz, R 43 I 2676, Bl. 141, Brief AA an RK vom 30.4.1920. Hagen Schulze gibt diesen Vorgang in seiner Edition des Kabinettes Scheidemann schlichtweg falsch wieder: Vogel sei von den Niederlanden nicht ausgeliefert worden, weil die Straftaten, wegen der Vogel verurteilt worden wäre, keine Auslieferungsdelikte gewesen seien. Schulze, Kabinett Scheidemann, S. 405, Anm. 11.
228) BA-Koblenz, R 43 I 2676, Bl. 142F., Brief RK an RWM vom 12.5.1920.
229) BA-Koblenz, R 43 I 2676, Bl. 144, Brief Geßler an RK vom 6.6.1920.
230) Noske, Kiel bis Kapp, S. 76
231) Siehe Anhang: Dokument VII.
232) Noske, Erlebtes, S. 95.
233) Z. B. BA-Potsdam, AA-Vogel, Nr. 27402/1, Bl. 120.
234) BA-Potsdam, AA-Vogel, Nr. 27402/1, Bl. 120R.
235) LAB, Rep. 58, Nr. 75, Bd. 1, Bl. 59FF., Brief Levis an Staatsanwaltschaft vom 28.2.21.
236) Ebd.
237) LAB, Rep 58, Nr. 75, Bd. 1, Bl. 202.
238) BA-Potsdam, AA-Vogel, Nr. 27402/1, Bl. 120/121, siehe auch LAB, Rep. 58, Nr. 75, Bd. 2, Bl. 13.
239) BA-Potsdam, AA-Vogel, Nr.27402/1, Bl. 126, Brief Ortmann an Reichsjustizminister vom 8.12.21.
240) Siehe Einleitung.
241) »Die Freiheit« Nr. 255 vom 28.5.1919.
242) Schulze, Kabinett Scheidemann, S. 386. Anm. 2.

243) Abgdr. in: »Die Freiheit« Nr. 257 vom 29.5.1919.

244) BA-MA, PH 8 V/Bd. 20, Bl. 63, Mitteilung des Kommandanten Schmidt vom 6.6.1919.

245) Ebd.

246) Nach einem Brief des Kommandanten Schmidt vom 20.6.21 war er sogar bis Juli 1919 in Zossen, LAB, Rep. 58, Nr. 464, Bd. 2, Bl. 5.

247) LAB, Rep. 58, Nr. 75, Bd. 2, Bl. 122F., sowie LAB, Rep. 58, Nr. 464, Bd. I, Bl. 1. Prozeßaussage Janschkow in: BA-MA, PH 8V/Bd. 15, S. 743F.

248) LAB, Rep. 58, Nr. 75, Bd. 2, Bl. 126, 13.10.21.

249) BA-MA, PH 8V/Bd. 17, S. 1010F.

250) LAB, Rep. 58, Nr. 464, Bd. I, Bl. 3FF.

251) Brief Souchon vom 14.3.22, a.a.O. Bl. 22.

252) Brief Souchon vom 29.3.22, a.a.O. Bl. 23 und Bekundung Staatsanwalt Ebelt, Bl. 25.

253) Brief Souchon vom 18.5.23, a.a.O. Bl. 28.

254) a.a.O. Bl. 30, siehe auch Bl. 26.

255) Brief vom 23.9.23, a.a.O. Bl. 35.

256) Folgende Zitate nach LAB, Rep. 58, Nr. 464, Halbakte, Bl. 2FF. und Bd. I, Bl. 4550.

257) BA-MA, PH 8V/Bd. 3, Bl. 174R, Falschaussage Souchon vom 29.3.1919. Siehe auch BA-MA, PH 8V/ Bd. 13, S. 221-229, Falschaussage Souchon vom 9.5.1919 vor dem Feldkriegsgericht der GKSD. Zum Zuspätkommen Souchons siehe BA-MA, PH 8V/Bd. 12, S. 2 bzw. Bd. 13, S. 221.

258) BA-MA, PH 8V/Bd. 3 ,Bl. 175, Aussage Souchon vom 29.3.1919.

259) LAB, Rep. 58, Nr. 464, Bd. II, Bl. 1 vom 23.10.25 u. Bl. 20. Äußerung des Stuttgarter Richters in: Dokumentation SDR, S. 1040.

260) Brief Souchon vom 16.12.25, LAB, Rep. 58, Nr. 464, Bd. II, Bl. 21.

261) a.a.O. Bl. 37. Siehe Briefe Souchons an Pabst vom 18.1. u. 1.3.32, BA-SAPMO, NL 35/6, Bl. 2022.

262) Persönliche Auskunft von Günther Nollau am 13.12.1 989.

263) Siehe z. B. Erich Wollenberg: Der Apparat. Hrsg. vom Bundesministerium für gesamtdeutsche Fragen. Bonn ca. 1951, S. 17, Anm. 3.

264) Günther Nollau, Die Internationale. Köln/Berlin 1959, S.381F.

265) Persönliche Mitteilung Nollau, siehe auch Nollaus Aussage vor dem LG Stuttgart 1969, in: Dokumentation SDR, S. 843FF., sowie »Der Spiegel« Nr. 1/1970.

266) Siehe u. a. Aussage Pieck im ersten Jorns-Prozeß. LAB, Rep. 58, Nr. 59, Bd. 1, Bl. 29 k-o. Wilhelm Pieck, Der Mord an Rosa Luxemburg und Karl Liebknecht, in: »Rote Fahne« Nr. 11 vom 13.1.29. Interview mit Wilhelm Pieck, in: »Rote Fahne« vom 15.1.33, in: BA-SAPMO, Nachlaß Pieck, NL 36/ 405, Bl. 14FF. Wilhelm Pieck, Der schwärzeste Tag, in: BA-SAPMO, I 2/711/46, Juristische Zentralstelle, Bl. 48FF. Ders., Der Mord an Rosa Luxemburg und Karl Liebknecht, in: a.a.O. Bl. 40FF. Ders., Die Ermordung von Rosa Luxemburg und Karl Liebknecht, in: »Inprektor« vom 10.1.28, in: BA-SAPMO, NL 1/19, Bl. 7678. Ders., Mit dem Leben davon gekommen, vom 6.2.1953, in: a.a.O. Bl. 97F.

267) Siehe Bauplan Eden.

268) BA-MA, PH 8V/Bd. 8, Bl. 125. Aussage Runge im ersten Jorns-Prozeß nach »Rote Fahne« vom 23.4.29.

269) In Piecks Aussage im ersten Jorns-Prozeß heißt es nur lakonisch: »Wo es mir gelang zu entfliehen.« LAB, Rep. 58, Nr. 59, Bd. 1, Bl. 29m.

270) Pabsts Angabe in: BA-MA, PH 8V/Bd. 13, Bl. 201.

271) Siehe Anhang: Dokument III.

272) Ebd.

273) Jacob, Krieg und Revolution, S. 497.

274) Aussage Ledebour im zweiten Jorns-Prozeß, nach »Berliner Tageblatt« vom 6.2.30.

275) Otto Ernst Schüddekopf, Karl Radek in Berlin. In: Archiv für Sozialgeschichte, II, 1962, Anlage 1: Bericht über Radeks Verhaftung, S. 109FF. Der Haftbefehl stammt allerdings vom 16.1.19, a. a. O., S. 91.

276) Brief Pabst an Pflugk-Harttung vom 14.7.62, BA-MA, N 620/36.

277) »Stern« Nr. 47 vom 16.11.1961.

278) »Das deutsche Wort«, Nr. 1 vom 5.1.1962.

279) Bulletin des Presse und Informationsdienstes der Bundesregierung Nr.27 vom 8.2.1962. Bis heute ist diese Verlautbarung nicht widerrufen.

280) »Der Spiegel« Nr.16/1962, S. 38.

281) a.a.O. S. 43.

282) »Der Spiegel« Nr. 18/1962, S. 510, Nr. 23/1962, S. 90. Die Einschätzung Pabsts nachzulesen in einem Brief Pabsts an Pflugk-Harttung vom 14.7.62, BA-MA, N 620/36.
283) Siehe Anhang: Dokument I.
284) Siehe Anhang: Dokument II.
285) Siehe Anhang: Dokument IV.
286) Siehe Anhang: Dokument V. Vgl. auch »Der Spiegel«, Nr. 8/1967, S. 40FF.
287) Einstweilige Verfügung des LG Stuttgart vom 23.12.1968, in: Dokumentation SDR, S. 517.
288) Siehe dazu auch das Kapitel »74 Jahre danach«.
289) Schriftliche Mitteilung von Herrn Kranzbühler vom 10.11.1989.
290) Eidesstattliche Erklärung H. W. Souchon von 6.12.1968, in: Dokumentation SDR, S. 448F.
291) Persönliche Mitteilung von Herrn Kranzbühler am 8.1.1990.
292) Eidesstattliche Erklärung Pabst von 17.12.1968, in: Dokumentation SDR, S. 498.
293) Zitate aus bislang unbekannten Schriftstücken Pabsts, in:
BA-MA, N 620/21, Handschrift Pabst, mit Unterschrift auf Pabsts Briefpapier mit Luzerner Anschrift. Gerichtet an seinen Anwalt Dr. Max Bürger von Anfang Januar 1969; BA-MA, N 620/46, Entwurf eines Briefes an Dieter Ertel (Januar 1969), Handschrift Pabst, überschrieben mit »Material«; BA-MA, N 620/21, Briefentwurf an Ertel von 9.1.1969, geschrieben mit Schreibmaschine, von Hand fortgesetzt und dann abgebrochen. Im tatsächlich abgeschickten Brief hat Pabst diesen Passus weggelassen. Siehe Dokumentation SDR, S. 195F.
294) Brief von Ertel an Pabst vom 2.1.1969 in: BA-MA, N 620/46. Siehe auch die handschriftlichen Randnotizen Pabsts zu der eidesstattlichen Erklärung Ertel von 19.12.1968 ebenda.
295) Urteil LG Stuttgart vom 12.2.1970 (künftig: **Urteil LG**) S. 135, in: Dokumentation SDR, S. 1079.
296) Siehe Dokumentation SDR, S. 904-943.
297) Urteil LG, S. 160, in: Dokumentation SDR, S. 1104.
298) Urteil LG, S. 118, in: Dokumentation SDR, S. 1062.
299) Siehe oben und Anm. 197.
300) BA-MA, PH 8V/Bd. 15, S. 700, Aussage Poppe.
301) Daß Weber, der auch im Krull-Verfahren Vogel belastete, LAB, Rep. 58, Nr. 75, Bd. 2, Bl. 41F., auch 1921 Angst vor den Offizieren gehabt haben könnte, war für die Richter undenkbar.
302) Siehe Dokumentation SDR, S. 1242FF., Brief Dieter Ertel vom 30.11.1970.
303) Urteil OLG Stuttgart vom 20.1.1971 (künftig: **Urteil OLG**) S. 76, in: Dokumentation SDR, S. 1407. Eine Kopie dieses Urteils findet sich auch im BA-SAPMO, im Nachlaß Luxemburg, NL 2/65, Bl. 16-111. Pabsts Brief Pabst an Ertel im Anhang: Dokument VI.
304) Urteil OLG, S. 74 u. 81, in: Dokumentation SDR, S. 1405 u. S. 1412.
305) BA-MA, PH 8 V/Bd. 17, S. 1010, Plädoyer Verteidiger Grünspach.
306) Siehe Anhang: Dokument I.
307) Eidesstattliche Erklärung H. W. Souchon vom 6.12.1968, in: Dokumentation SDR, S. 448F.
308) Ebd.
309) BA-MA, PH 8 V/Bd. 17, S. 1011, Plädoyer Grünspach.
310) Eidesstattliche Erklärung Dieter Ertel vom 19.12.1968, in: Dokumentation SDR, S. 480. Siehe auch: Dieter Ertel, Einer aus dem Tiergarten. In: »Der Monat«, 20. Jg., H. 243, Dezember 1968, S. 44.
311) Siehe Anhang: Dokument I. Brief Pflugk-Harttungs, Punkt 1. u. 2.
312) Urteil OLG Stuttgart von 20.1.1971, S. 57.
313) Siehe Wirren, S. 32-54, 72F., sowie Hagen Schulzes Freikorpsapologie: Hagen Schulze, Freikorps, S. 29F., 39, 80, 207, 212FF.
314) Johannes Erger, Der Kapp-Lüttwitz-Putsch. Ein Beitrag zur deutschen Innenpolitik 1919/20, Düsseldorf 1967, passim.
315) Persönliche Mitteilung von Prof. Dr. Johannes Erger am 11.3.1991.
316) Persönliche Mitteilung von Günther Nollau am 13.12.1989.
317) Siehe hierzu die Anm. 27, 67, 108, 118, 119, 124, 147, 155, 158, 160, 161, 287, 291 sowie Anmerkungen zum Essay »Sieben Gründe ...« Nr. 28, 31, 50, 54, 55, 59 und IWK, Heft 3/92, S. 363F. Dokument II.
318) Siehe Anhang: Dokument VIII.
319) Brief Kranzbühlers an den Autor vom 28.1.1993.
320) Brief Kranzbühlers an den Autor vom 12.1.1993.
321) BA-MA, N 620/5, S. 65F.
322) BA-MA, N 620/46.

323) BA-MA, N 620/17.
324) Abschrift eines Pabst-Briefes vom 26.6.1969, BA-MA, N 62 0/21.
325) Pabst, Memoiren, S. 65 u. 68 sowie ders., Tonbandinterview.
326) Brief Kranzbühlers an den Autor vom 12.1.1993.
327) BA-MA, PH 8V/Bd. 13, S. 194, Aussage Pabst. Sowie Wirren S. 53F. u. 73.
328) Siehe Anhang: Dokument VI.
329) Wirren, S. 53F.
330) Siehe Anm. 287 u. 288.
331) Persönliche Mitteilung von Günther Nollau am 13.12.1989. Zum Grabowsky-Kommunique siehe Dokumentation SDR, S. 898FF.
332) Siehe Anhang: Dokument II-VIII.
333) Siehe Anhang: Dokument I.
334) Aussage Liepmann im ersten Jorns-Prozeß, nach »Berliner Tageblatt«, »Vorwärts« und »Frankfurter Zeitung« von 21.4.29.
335) Siehe Anhang: Dokument VIII.
336) Siehe Anm. 294 und Anhang: Dokument VIII.
337) Noske vor der Nationalversammlung, als Rechtfertigung für seinen Terror-Erschießungsbefehl vom März 1919, zitiert nach der äußerst interessanten rechtshistorischen Untersuchung: »Da gelten Paragraphen nichts, sondern da gilt lediglich der Erfolg...«. Noskes Erschießungsbefehl während des Märzaufstandes in Berlin – rechtshistorisch betrachtet. In: Militärgeschichtliche Mitteilungen, hrsg. vom Militärgeschichtlichen Forschungsamt, Freiburg, 1/89, S. 51-79.
338) Noske, Kiel bis Kapp, S. 199.
339) Noske, Erlebtes, S. 95.
340) Noske, Kiel bis Kapp, S. 76.

Anhang:
Die Beteiligten des Mordkomplotts

Wilhelm Canaris

(1887-1945)

1905 Kadett, 1909 Leutnant zur See, 1910 Oberleutnant zur See, 1916 Kapitänleutnant. Canaris ist schon 1915 mit Spionage in Spanien beschäftigt. Im November 1918 wird er Mitbegründer mehrerer konterrevolutionärer Marinebrigaden und bald danach Adjutant Noskes. Im Mai 1919 fungiert er als Richter im Prozeß vor dem Kriegsgericht der GKSD. Er erweist sich als Freund und Beschützer der Mörderoffiziere bis zu seinem Tode. Von 1935 bis 1944 ist er der mächtige Abwehrchef Hitlers. Er hat Kontakt zum Osterkreis. Am 20. Juli 1944 beteiligt er sich nicht. Als man jedoch im Truppenlager in Zossen in einem Panzerschrank Papiere findet, die seine früheren Kontakte zum Widerstand belegen, wird er verhaftet. Man ermordet ihn kurz vor Kriegsende im KZ Flossenbürg.

Dr. Fritz Grabowsky

(1886-1957)

Leutnant im Ersten Weltkrieg. Er ist Jurist und Kaufmann, hat Verbindung zu Eduard Stadtler

und zu Waldemar Pabst. Grabowsky (auch ein Freund von Canaris) ist ab Dezember 1918 Propaganda-Chef und Leiter der Presseabteilung der GKSD. Er hält »Aufklärungs«-Vorträge. Um als Jude die antisemitischen Offiziere des Stabes nicht zu »kompromittieren«, kleidet er sich auf Wunsch Pabsts immer in Zivil.

Grabowsky ist der Verantwortliche des »amtlichen« Lügenkommuniques vom 16. Januar 1919. Er verfügt über hervorragende Kontakte zur Berliner Presse, insbesondere dem Wolffschen Telegrafenbüro (künftig: WTB). 1919 ist er der Organisator der »Technischen Abteilung« (später »Technische Nothilfe«), einer Streikbrechertruppe, die auch unliebsame Leute abhörte, so Rudolf Breitscheid und Maximilian Harden. Er ist maßgeblich in Pabsts »Nationaler Vereinigung« tätig und beteiligt sich am Kapp-Putsch.

1931/32 taucht er als Leiter des »Montagsblattes« Kapitän Ehrhardts, des ehemaligen Befehlshabers der Marine- und Putschbrigade Ehrhardt auf. 1938 wird er von den Nazis ins KZ Oranienburg eingesperrt, aber nach neun Tagen durch Admiral Canaris befreit. Über Canaris kommt er nach Dänemark und ist dort wie Kaleu von Pflugk-Harttung in der Auslandsspionage tätig. Wieder durch Canaris reist er mit einem Sonderausweis ins besetzte Frankreich. Er wohnt dort 1942 bis 1944 im Hotel Majestic und anderen von Deutschen requirierten Luxus-Hotels. Vermutlich ist er auch hier nachrichtendienstlich für Canaris tätig. Nach dessen Verhaftung 1944 taucht Grabowsky unter. Nach dem Krieg wohnt er in Aachen und

knüpft erneut Kontakt zu Waldemar Pabst. Als im Januar 1954 im Hörfunk der DDR ein Hörspiel über die Mord-Nacht im Eden-Hotel gesendet wird, erkundigt sich Grabowsky bei Pabst: »Ist Ihnen bekannt, ob auch ich etwa dabei erscheine?« Der antwortet: »Kann ich Ihnen nicht sagen, ob auch Sie darin vorkommen, möchte aber fast annehmen, denn mir wurde gesagt, daß fast alle ›besseren‹ Leute aus dem Eden-Hotel in demselben aufgetreten sind und dazu gehörten Sie doch unbedingt.«[1]

Paul Jorns

(1871-1942)

1900 preußischer Kriegsgerichtsrat im Heeresjustizdienst. 1906-1909 kümmert sich Jorns in »Deutsch-Südwest-Afrika« um die Hereros. 1920 geht er zur Reichsanwaltschaft in Leipzig. 1925 avanciert er zum Reichsanwalt. 1931 ist er der Vertreter der Anklage im Landesverratsprozeß gegen Carl von Ossietzky. Von Ossietzky wurde verurteilt. Die Aufhebung des Urteils ist 1993 vom damaligen Generalbundesanwalt von Stahl verhindert worden. Es ist noch immer gültig. Seit 1933 ist Jorns Mitglied der NSDAP. 1936 ernennt man ihn zum leitenden Staatsanwalt an Freislers Volksgerichtshof. 1937 wird er in den Ruhestand versetzt. Dort hält er es nicht lange aus. Im September 1939 meldet

---

1) Siehe auch: BA-SAPMO, V 232/70, Bl. 95-97. Abhörprotokolle in: BA-SAPMO, NL 35/2, Bl. 44-54. Briefwechsel Grabowsky/Pabst in: BA-MA, N 620/39.

Paul Jorns (ganz rechts) 1936 bei der Einführung am Volksgerichtshof. Links Roland Freisler, dazwischen (von links) Schlegelberger, Thierack und Gürtner.

er sich freiwillig an den Volksgerichtshof, wo er bis Dezember 1941 als Oberreichsanwalt im Dienste der Nazi-Terrorjustiz dafür sorgt, daß nicht nur Räder für den Sieg rollen.

Rudolf Liepmann
(1894-19??)

Rudolf Liepmann
(Gerichtszeichnung aus der
»Roten Fahne« vom 21.4.1929)

Sohn des geheimen Justizrats Dr. Paul Liepmann. Leutnant der Reserve. Beide Eiserne Kreuze. Liepmann war seit 1914 bei der GKSD und dort Ordonnanzoffizier Pabsts. Sein »Zuständigkeitsbereich« sind die illegalen Einwohnerwehren. Da er Jude ist, sieht er sich antisemitischer Angriffe seiner Kameraden ausgesetzt.

Liepmann beteiligt sich am Transport Liebknechts. Er ist einer seiner Mörder. Vor Prozeßende wird Liepmann vorsorglich – wie Vogel – mit einem falschen Paß auf den Namen »Lohmann« ausgestattet. Er beteiligt sich 1920 am Kapp-Putsch in Leipzig und wird dort verletzt. 1922 schreibt er eine Dissertation: »Die polizeilichen Aufgaben der deutschen Wehrmacht«, die sich auch mit dem Waffengebrauch gegen Fliehende beschäftigt. Er macht 1929 wichtige Aussagen im ersten Jorns-Prozeß. Emil J. Gumbel berichtet im gleichen Jahr von einem Besuch Liepmanns, der an schweren Depressionen leide. 1933 wird er Referendar im Justizdienst. 1936 entläßt man ihn, da er als »Volljude« gilt. Die sogenannte Judenvermögensabgabe wird ihm wegen seiner »außerordentlichen Verdienste« ermäßigt. Im August 1939 gelingt es Liepmann nach Shanghai zu emigrieren. Dort verliert sich seine Spur.

Waldemar Pabst
(1881-1970)

Sohn eines Museumsdirektors. Nach dem Abitur 1894-1899 in verschiedenen Kadettenanstalten, u. a. in Lichterfelde. Seit 1899 Berufsoffizier. Im Ersten Weltkrieg wird er der 1. Generalstabsoffizier der GKSD und der faktische Befehlshaber dieser Truppe. Nach den Weihnachtskämpfen 1918 wandelt er die GKSD von einer kaiserlichen Truppe in ein schwerbewaffnetes Freikorps um, mit Propagandaabteilung und Geheimdienst. Er ist der Initiator des terroristischen Schießbefehls Noskes vom 13. März 1919. Pabst inszeniert zu dessen Vorbereitung und mit Hilfe Grabowskys über das WTB die Zeitungsente von den »Lichtenberger Greuelmorden«, was ihm die Gelegenheit gibt, Noske den Schießbefehl vorzulegen – einen Befehl zur Gefangenentötung, der über alles monarchistische Ausnahme- und Kriegsrecht weit hinausgeht. Pabst verschärft diesen Befehl noch eigenhändig für die GKSD. Ab März 1919 baut er die GKSD zu einem Korps von 40.000 Mann aus. Im Juni 1919 schlägt er Noske eine Militärdiktatur vor, mit dem Sozialdemokraten als oberstem Obristen. Noske kann sich dies, aufgrund der befürchteten Aufstände, nicht leisten und lehnt ab. Er versucht, die GKSD, die inzwischen in der Bendlerstraße sitzt, zu entflechten. Daraufhin probt Pabst mit seiner Truppe den Staatsstreich, der nur durch das Eingreifen der Generäle von Lüttwitz und von Maercker verhindert wird. Ihnen paßt der Zeitpunkt des Putsches nicht.

Pabst scheidet aus dem aktiven Dienst aus. Zusammen mit seinem Propagandachef Grabowsky und Wolfgang Kapp gründet er die »Nationale Vereinigung« zur Vorbereitung des Staatsstreiches. Er beteiligt sich maßgeblich am sogenannten Kapp/Lüttwitz-Putsch 1920. Nach dessen Scheitern flieht er unter dem Namen Peters nach Innsbruck. Dort ist Pabst von 1920 bis 1930 Initiator der österreichischen Heimwehren und deren militärischer Kopf. Ziel ist die »Wiederherstellung einer starken Staatsgewalt im rücksichtslosen und schärfsten Kampfe gegen die Sozialdemokratie und ihre Handlanger, die jüdische Demokratie« (Pabst 1924).

Trotz der Hindenburg-Amnestie von 1925, die ihn vor einer Verfolgung wegen des Kapp-Putsches schützt, kehrt Pabst nicht nach Deutschland zurück. Grund: Der Luxemburg/Liebknecht-Mord. 1928 leugnet Pabst vor seinem Förderer, dem österreichischen Bundeskanzler Seipel, die Beteiligung und gibt an, mit Noske noch in Kontakt zu stehen. Danach meint Seipel im Parlament zu den Heimwehraktivitäten Pabsts, dieser habe seine Taktik von Noske gelernt. Noske bestreitet daraufhin, daß er noch mit Pabst in Verbindung stehe. Er habe ihn seit Anfang 1920 nicht mehr gesehen.

1929 gerät Pabst, der der militärisch mächtigste Mann in Österreich ist, die österreichische Staatsbürgerschaft aber nicht besitzt (dafür aber eine deutsche

Waldemar Pabst

Offizierspension), erneut unter Druck. Im November 1929 wird in Deutschland Strafanzeige gegen ihn wegen Mordes an Luxemburg und Liebknecht gestellt. Das Verfahren wird im März 1930 kassiert. Die Totalamnestie des Reichstages im gleichen Jahr (mit den Stimmen der NSDAP, der übrigen Rechtsparteien und der KPD) ermöglicht ihm die Rückkehr nach Berlin. 1931 bis 1940 ist Pabst Direktor der Rheinmetall Borsig AG und Leiter von deren Wehr- und Waffenabteilung. Er ist zuständig für Waffenlieferungen ins Ausland. 1932 versucht er die Gründung einer Weißen »Faschistischen« Internationale. Grundsatz: Statt »Freiheit, Gleichheit und Brüderlichkeit«, Autorität, Ordnung und Gerechtigkeit.« Im gleichen Jahr baut er die »Gesellschaft zum Studium des Faschismus« auf, die die Übernahme des italienischen Faschismus auf deutsche Verhältnisse »prüfen« soll. Mitglieder sind sein Eden-Hotel-Kamerad von Ritgen sowie die Herren Duesterberg, Starhemberg, F. W. Heinz, Franz Schauweker, Eduard Stadtler, Franz Seldte, Georg Bruchmüller, Fritz Thyssen und Hermann Göring. Pabst, auf der »falschen« Naziseite, entgeht 1934 nur durch Zufall dem Mordkommando, das schon Schleicher im Zuge des »Röhm-Putsches« liquidiert hatte, weil er zur gleichen Zeit in Wilhelmshaven zusammen mit Canaris dem Stapellauf eines Panzerschiffes beiwohnt. Dort verhaftet man ihn. Göring läßt ihn jedoch, auf Canaris' und von Papens Fürsprache, frei. Pabst nennt sich daraufhin in einem Brief an Reinhard Heydrich einen »ehrlichen und aufrichtigen Bejaher des nationalsozialistischen Staates«. 1939 wird er wieder Offizier im Generalstab. Angeblich erfolgt seine Entlassung kurz darauf auf Hitlers persönlichen Wunsch.

1943 kehrt Pabst von einer Geschäftsreise in die Schweiz auf Anraten von Canaris nicht nach Deutschland zurück. Auch in der Schweiz hat er hervorragende Kontakte zu den Behörden, was ihm einen Aufenthalt auch über das Kriegsende hinaus ermöglicht. Vermutlich hat er dort auch für Canaris spioniert. Pabst kehrt erst 1955, nachdem die BRD teilsouverän geworden ist, nach Westdeutschland zurück, da er nun seine Auslieferung durch die Alliierten an die UdSSR nicht mehr befürchtet. Ab 1955 lebt er in Düsseldorf. Dort ist er später Mitherausgeber einer NPD-nahen Zeitschrift: »Das Deutsche Wort«. Er besitzt über seinen Altkameraden Freiherr von Wechmar hervorragende Kontakte zum Bundespresseamt. Ebenso bandelt er mit dem »Laden Blank« an, dem Verteidigungsministerium. Er ist in die Strauß-Affäre um den Schützenpanzer HS 30 verwickelt und bis zu seinem Tod wieder im Waffengeschäft mit Taiwan, Indien und Spanien. In der BRD wird er niemals strafrechtlich verfolgt.

Heinz von Pflugk–Harttung (1890-1920)

ist der Bruder des Kaleu Horst von Pflugk-Harttung. Er war beim Kampfbombergeschwader I Beobachter eines Bombers im Ersten Weltkrieg und hatte über einen »Bomberkameraden« Kontakt zu Eduard Stadtler. Im Eden-Hotel fungiert er als Adjutant und 2. Ordonnanzoffizier Waldemar Pabsts. Er ist Mitverschwörer und Verursacher der »Panne« des NSU im Tiergarten. Durch seine Hände gehen alle Strafverfolgungsakten gegen seine Kameraden. Einige davon verschwinden spurlos.

Von Pflugk-Harttung gründet im Sommer 1919 die Tarnorganisationen »Landbund« und »Ferienkinder«, um die Auslieferung deutscher Kriegsverbrecher des Ersten Weltkriegs zu verhindern. Er ist am Kapp-Putsch aktiv in Friedrichshagen bei Berlin beteiligt. Dort wird er durch eine Bombe oder Handgranaten unter seinem Auto am 26. März 1920 getötet. Es handelte sich vermutlich um ein Attentat.

Horst von Pflugk–Harttung (1889-1967)

Kapitänleutnant Horst von Pflugk-Harttung (Zeichnung eines Gerichtsreporters)

Sohn des Archivrats Julius von Pflugk-Harttung, der 1904 der SPD die Schuld am Vegetarismus, den Reformkleidern der Dmen und dem Impressionismus in der Malerei gegeben hatte. 1907 Kadett, 1910 Leutnant zur See, 1913 Oberleutnant zur See, 1918 Kapitänleutnant. Ab 1917 ist von Pflugk-Harttung nicht nur Kommandant eines Torpedobootes, sondern auch der Freund von Canaris. Nach der Revolution ernennt von Pflugk-Harttung sich zum Anführer des erwähnten »Stoßtrupps« von Seeoffizieren. Er ist einer der Mörder Liebknechts. 1919 flieht er mit Hilfe von Canaris über Dänemark nach Schweden. Von dort aus hat er weiterhin Kontakt zu Pabst. Von diesem ist er als Vertreter der »Weißen Internationale« in Schweden vorgesehen. Er wird im Januar 1932 wegen illegaler Waffengeschäfte nach Oslo, Nor-

wegen, ausgewiesen. Dort gibt er der »Oslo Aftenavis« ein Interview (siehe nächste Seite). Diese verbreitet die Behauptung von Pflugk-Harttung, er habe den Befehl zur Tötung Liebknechts von Noske bekommen. Noske widerspricht dem öffentlich. Daraufhin äußert von Pflugk-Harttung, man habe ihn mißverstanden, denn er spreche grundsätzlich nicht »über dieses Ereignis«. Obwohl ihn der Chef des Stabes der Marineleitung, Admiral Raeder, Konteradmiral von Levetzow und der Vizeadmiral a. D. von Trotha unterstützen, wird von Pflugk-Harttung aus Norwegen ausgewiesen. Er flieht nach Dänemark. Dort ist er für Canaris geheimdienstlich tätig und wird deswegen als Chef der deutschen Auslandsspionage Nord 1938 verhaftet. Der deutsche Einmarsch setzt ihn frei. Im April 1946 wird er erneut, diesmal in Irland, als »Chef der Werwölfe« verhaftet. Im Kriegsgefangenenlager begegnet er zufällig dem späteren Biographen Rosa Luxemburgs, Peter Nettl, der zu diesem Zeitpunkt englischer Offizier ist. Bald wird von Pflugk-Harttung entlassen. In den fünfziger Jahren lebt er als Kaufmann in Hamburg. Von 1962 an bis zu seinem Tod hat er erneut Kontakt zu Pabst. Er wird in der BRD nie juristisch verfolgt.

Ulrich von Ritgen (1894-1969)

Sohn des Geheimen Baurats von Wetzlar, Hugo von Ritgen. 1913 Kadett, 1915 Leutnant zur See, 1917 Oberleutnant zur See. Mitglied der Marine-Eskadron Pflugk-Harttung. Einer der Mörder von Karl Liebknecht. In den 20er Jahren betätigt er sich im sogenannten »Ruhrabwehrkampf« als Fälscher französischer Banknoten. 1931 taucht er als Mitglied in Pabsts »Gesellschaft zur Erforschung des Faschismus« auf. 1946

Ulrich von Ritgen 1926/27 als »Ruhrabwehrkämpfer«

findet aufgrund einer Anzeige seines eigenen Schwiegervaters (wegen angeblicher Beteiligung am Rathenaumord!) eine Haussuchung des amerikanischen CIC statt. Es werden Hinweise auf seine Beteiligung an der Ermordung Liebknechts gefunden. Daraufhin muß ihn der deutsche Polizei auf Weisung der Amerikaner verhaften. Im Zuchthaus behandelt man ihn als »Freiheitshelden«. Von Ritgen wird sehr bald in letzter Instanz vom OLG Kassel freigesprochen.
Danach fürchtet er sich – nicht ganz zu unrecht – vor einer »Ostzonen-Verhaftung«. Sein Kommentar zu Ertels Fernsehspiel, wenige Monate vor seinem Tod 1969: »Der Autor hat es im großen und ganzen richtig geschildert«.

Hans Rühle von Lilienstern (1884-1966)

Am 15. Januar 1919 ist er Hauptmann, 1. Ordonnanzoffizier Wilhelm Pabsts und Mitverschwörer. Er bringt es im Dritten Reich bis zum Generalleutnant. Nach dem Krieg lebt er als Kaufmann in Karlsruhe und hat erneuten Kontakt zu Pabst. Weitere Daten sind nicht bekannt.

OSLO AFTENAVIS

Schell & Brekke A/s
Prinsensgt. 2, De-No-Fa gården. Til. 16454
Alle slags forsikring

TIDENS TEGN's AFTENUTGAVE

Nr. 18 | Fredag 22. januar | 1932

Kun herresalong
Oslos største og mest sanitære
Cecil Barbersalong
Fere i Nordmarka: Dårlig Ver. utletker: Pent

Pflugk-Harttung søker opholdstillatelse i Norge.

Han kom onsdag morgen til Oslo.

I en samtale med Oslo Aftenavis benekter han at han har nogen politiske interesser.

Den tyske kapteinløitnant von Pflugk-Harttung kom onsdag morgen til Oslo fra Stockholm. Som bekjent er kapteinen blitt utvist fra Sverige angivelig for å ha deltatt i innsmugling av våben til det såkalte general Muncks korps, en beskyttelsesorganisasjon mot kommunistene.

En av Oslo Aftenavis's medarbeidere har fått anledning til å tale med kapteinen og hans frue, begge to meget elskverdige mennesker, som sier at de intet høiere ønsker enn å få leve i fred og ro og forsørge sig på almindelig borgerlig vis.

— Akter De å bli boende i Norge?

— Det vet jeg ikke ennu, men jeg håper det går iorden så jeg og min hustru kan få leve uforstyrret her. Min advokat fører forhandlinger med autoritetene om opholdstillatelse.

— Er De nasjonalsocialist?

— Nei, det er jeg ikke. Jeg befatter mig overhodet ikke med politikk og har aldri gjort det. Da jeg for 12 år siden reiste fra Tyskland og tok ophold i Sverige tilhørte jeg intet politisk parti. Jeg var officer og hadde ikke adgang til å drive politisk agitasjon. Og efter at jeg er kommet til Stockholm har jeg heller ikke, selvfølgelig, drevet politisk agitasjon.

— Men våbensmuglingen? (Forts. side 2).

Pflugk-Harttung (tilhøire) ved avreisen fra Stockholm.

Rådhusets store hall skal helst være malt i fresco.

Et fast tilbud til Munch må først behandles av Rådhuskomiteen.

Men den har underhånden foreslått Munch selv å velge så til dekorasjon.

Vår artikkel igår om den noget løse behandling av Munchs eventuelle deltagelse i Rådhusets dekorative utsmykning har gitt anledning til en livlig drøftelse. Munchs egen uttalelse til Oslo Aftenavis iforgårs antyder jo at han gjerne vil ha et virkelig tilbud før han tar fatt på opgaven.

Ved henvendelse til arkitekt Arneberg erfarer Oslo Aftenavis at man isommer har rettet en forespørsel underhånden til Munch om han ønsket å få sig oversendt tegningene til de forskjellige rum i ...

Laval til London?

Paris, 22. januar.

Ifølge et forlydende i L'Echo de Paris har statsminister Laval igår kveld mottatt en innbydelse om å komme til London for å ha en konferanse med statsminister MacDonald lørdag. Statsminister Laval har imidlertid ennu ikke kunnet treffe nogen avgjørelse.

Ny kontrollsjef ved Oslo sjøtollsted.

Til kontrollsjef for varebehandlingen ved Oslo Sjøtollsted er utnevnt overtollkontrollør i Oslo tolldistrikt Carsten Schjødt Due.

Vil også Island opgi forbudet?

Folkeavstemning på trappene.

Hjemmebr rer der og

Den island Asgeirson er havn, hvor han uttalt sig om f

— Jeg kund budet blir satt den nærmeste t ner, sier han.

Islands forb menlignes med ikke kjenner m spritsmugling, o totalforbud. A traktat med Sp av vår klippfisk for innførsel av Men der er e er dukket op i kan bli avgjøre ende, og det er Forbudet ble folkeavstemning av spirituosa stanset innførse par år er der brenning, som b bre sig, det fra Jeg kunde d spørsmålet om blev reist i no som åpnes den dog ikke skje f

— Vil sper inntekt for sta ritusstatt kon rolle?

Hr. Asgeirs tisk:

— Selvfølge nister heller a, drikkes, beskat kes gratis, d. ... staten, men jeg side av saken e

— Vil forbu ut til folkeavst

Dagen derpå-ste

Verdens hurtigste r

Lastebil utfor 60 meters skråning.

Chaufførens tilstand

Pflugk-Harttung.

(Forts. fra side 1).

— Som de fleste andre mennesker har jeg selvfølgelig en del personlige venner og blandt disse var det også en del officerer. Min forbindelse med disse officererner blev kompromitterende på en måte fordi de var nasjonalister og anti-kommunister og angivelig hadde skaffet sig våben. Men jeg tør forsikre at jeg hverken er nasjonalsocialist eller tilhører noen annen politisk organisasjon.

— Hvorfor reiser De ikke hjem til Tyskland?

— Fordi jeg da stadig vilde bli utsatt for attentater og min hustru og mine barn vilde ikke kunne holde det ut. I de 12 år vi har vært i Sverige har vi hatt det fredelig og godt.

— Var De ikke i sin tid transportarbeider?

— Jo, jeg har måttet ta allslags arbeid for å forsørge mig og mine. For tiden arbeider jeg som journalist og med litterært arbeid.

— Var ikke De, kaptein, med i den vakten som skjøt Liebknecht?

— Jo, men jeg handlet utelukkende efter min overordnede, riksvernminister Noskes ordrer. I de fryktelige årene vi dengang oplevde, var den som ikke handlet efter sine overordnedes ordrer en død mann.

— Det har vært nevnt at De var ansatt i nasjonalsocialistenes hovedkvarter?

— Jeg vet det. Det er et rykte som kommunistene lancerte for å gjøre mig umulig. Som jeg sa, jeg har aldri hatt det minste å gjøre med nasjonalsocialistene.

Kapteinløitnant Pflugk-Harttungs hustru tilføier idet vi går: må vi nu bare få fred og anledning til å fortsette vårt litterære arbeid uforstyrret, så skal vi sannelig ikke forstyrre noen hverken med politikk eller noe annet.

Enighet i den elektrokjemiske industri

Die »Oslo Aftenavis« vom 22. Januar 1932 berichtet unter der Schlagzeile »Pflugk-Harttung sucht Aufenthaltsgenehmigung in Norwegen« über die Ankunft Horst von Pflugk-Harttungs (auf dem Zeitungsfoto rechts). Die Zeitung interviewt ihn: »Waren Sie, Herr Kapitän, mit bei der Wache, die Liebknecht erschossen hat?« »Ja, aber ich handelte ausschließlich nach dem Befehl meines Vorgesetzten, Reichswehrminister Noske. In den fürchterlichen Jahren, die wir damals durchlebten, war derjenige, der einem Befehl seines Vorgesetzten nicht gehorchte, ein toter Mann.«

Otto Wilhelm Runge
(1875-1945)

Husar Runge (Zeichnung eines Gerichtsreporters)

Von Beruf Schweißer. Er gab auf Bestechung des Hauptmanns Petri die Kolbenschläge auf Liebknecht und Luxemburg ab, die beide aber nicht töteten. 1919 verbirgt er sich zuerst in Liepmanns Wohnung und flieht dann auf Betreiben Pabsts an die dänische Grenze unter dem Namen Dünnwald. Er wird mehrfach durch Bestechungsgelder unterstützt. Runge sitzt als einziger von 1919 bis 1921 seine Strafe ab. Er schreibt zahllose Bekennerbriefe aus der Haft, die zum Teil der Wahrheit sehr nahe kommen (»Die Befehle kommen von Hauptmann Pabst«), aber von der Militär-Justiz nicht beachtet werden. So heißt es in der Ablehnung der Wiederaufnahme des Verfahrens: »Der Antragsteller [Runge] stützt seinen Antrag auf die neue Behauptung, daß er die Straftaten auf Befehl von Vorgesetzten ausgeführt habe. Diese Behauptung ist indessen unerheblich, da, wenn er wirklich solche Befehle erhalten haben sollte, es sich nicht um rechtmäßige Befehle in Dienstsachen, zu deren Befolgung er verpflichtet gewesen wäre, gehandelt hatte, sondern um Befehle, die Verbrechen oder Vergehen bezweckten (Paragraph 47 des Militärstrafgesetz-

buchs). Dafür, daß der Antragsteller das nicht erkannt haben sollte, fehlt es an jedem Anhalt.« Eine bestechende Argumentation, die deutschen Gerichte nach dem Ende des Zweiten Weltkriegs bezüglich der NS-Täter leider nicht übernommen haben. Runge lebt nach seiner Entlassung unter dem Namen Radolf in Berlin. Trotzdem wird er 1925 von Arbeitern der Siemens-Werke und 1931 von Arbeitslosen erkannt und verprügelt. 1933 erhält er Zuwendungen des Nationalsozialistischen Staates. Runge schreibt unzählige Bettelbriefe u. a. an Pabst und an Wilhelm II. in Holland. Im Mai 1945 wird der 70jährige Runge von Kommunisten festgesetzt. Nach einem letzten Verhör übergibt ihn – trotz Protest derjenigen, die ihn gefangen haben und die einen Schauprozeß bevorzugt hätten – der Oberstaatsanwalt von Groß-Berlin, Max Berger, an die Sowjetische Kommandantur Prenzlauer Allee 173. Dort ist Runge vermutlich umgebracht worden.[2]

Bruno Schulze
(1895-19??)

1914 Seekadett, 1916 Leutnant zur See. Mitglied der Marine-Eskadron Pflugk-Harttung. Schulze war am Transport und an der Ermordung Liebknechts beteiligt, gab aber keinen Schuß ab. Weitere Daten sind nicht bekannt.

Hermann W. Souchon
(1894-1982)

ist Neffe des Admirals Souchon, des Gouverneurs von Kiel, der im November 1918 mit den revoltierenden Matrosen hatte verhandeln müssen und dann von Gustav Noske in seinem Posten abgelöst wurde.

1915 Leutnant zur See. Mitglied der Marine-Eskadron Pflugk-Harttung. Souchon ist am Transport Liebknechts nicht beteiligt und tritt als »Kronzeuge« im Prozeß vor dem Feldkriegsgericht der GKSD für die »Unschuld« der Offiziere auf. Dort schwört er einen Meineid.
Im Mai 1919 hält er sich in Zossen beim Sturmbataillon Schmidt auf. 1920 flieht er nach Finnland. Dort ist er als Bankkaufmann tätig. 1932 hat er erneuten Kontakt zu Pabst. Er ist als Vertreter dessen »Weißer Internationale« in Finnland vorgesehen. Souchon kehrt 1935 nach Deutschland zurück. Im Zweiten Weltkrieg bringt er es bis zum Oberst der Luftwaffe.
Er findet sich von 1969 bis 1971 als Kläger des Verfahrens Souchon gegen SDR/Bausch/Ertel vor Stuttgarter Gerichten ein. Er gewinnt, da er nachweislich auch hier die Unwahrheit sagt.

Hermann W. Souchon (bei der Gerichtsverhandlung 1969)

2) Vgl. BA-MA, PH 8V/Bd. 8, Bl. 125, Bl. 189. BA-SAPMO, NL 40/2, Brief Schoenbeck an Walter Ulbricht, Bl. 1, 8, 9. BA-SAPMO, NL 1/18, Bl. 52A, Brief Max Berger an Wilhelm Pieck vom 31.12.50

Heinrich Stiege
(1895-1968)

Sohn des Konteradmirals Oskar Stiege. 1913 Kadett, 1915 Leutnant zur See. Mitglied der Marine-Eskadron Pflugk-Harttung. Einer der Mörder Karl Liebknechts. Betätigt sich 1920 in Hamburg als Kaufmann. 1929 steigt er zum Geschäftsführer der Deutschen Gesellschaft zur Schädlingsbekämpfung (Degesch) auf, dem späteren Alleinhersteller von Zyklon B.
1932 ist er auch Handlungsbevollmächtigter der Degesch, 1934 Prokurist und 1936 Abteilungsdirektor der Deutschen Gold- und Silberscheideanstalt (Degussa), deren Tochter die Degesch war. Beide Firmen gehörten zum IG-Farben-Konzern. Da seine Großmutter Jüdin ist, wird ihm als »Mischling zweiten Grades« der Eintritt in den Aufsichtsrat der Degussa verwehrt. Um trotz seiner »nichtarischen« Großmutter wieder bei der Marine Karriere machen zu können, renommiert er in einem Brief an Admiral Raeder, am 15. Januar 1919 im Tiergarten dabei gewesen zu sein. Bei Kriegseintritt 1939 wird er Kapitänleutnant und 1944 Korvettenkapitän.
1945 stuft man ihn als »nicht betroffen« ein. Er will 1946 wieder bei der Degussa arbeiten. Doch einem Betriebsrat fällt sein Brief an Raeder in die Hände. Stiege leitet daraufhin gegen sich selbst ein Spruchkammerverfahren wegen der Beteiligung an der Erschießung Liebknechts ein.[3]
Das Verfahren wird eingestellt, da trotz intensiver Bemühungen keine neuen Beweismittel erschlossen werden können und das Urteil von 1919 (dank Noske) als gültig eingestuft wird.
Stiege arbeitet in den fünfziger Jahren wieder bei der Degussa in Frankfurt. Er lebt 1967 als Pensionär im Allgäu. Dort erhält er

Besuch von Dieter Ertel. Ertel liest dem freundlichen alten Mann seine Aussage vor dem Kriegsgericht der GKSD vor: »Richter: Wohin haben Sie gezielt? Stiege: Auf den Körper, vielleicht auf das Kreuz, wenn man davon sprechen kann.« Stiege läuft daraufhin grün an und schnappt nach Luft. Danach bestätigt er Ertel die Verabredung der Offiziere.

Kurt Vogel
(1889-195?)

Oberleutnant Vogel (Zeichnung eines Gerichtsreporters)

War Fliegeroffizier und am 15. Januar 1919 schon Oberleutnant a. D.. Er fungierte als Verbindungsmann des Eden-Hotels zur Wilmersdorfer Bürgerwehr. Er gehörte eigentlich nicht zu Pabsts Stab. Von dem wird er in einem nachträglichen »Dokument« dazugemogelt, um ihn der Staatsanwaltschaft zu entziehen und der Militärgerichtsbarkeit zu unterstellen.
Leo Jogiches bezichtigt ihn in einem Artikel in der »Roten Fahne« vom 13. Februar 1919 des Mordes an Rosa Luxemburg. Im Prozeß wird er nur wegen »Wachvergehen und Beiseiteschaffung einer Leiche« verurteilt. Drei Tage nach Urteilsverkündung flieht er mit Hilfe des Stabes der Division nach

Holland. Dort interniert man ihn.
Am 23. Dezember 1920 wird Vogel vom Landgericht Berlin aufgrund des Amnestiegesetzes vom 4. August 1920 amnestiert, welches alle Straftaten, die der Abwehr eines »hochverräterischen Unternehmens gegen das Reich« dienten, außer Verfolgung setzte. Das Gesetz schloß allerdings alle gegen das Leben gerichteten Verbrechen von der Straffreiheit aus. Das Landgericht nahm also an, Rosa Luxemburg habe ein hochverräterisches Unternehmen gegen das Reich begangen und Vogel habe sie bei der »Abwehr« nicht erschossen. Nach heftigem Protest in der Öffentlichkeit erhebt Staatsanwalt Ortmann Einspruch.
Daraufhin wird die Amnestierung vom Oberlandesgericht wieder aufgehoben. Man klammert dabei die Täterschaft Vogels aus und stützt sich darauf, daß die »Januarbewegung des Jahres 1919 nicht als hochverräterisch angesehen werden könne«[4]. Vogel kann zur gleichen Zeit sein Internierungslager verlassen. 1925 scheitert ein zweiter Amnestieversuch. 1928 wird das Urteil gegen Vogel endgültig aufgehoben.
Vogel erpreßt seine Offizierskameraden, insbesondere Pabst, aus dem Exil. 1933 wird er auf ausdrücklichen Wunsch des Reichsarbeitsministers nach Nazi-Deutschland »heimgeholt«. Vogel renommiert in Berlin des öfteren mit seiner Teilnahme am Mord an Luxemburg und (!) Liebknecht. Dort begegnet er auch zufällig dem späteren Leiter des Instituts für Zeitgeschichte München, Helmut Krausnick. Am 6. Februar 1949 verläßt Vogel Berlin und ist »ohne Abmeldung unbekannt verzogen.«

---

3) HStA, Abt. 520 F/A 409-499. BA-MA, PH 8V/Bd. 12,S. 106.
4) »Die Freiheit« vom 30.1.21.

Anhang:
Dokumente

Dokument I: Brief von Horst von Pflugk-Harttung an Waldemar Pabst[1]

Hamburg 36, Postfach 22, den 3.5.1962

Lieber Major (der bleiben Sie nun einmal für mich!)

Vielen Dank für Ihren ausführlichen Brief vom 28. v[origen] M[onats][2], den ich bei Rückkehr von einer verlängerten Osterreise hier vorfand.

Zu allererst möchte ich Ihnen mein warmes Mitgefühl ausdrücken dafür, daß Ihre Frau, zwar schon vor langer Zeit, Sie hat verlassen müssen. Umso wärmer, als mich das Schicksal ähnlich behandelt hat, indem es vor gut 5 Jahren meine kleine Frau von mir und den Kindern gehen ließ (Nierenbluten nach dem Fehler eines Arztes). So kann ich Ihre Grüße an meine Frau nicht mehr übermitteln. Sie kennen übrigens meine Frau, wir haben Sie in den dreißiger Jahren einmal in Berlin besucht.

Über mein etwa ebenso bewegtes Leben wie das Ihre möchte ich heute nicht schreiben, weil ich sicher sein will, daß dieser Brief Sie noch in Konstanz erreicht. Ich habe ja seit 1920 mit unserm gemeinsamen Freunde Canaris zusammengearbeitet und endete nach ungefähr sämtlichen Verhörslagern, die es gab, im englischen Kazett Eselheide. Doch davon später einmal.

Was meinen Brief vom 12. v[origen] M[onats][3] anbelangt, so habe ich ihn bewußt unklar abgefaßt, weil ich nicht sicher war, ob er überhaupt bzw. ungelesen in Ihre Hände kommen würde. Dadurch konnten Sie zunächst nicht erkennen, was ich eigentlich meinte.

Soweit ich es bisher beurteilen kann, hat sich Ihr Artikel[4] günstig ausgewirkt, vor allem nach der Stellungnahme der Bundesregierung. Daß ich Ihr Bestreben, Ihre Verbände zu decken, unter den gegebenen Umständen, die ich am 12. noch nicht kannte, voll und ganz anerkenne, brauche ich wohl nicht besonders zu unterstreichen.

---

1) Quelle: BA-MA, N 620/36. Maschinenschrift mit eigenhändiger Unterschrift.
2) Dieser Brief ist nicht überliefert.
3) Auch dieser Brief ist nicht überliefert.
4) Gemeint ist der Bekennerartikel Pabsts, in »Das deutsche Wort« (Nr. 1 vom 5. Januar 1962).

Wogegen ich mich in meinem Brief gewandt habe, waren zwei Punkte: 1) Sie hatten uns s[einer] Z[ei]t zu unbedingtem Stillschweigen verpflichtet, das, jedenfalls von mir, unbedingt eingehalten worden ist. Die Verpflichtung war ja eine doppelseitige, d. h. nach meiner Ansicht hätten die, die der von Ihnen auferlegten Verpflichtung unterlagen, vor Ihrer Aktion unterrichtet werden müssen, wobei ich allerdings berücksichtigen muß, daß Ihnen wahrscheinlich die Adressen kaum bekannt gewesen sind.5) – 2) In Ihrem Artikel schieben Sie die entstandene Unruhe usw. auf die, die die Durchführung zu leisten hatten, ohne Andeutung einer Differenzierung. Das meine ich mit dem Verschieben der Schuld. Wenn Sie meinen, daß die Allgemeinheit auf Grund Ihrer Darlegung über diesen Punkt den verrückten V.6) gemeint hat, so täuschen Sie sich. Z. B. sind mir aus meinem Freundes- und Bekanntenkreis verschiedene Anfragen zugegangen, die zeigen, daß selbst in meinem weiteren Kreis Ihre Darlegungen nicht so verstanden worden sind, wie Sie es sich gedacht haben.

Daß Sie bei der Lage der Dinge in einer ungemein schwierigen Lage gewesen sind, ist mir vollkommen klar, ich glaube aber, daß Sie die Lage so gut gemeistert haben, wie es unter den bestehenden Umständen möglich war.

Noch einmal kurz: ich wandte mich in meinem Brief nicht gegen Ihre Aktion als solche, sondern nur gegen die beiden oben erwähnten Punkte.

Sollte Ihnen noch das eine oder andere unklar sein, so bitte ich entsprechende Mitteilung, damit ich Alles ausbügeln kann, denn zwischen uns muß Alles klar liegen. –

Auch ich hoffe, daß die nun wieder geknüpfte Verbindung nicht wieder abreißen wird, wenn wir auch beide mehr um die Ohren haben, als man im Allgemeinen in unserem Alter annimmt.

Von Frau Lola? kam ein Brief, über den ich mich gefreut habe. Da ich annehme, daß Sie mit Ihr dort Verbindung halten, möchte ich Sie bitten, ihr mitzuteilen, daß ich beim besten Willen weder ihren Nachnamen noch ihre Adresse habe entziffern

---

5)   Zu diesem Zeitpunkt war Vogel schon tot. Es lebten noch: Heinrich Stiege, Ulrich von Ritgen, Hermann W. Souchon und Rühle von Lilienstern.

6)   Kurt Vogel. Vogel hatte die Leiche der ermordeten Rosa Luxemburg entgegen dem Befehl Pabsts nicht im Leichenschauhaus abgeliefert, sondern in den Landwehrkanal geworfen. Pabst führte dazu in seinem Bekennerartikel aus:»Seine [gemeint ist der Entschluß zur Beseitigung Liebknechts und Luxemburg] Durchführung durch die nachgeordneten Stellen ist allerdings nicht unwesentlich anders verlaufen, als sie befohlen war. Sie hat dann auch infolgedessen erheblich mehr Staub aufgewirbelt, als es an und für sich notwendig gewesen wäre.« Dadurch fühlte Pflug-Harttung sich in der Ehre getroffen, da er die Formulierung auch auf sich bezogen sah, obwohl er und seine Marinekameraden doch den Mordauftrag an Liebknecht weisungsgemäß ausgeführt hatten.

können; vielleicht läßt sie mir die einmal durch Postkarte zukommen.

Wenn ich diese Zeilen mit meinen besten Grüßen, vor allem mit meinen besten Wünschen für Ihre Gesundheit, abschließe, so bitte ich gleichzeitig um meine Empfehlung unbekannterweise an Ihre Frau.

Ihr   (Pflugk-Harttung)

Dokument II:[1] Gedächtnis-Protokoll eines Gesprächs mit Waldemar Pabst

Teilnehmer: Herr Waldemar Pabst, Frau Pabst, ein Redakteur der Zeitschrift »Das deutsche Wort«, Herr Dr. Erger (Historiker an der PH Aachen), Herr Dr. Gustav Strübel, SDR, Herr Dieter Ertel.

Das Gespräch fand am Freitag, 28. Januar 1966, 16 bis 19 Uhr in der Wohnung des Ehepaars Pabst in Düsseldorf, Windscheidstraße 19, statt. Der Redakteur der Zeitschrift »Das deutsche Wort« und Herr Dr. Erger griffen in das Gespräch praktisch nicht ein und waren anscheinend von Herrn Pabst nur als Zeugen gebeten worden.

Herr Pabst begann mit einem längeren Monolog über die »Innere Führung«, die es zu seiner Zeit auch schon gegeben habe, wenn auch nicht unter so einer hochtrabenden Bezeichnung. Er erzählte dann von einer Begegnung, die er einige Zeit nach seinem »Spiegel«-Gespräch im D-Zug auf der Fahrt von der Schweiz nach Deutschland gehabt habe.

Ein Herr im selben Abteil musterte ihn, sah sich sein – Pabsts – Kofferschild an, erkundigte sich nach seiner Identität, stellte sich mit dem Namen »Liebknecht« vor und fragte, ob er Pabst sprechen könne. Er habe sein Bild im »Spiegel« gesehen. Die beiden Herren unterhielten sich daraufhin einige Zeit im Gang des D-Zuges. Liebknecht, ein Neffe des auf Befehl von Pabst ermordeten Karl Liebknecht, habe schließlich geäußert:

»Von Ihrem Standpunkt aus kann ich Ihre Handlungsweise von 1919 verstehen.« Er habe die Frage hinzugefügt, warum Pabst damals nicht Noske umgebracht und mit den Kommunisten gemeinsame Sache gemacht habe. Es wäre

---

1)   Abdruck der Dokumente II-VI mit freundlicher Genehmigung von Herrn Dieter Ertel.

dann in Deutschland niemals zur Herrschaft des Nationalsozialismus gekommen. Pabst: Sein Gesprächspartner im D-Zug sei selbst kein Kommunist gewesen.

Zur Rechtfertigung der Ermordung von Liebknecht und Luxemburg führt Pabst mehrere Gründe an, die er schon an anderer Stelle darlegte: Einer ordentlichen Justiz habe man Rosa Luxemburg und Karl Liebknecht nicht übergeben können, weil es sie Anfang 1919 gar nicht gegeben habe. Liebknecht und Luxemburg seien steckbrieflich gesucht gewesen. Man habe einige Wochen vorher schon den bolschewistischen Verbindungsmann zum Spartakus-Bund, Radek, festgenommen gehabt.[2] Radek sei aber durch den kommunistischen [!] Polizeipräsidenten Eichhorn wieder freigelassen worden, und das habe er, Pabst, im Falle Liebknecht-Luxemburg nicht wieder riskieren wollen. (Herr Pabst vergaß hier offenbar, daß Eichhorn seit Anfang Januar 1919 gar nicht mehr im Amt war. Darauf hingewiesen, gibt er an, man habe aber befürchten müssen, das Moabiter Untersuchungsgefängnis nicht in der Hand zu haben bzw. zu behalten. Pabst äußert mehrfach sinngemäß: »Wenn die mich geschnappt hätten, hätten sie *mich* umgebracht.« Bürgerkriegszeiten hätten ihre eigenen Gesetze.)

Seinen Divisionskommandeur, General von Hofmann, habe Pabst nicht vorher um Genehmigung des Mordes ersucht, weil er sicher gewesen sei, daß Hofmann – nach Pabst ein »todkranker« Mann – gezögert hätte. Über die Tötung von Liebknecht und Luxemburg informierte Pabst seinen Divisionskommandeur erst am 16. Januar, 4.30 Uhr früh am Telefon.[3] Hofmann sei Pabst dankbar gewesen, daß der ihm die Bürde der Entscheidung nicht auferlegt habe, und habe hinzugefügt: »Sie werden Ihr ganzes Leben lang daran zu tragen haben und daran erinnert werden.« Der Generalleutnant habe dann die Verantwortung für das Geschehen übernommen.

Pabst gab im Verlauf des Gesprächs weiter an: Die Kolbenhiebe des Husaren Runge habe er weder veranlaßt noch gutgeheißen. Er habe Runge deswegen sogar zu sich beordert und »angeschissen«. Runge sei von einem Eisenbahnoffizier aus seinem – etwa 80 Mann umfassenden – Stab bestochen worden. Der Offizier sei in die anderen Mordpläne nicht eingeweiht gewesen.

Davon, daß Runge auch Wilhelm Pieck habe erschießen sollen (wie beide später übereinstimmend aussagten) will Pabst nichts wissen. Es sei – so Pabst – ziemlich

---

2) Nicht ganz richtig und von Pabst vorgeschoben. Karl Radek wurde erst im Februar 1919 verhaftet. (siehe Anmerkung 275). Allerdings unterstand die Brigade Reinhard, die Radek verhaftet hatte, der GKSD.

3) Später berichtigte Pabst, er habe es von Hofmann persönlich mitgeteilt und zwar um 3 Uhr morgens.

unmöglich gewesen, so eine Erschießung in einem Hotelflur vorzunehmen. Er hätte Pieck von sich aus in keinem Fall umbringen lassen, also auch dann nicht, wenn Pieck nicht Verrat an seinen Genossen geübt hätte. Dazu sei ihm Pieck »nicht wertvoll genug« gewesen. Pabst, dessen Gedächtnis im übrigen für einen 85-jährigen hervorragend funktioniert, vermag sich nicht zu erinnern, ob die Verhaftung und Erschießung des Luxemburg-Freundes Leo Jochiges auf einen Verrat Wilhelm Piecks zurückging.

Wenn die Revolution nicht gekommen wäre, hätte er, Pabst, am 18.11.1918 zur Beförderung zum Major angestanden. Die Marineoffiziere, die Karl Liebknecht begleiteten und erschossen, unterstanden als Angehörige der Brigade Ehrhardt der Garde-Kavallerie-Schützen-Division.

Um eine Charakterisierung seiner Gefangenen gebeten, sagt Pabst: »Liebknecht war feige«. Als »Beweis« führt er an, daß der Kommunistenführer geleugnet habe, Liebknecht zu sein. Ein Marineoffizier – nicht Pflugk-Harttung – habe ihm den Rock aufgerissen und ihn mit Hilfe des Monogramms in seinem Oberhemd identifiziert. Rosa Luxemburg hingegen habe gelassen in einer Ecke des Pabstschen Zimmers gesessen – in der anderen saß Pabst an seinem Schreibtisch – und im »Faust« gelesen, obgleich sie, wie Pabst sagt, gewußt haben muß, daß ihr nichts Gutes bevorstand. (In der Wartezeit sollten die Soldaten, die »Volksmenge« spielen mußten, zusammengeholt werden.)

Zur Ausschaltung des Kriegsgerichtsrates Kurtzig und zur Betrauung von Jorns mit der gesamten Untersuchung: Kurtzig sei ein »Paragraphenhengst« gewesen. *Jorns habe den Auftrag gehabt, einen Prozeß durch »Zurechtdrehen« der Zeugenaussagen zu verhindern, und habe sich auch redlich darum bemüht.* Pabst: »Jorns hat seine schwierige Aufgabe glänzend gelöst.« Pabst bestätigt, daß faktisch er selbst Gerichtsherr von Jorns gewesen sei. Er sei sogar bei den Zeugenvernehmungen dabei gewesen. Vor der Tat und auch unmittelbar danach habe man überhaupt keinen Gedanken an einen Prozeß gehabt. Erst durch die »Pannen«, das Aufsehen in der Öffentlichkeit und das »Umfallen« der Regierung habe man dann die Farce spielen müssen. Die Regierung habe sehr wohl gewußt, daß es eine Farce war, aber sie wollte so tun, als ob [...].

Seine Ansicht ist offenbar, daß das Verfahren hätte niedergeschlagen werden können, wenn die SPD-Regierung sich entschiedener zu »ihrer« Garde-Kavallerie-Schützen-Division und ihren Taten bekannt hätte. (Er vergißt, daß die SPD damals alles andere war als ein monolithischer Block. Es gab gerade nach dem Mord und dem Kampf um den Marstall viele Abwanderungen zu den Kommunisten.) Nach Pabsts Meinung habe er mit dieser Liquidierung die Demokratie gerettet, Noske habe ihm dafür nach der Tat »die Hand gedrückt«.

Pabst über Noske: »Ein feiner Kerl.« Noske habe nur zuviel Rücksicht auf seine Genossen nehmen müssen, die ihren »Justav« immer wieder zu beschwatzen versucht hätten. Ein Gespräch mit Noske gibt er folgendermaßen wieder: »Herr Noske, wir wissen doch beide Bescheid: Sie versuchen, mich zu bescheißen, und ich versuche, Sie zu bescheißen.« Pabst gab auf Befragung ohne weiteres zu, daß er im Januar 1919 der mächtigste Mann in Berlin war. Mit sämtlichen militärischen und paramilitärischen Verbänden unterstand ihm auch die von ihm selbst organisierte Bürgerwehr.

Pabst über den Leutnant Marloh, der 1919 ein Massaker unter Angehörigen der Volkmarine-Division anrichtete und von einem Kriegsgericht freigesprochen wurde: »Ein Schwein«. Marloh sei dann aber auch unehrenhaft aus der Truppe entfernt worden.

Seine durch den Fall Liebknecht-Luxemburg bekannt gewordenen Offiziere, die sich alle freiwillig zu dem Unternehmen gemeldet hätten, charakterisierte Pabst folgendermaßen: Die Brüder Pflugk-Harttung waren »fanatische Soldaten«. (Hptm. Pfl.-H. war Ordonnanzoffizier – »O2« – bei Pabst.) Der Leutnant Liepmann sei ein hochanständiger Mensch gewesen, den später allerdings »ein wenig die Nerven verlassen hätten«. Er habe zur Presseabteilung der Division gehört, die Oberleutnant Grabowski leitete. Grabowski – ebenso wie Liepmann Jude – sei ein außerordentlich fähiger Mann gewesen. Er stammte aus einer hochangesehenen und national gesinnten Berliner Familie.

Kriegsgerichtsrat Ehrhardt, der die Hauptverhandlung leitete, sei ein »anständiger und etwas zu weicher Mensch« gewesen. Man habe ihn als Aushängeschild genommen, die Fäden im Prozeß habe Canaris als Beisitzer im Einvernehmen mit Pabst und Jorns gezogen. Pabst gibt zu, daß der Prozeß eine ziemlich armselige Sache war, irgendwie unter seinem »Niveau«; aber es sei ihm ja nichts anderes übrig geblieben. Durch den Umfall der SPD-Regierung fühlte sich die Division im Stich gelassen. Das sei auch mit ein Grund für seine Beteiligung am Kapp-Putsch gewesen.

Der Luxemburg-Mörder Oberleutnant Vogel habe später völlig die Nerven verloren. Nach seiner Verurteilung sei er schier zusammengebrochen und habe geschrien: »Ich muß raus hier!« Er habe befürchtet, daß die Kommunisten das Gefängnis stürmten und ihn umbrächten. *Der Offizier, der Vogel herausholte, sei Canaris gewesen.* (Herr Pabst bittet, diese Information nicht zu verwenden.)

Pabst über Vogel: »Der hätte uns später noch viel Geld gekostet«. Nach seiner Flucht nach Holland habe Vogel seine alten Kameraden von der Garde-Kavallerie-Schützen-Division erpreßt.

Pabsts Befehl habe gelautet, daß der Marine-Oberleutnant Souchon Rosa Luxemburg erschießen sollte. Souchon sollte mit anderen Soldaten den Luxemburg-Transport an einem bestimmten Punkt der Strecke erwarten und die Tat ausführen. Sie sollte dann so dargestellt werden, als ob ein Unbekannter aus einer aufgebrachten Volksmenge geschossen hätte. (Herr Pabst bittet, auch diese Aussage nicht zu verwenden.) »Volk« waren damals eigentlich nur die Soldaten; denn auf der Straße gab es nur Leute mit irgendeiner Art von Uniform. Durch die Panne mit Runge habe Leutnant Vogel dann die Nerven verloren und den tödlichen Schuß abgegeben, ohne einen Auftrag zu haben.[4] Eine weitere »Panne« sei es gewesen, daß man Rosa Luxemburg in den Landwehrkanal geworfen habe. Der Entschluß, Liebknecht und Rosa Luxemburg zu töten, sei »keine spontane Entscheidung« gewesen. Interessant ist, wie Pabst den Entschluß faßte, auch Rosa Luxemburg umzubringen.

Eines Tages sei ein Regimentskommandeur, adelig und katholisch, zum Divisionsstab gekommen (d. h. Pabst hat ihn abgefangen, ehe er zum General vordrang) und habe um die Erlaubnis gebeten, Rosa Luxemburg vor der Truppe sprechen zu lassen. Der Offizier hatte eine Rede von Rosa Luxemburg gehört, war von ihr begeistert und – so Pabst – »hielt sie für eine Heilige«, »einen neuen Messias« mit einem ungeheuren Sendungsbewußtsein. Pabst heute: »*In diesem Augenblick erkannte ich die ganze Gefährlichkeit der Frau Luxemburg. Sie war gefährlicher als alle anderen, auch die mit der Waffe.*« Der betreffende Regimentskommandeur sei auf seine Veranlassung hin sofort abgelöst worden.

Pabst schilderte im übrigen seine Befriedigung am 24. Dezember 1918, als er feststellen konnte: »Die Truppe schießt!« Bis dahin war es anscheinend noch nicht ganz sicher gewesen, ob die Division ihren alten Offizieren noch gehorchen würde, obwohl Pabst selber alle bis zum letzten Unterführer herab persönlich bearbeitet hatte. Er bestätigt, daß den in Untersuchungshaft befindlichen Offizieren Maschinengewehre und Flammenwerfer zur Verfügung gestellt wurden. Genauer: Der Kommandeur des Gefängnisses, Fregattenkapitän v[on] Zitzewitz, forderte die

---

4) Ertel erklärte später, die seien damals so von Vogels Täterschaft überzeugt gewesen, daß sie gar nicht darauf geachtet hätten, daß Pabst dazu nichts sagte.

Waffen an und verteilte sie an die Gefangenen, für den Fall eines Angriffs auf das Moabiter Gefängnis.

Der ehemalige Husar Otto Runge ist, laut Pabst, nach 1933 eine Zeit lang Mitglied des Berliner Magistrats gewesen.

Herr Pabst erklärt sich zu einem Fernseh-Interview bereit unter der Bedingung, daß ihm die Fragen vorher schriftlich eingereicht werden.

2. Februar 1966

Für die Richtigkeit:[5]

(Dr. Gustav Strübel)

(Dieter Ertel)

---

5) Im Original eigenhändige Unterschrift von Dr. Gustav Strübel und Dieter Ertel.

Dokument III: Gedächtnis-Protokoll eines zweiten Gesprächs mit Major a. D. Waldemar Pabst[1]

Teilnehmer: Herr Waldemar Pabst, Herr Dr. Gustav Strübel, Herr Dieter Ertel. Als Zeugin, die einige Teile des Gesprächs mitschrieb, war eine Frau Dr. Hoffmann anwesend. Die Unterredung fand am Dienstag, 3. Mai 1966 im Sanatorium Dr. Büdingen in Konstanz statt.

Nach der Erörterung einiger Voraussetzungen des Fernseh-Interviews[2], das wir mit ihm vorhaben, schilderte Herr Pabst sein Zusammentreffen mit dem USPD-Volksbeauftragten Emil Barth auf dem Bahnhof Wildpark bei Potsdam, wo die GKSD ausgeladen wurde.

Der erste Transportzug, der den Divisionsstab brachte, war im Morgengrauen bei einem Trompetensignal auf dem Bahnhof angekommen. Dort empfingen mehrere revolutionäre Abordnungen und Räte, an ihrer Spitze Emil Barth, die Soldaten. Barth rief den Divisionskommandeur, Generalleutnant von Hofmann, an: »He, Sie, kommen Sie mal her!« Pabst bat v. Hofmann, mit Barth reden zu dürfen, da er Berlinisch könne, und rief seinerseits: »He, Sie, kommen *Sie* mal her!« Es entwickelte sich dann, nach Pabsts Schilderung, etwa folgender Dialog:

---

1) Das Protokoll ist im Original von Dr. Gustav Strübel und Dieter Ertel eigenhändig unterzeichnet.
2) Das Interview kam nie zustande (siehe: Zur Geschichte der Prozeß- und Verfahrensakten).

Barth: »Ich bin Ihr Vorgesetzter!«

Pabst: »Sind Sie eigentlich verrückt geworden?«

Barth: »Ich bin der Volksbeauftragte Barth.«

Pabst: »Volksbeauftragter? Wer hat Sie denn beauftragt?
Sind Sie vom Volk gewählt worden?«

Barth: (gibt keine Antwort)

Pabst: »Wo waren Sie denn im Krieg?«

Barth: »In den Munitionsfabriken in Spandau.«

Hierauf will Pabst den Volksbeauftragten wegen des Munitionsarbeiter-Streiks im Frühjahr 1918 heruntergeputzt haben, der hauptsächlich von Spandauer Werktätigen getragen wurde. Barth drang darauf, daß die GKSD Redner empfing, welche die Truppe politisch aufklären sollten. Pabst: »Das brauchen wir nicht, das haben wir schon selber gemacht.« Barth stellte seine Begleiter vor, zuletzt den »Rat der Deserteure«. Darauf Pabst, der seine Soldaten mit einer Art von Polizeistöcken hatte ausrüsten lassen: »In drei Minuten ist der Bahnsteig geräumt, sonst gibt es Dresche!«[3]

Die GKSD bezog ihr Divisionsquartier in Nicolassee, errichtete Sperren und traf Vorkehrungen, daß keine ungebetenen Gäste kommen konnten. Barth versuchte, den geplanten Einmarsch durch das Brandenburger Tor zu verhindern, was ihm nicht gelang. Auch mit dem Ersuchen, ohne Waffen oder doch wenigstens ohne Munition einzumarschieren, drang er bei Pabst nicht durch. Die GKSD bestand zur Zeit des Einzuges am 10. Dezember aus ungefähr 16.000 Mann.

Vor dem Einmarsch am 15. Januar 1919, mit dem der erste Spartakus-Aufstand praktisch beendet wurde, wußte Pabst noch nicht genau, wo Karl Liebknecht und Rosa Luxemburg sich aufhielten. Er hatte nur Hinweise erhalten, daß die beiden im Berliner Westen seien. Pabst hatte gerade begonnen, eine eigene »Spionage«-Abteilung aufzubauen. Es bestanden Kontakte zum »Reichsbürgerrat«, in dem ein Berliner Bankier namens Marx eine Rolle spielte.

Pabst war im März 1918 auf Befehl Ludendorffs zur Garde-Kavallerie-Schützen-Division gekommen, aus der er eine Schützen-(Infanterie-)Division machen sollte, was nach seiner Darstellung auch bestens gelang. Die Division sei an der Westfront eine ausgesprochene infanteristische Elitetruppe gewesen. Pabst erhielt im Dezember 1919 seinen Abschied. In einem offiziösen Nachrichtenblatt hieß es,

---

3) Siehe dazu die Begegnung aus der Sicht Barths: Emil Barth, Werkstatt der Revolution. Berlin 1919, S. 75.

er sei »aus dem aktiven Dienst unter Gewährung der Pension ausgeschieden«.

Pabst bestreitet, etwas davon gewußt zu haben, daß der Jäger Runge schon gegen Liebknecht einen Kolbenhieb führte. Er behauptet sogar, durch uns zum erstenmal davon erfahren zu haben.

Pabst meldet das Ende von Karl Liebknecht und Rosa Luxemburg noch in der Mordnacht telephonisch dem damaligen Major von Schleicher, der sich gerade beim Generalkommando Lüttwitz aufhielt. Schleicher: »Pabst, das haben Sie großartig gemacht!« Pabst verbat sich entschieden die in diesem Glückwunsch enthaltene Unterstellung. Er gebe nur »dienstliche Meldungen der Transportleiter« weiter. Am nächsten Tag frühmorgens forderte Schleicher, der inzwischen nach Kassel zu Groener zurückgefahren war – er war Groeners Verbindungsmann zu Lüttwitz –, daß Verhaftungen vorgenommen würden: »Der Volksstimmung müssen Opfer gebracht werden.« Andernfalls habe Ebert seinen Rücktritt angedroht. Pabst: »Dann soll er doch zurücktreten!«

Schleicher gab Pabst den »kameradschaftlichen Rat, sich suspendieren zu lassen und ein Verfahren gegen sich selbst zu beantragen«, was Pabst mit den Worten quittiert: »In dieser Nacht habe ich den Herrn Schleicher gründlich kennen gelernt.« Pabst bekam von Schleicher den dienstlichen Befehl, zu einer Besprechung mit den fünf Volksbeauftragten und Lüttwitz zu gehen, in der das weitere Vorgehen im Fall Liebknecht/Luxemburg festgelegt wurde. Er erzählt, *seine Truppen seien schon unterwegs gewesen, um die Regierung zu verhaften, falls diese seine und seiner Offiziere Verhaftung angeordnet hätte.*

Pabst bemühte sich in den Jahren 1919 und 1920 bekanntlich, eine Diktatur zu errichten, wobei ihm »Noske der liebste gewesen wäre«, weil er als SPD-Mann den größten Rückhalt im Volk hatte. Er habe über diese Frage mehrere Besprechungen mit Noske gehabt. Pabst sagt von sich, im Dezember 1918 habe er »durch die ganzen (politischen) Dinge noch gar nicht durchgesehen«.

In den wahren Sachverhalt der Ermordung Liebknechts und Rosa Luxemburg habe er den Untersuchungsrichter Jorns erst nach geraumer Zeit eingeweiht. Eine Richtigstellung: Den Divisionskommandeur, Generalleutnant v. Hofmann, habe er frühmorgens gegen 5 Uhr nicht antelephoniert, sondern persönlich geweckt. Auf Befragen gibt Pabst zu, *daß der Offizier, der den Jäger Runge bestach, Hauptmann Petri gewesen ist.*

Die im ersten Gespräch erwähnte Auseinandersetzung mit dem adligen Regimentskommandeur über Rosa Luxemburg habe in Dahlem stattgefunden. Rosa

Luxemburg habe im Januar 1919 die Revolutions-Aufrufe mit unterschrieben, und deshalb sei sie für ihn, Pabst, an dem Blutvergießen mitschuldig.

Pabst bekundet, Kriegsgerichtsrat Jorns sei durch die Regierung eingesetzt worden. Auf die Bemerkung, die SPD sei in der damaligen Zeit doch keineswegs »vaterlandslos«, sondern lammfromm gewesen, erwidert Pabst: »Sie hatte das Gift getrunken, das wir ihr gegeben haben.«

Stuttgart, den 5. Mai 1966

für die Richtigkeit:
(Dr. Gustav Strübel)
(Dieter Ertel)

Dokument IV: Gedächtnisprotokoll eines dritten Gesprächs mit Major a. D. Waldemar Pabst[1]

Teilnehmer: Herr Waldemar Pabst, Frau Pabst, Herr Hans Beuthner/SDR, Herr Dieter Ertel/SDR. Das Gespräch fand am Mittwoch, 7. Dezember 1966, 17.00 bis 19.15 Uhr, in der Wohnung von Herrn Pabst, Düsseldorf, Windscheidstr. 19, statt.

Für uns war am wichtigsten der Teil des Gesprächs, der sich um die Identität des Mannes drehte, der am 15. Januar 1919 vom Trittbrett des Transportwagens aus Rosa Luxemburg erschoß. Dieser Teil nahm folgenden Verlauf:

Ich wies Herrn Pabst darauf hin, daß wir durch unser Akten- und Quellenstudium in den Besitz von Material gekommen seien, das uns den Leutnant zur See Hermann Wilhelm Souchon in einem sehr merkwürdigen Licht erscheinen lasse. Wir hätten u. a. festgestellt, daß Souchon (der ja von Pabst den Befehl hatte, Frau Luxemburg zu erschießen) tatsächlich auch in dem Auto mitgefahren sei.

Darauf sagte Herr Pabst wörtlich folgendes: »Nein, er ist nicht mitgefahren. Souchon ist auf das Trittbrett gesprungen und hat von da aus Rosa Luxemburg erschossen.« Diese Ausführung habe dem Pabstschen Plan entsprochen, wonach das Attentat auf Frau Luxemburg deklariert werden sollte als ein aus einer erregten Menschenmenge heraus abgegebener Schuß.

---

1)   Das Protokoll ist im Original von Hans Beuthner und Dieter Ertel eigenhändig unterzeichnet.

Ich habe darauf Herrn Pabst gefragt, warum der Divisionsstab bei diesem Tat-bestand den Makel, Rosa Luxemburg ermordet zu haben, an dem Oberleutnant Vogel haften ließ. Ob das geschehen sei, weil gegen Vogel als Transportführer ja sowieso ermittelt werden mußte und nicht noch weitere Offiziere hineingezogen werden sollten. Herr Pabst bestätigte mir diese Interpretation und fügte hinzu, Herr Souchon sei ein außerordentlich beliebter und tüchtiger Offizier gewesen. Herr Pabst teilte uns in diesem Zusammenhang noch mit, daß Oberleutnant Vogel in den Mordplan eingeweiht war. Er habe dann eigenmächtig Frau Luxemburg dem Jäger Runge in die Arme getrieben, wohl in der Annahme, daß Runge den Offizie-ren das Schmutzgeschäft abnehmen könnte. Nach seinem, Pabsts, Plan, habe Frau Luxemburg selbstverständlich als gesunder Mensch das Auto besteigen sollen. Im Hinblick auf Runges Vorgehen auf Liebknecht und Rosa Luxemburg bemerkte Herr Pabst noch wörtlich: »Das war ein Saupech, daß gerade dieser Kerl da unten Posten stand.« Er sagte von sich aus, Runge habe ihm seine ganzen Pläne versaut. Vogel habe im übrigen die Weisung bekommen, die tote Rosa Luxemburg ins Lei-chenschauhaus zu bringen. Souchon hingegen sollte gleich nach dem Schuß wieder abspringen und im Dunkel der Nacht verschwinden (wie es dann wohl auch gesche-hen ist).

Über den Hauptmann Petri, der den Runge bestochen hatte, berichtete Pabst, er habe ihn angepfiffen und aus seinem Stab entfernt. Er habe Petri vor dem 15. Ja-nuar kaum gekannt, da dieser frisch zum Stab hinzugekommen war. Pabst suchte damals dringend einen Eisenbahnreferenten und übertrug Petri diese Funktion.

Aus dem späteren Leben von Oberleutnant Vogel, der bisher als der Todes-schütze galt und nach der Tat nach Holland verschwand, von wo aus er seine ehe-maligen Kameraden laufend erpreßte, erzählte Pabst noch folgende Episode: Vogel sei nach der Machtübernahme der Nazis, etwa im Jahre 1933, aus Holland zurück-gekommen und habe in eleganter, fast stutzerhafter Aufmachung Herrn Pabst auf-gesucht, als dieser gerade Direktor bei Rheinmetall-Borsig in Berlin war. Pabst habe befürchtet, daß Vogel ihn wieder einmal anpumpen werde. Vogel habe ihm aber stolz verkündet, ihm sei der Posten eines Ministerialrates im Goebbelschen Propa-gandaministerium angeboten worden. Vogel habe dann diesen Posten auch ange-treten, sei aber schon nach wenigen Tagen wieder fallengelassen worden, weil – wie Pabst vermutet – die Goebbelschen Leute dahintergekommen waren, daß Vogel in Holland seinen Lebensunterhalt fast ausschließlich durch Schnorren und Erpres-sung bestritten hatte.

Herr Pabst verneinte die Frage, ob er schon vor der Ankunft von Liebknecht und Rosa Luxemburg gewußt habe, daß ihm diese beiden sozusagen frei Haus geliefert werden würden. Er habe von der Festnahme erst erfahren, als die beiden ankamen. Wir wollten dann wissen, ob die Erschießungskommandos, die sich ja nach Pabsts Darstellung freiwillig gemeldet hatten, zum Zeitpunkt ihrer Meldung denn schon wußten, worum es ging. (Die Marine-Offiziere saßen ja, als sie sich freiwillig meldeten, gar nicht im Eden-Hotel, sondern im Stabsquartier ihrer Eskadron in der Straße »In den Zelten«.) Pabst erwiderte, sie hätten es gewußt. Er habe einen Hauptmann seines Stabes, nämlich Herrn Rühle von Lilienstern eingeweiht und angewiesen, die entsprechenden Kommandos aus Freiwilligen zusammenzustellen.

Über die unmittelbaren Folgen der Liquidierungen sagte Pabst noch: Am 16. Januar, 6 Uhr morgens, habe ihn ein Herr Rauscher (angeblich Pressechef der Regierung) angerufen und gesagt, in dieser Nacht sei »edles Blut geflossen« und die Volkswut werde Opfer verlangen. Auf die Frage, wie er dazu gekommen sei, daß ein kriegsgerichtliches Ermittlungsverfahren eingeleitet wurde, sagte Pabst: Bei der Besprechung, die am 16. Januar im Reichskanzler-Palais zwischen den 5 Volksbeauftragten, den Generalen von Lüttwitz und von Hofmann und Pabst selber stattfand, hatten Landsberg und Scheidemann[2] mit Rücksicht auf die Volksstimmung sofortige Verhaftungen verlangt. Ebert und Noske seien wesentlich gemäßigter gewesen. Lüttwitz habe schließlich ein kriegsgerichtliches Ermittlungsverfahren angeboten. Ebert habe diesen Vorschlag aufgegriffen und erreicht, daß die Herren sich darauf einigten.

Am Rande des Gesprächs schilderte Pabst noch die damalige Situation der Garde-Kavallerie-Schützen-Division, die sich ja gerade darauf umgestellt hatte, Freiwillige anzunehmen. Man habe mit diesen Freiwilligen aber teilweise Pech gehabt, denn es seien auch viele Leute (u. a. Arbeitslose), »von der anderen Seite gekommen«. Man habe aber keine Möglichkeit gehabt, den Zugang unerwünschter Elemente ganz zu verhindern.

Über Ebert sagte Pabst: »Damals konnten wir keinen besseren haben.« Ebert sei viel klüger und geschickter gewesen als Hindenburg.

Über den USPD-Führer Ledebour: Er sei einer der schlimmsten Fanatiker gewesen, habe schrecklich viel geredet und dabei so gespuckt, daß Pabst immer

---

2) Scheidemann kann am 16. Januar 1919 nicht dabeigewesen sein, denn er kehrte erst am 17. Januar aus Kassel zurück. Siehe: Phillipp Scheidemann, Memoiren eines Sozialdemokraten, 2 Bde., Dresden 1928, Bd. 2, S. 347FF.

bemüht war, sich weit von ihm wegzusetzen. Auf unsere Frage, ob Pabst auch Ledebour umgebracht hätte, wenn der ihm und nicht den der Kommandantur unterstehenden Soldaten in die Hand gefallen wäre, verneinte Pabst. Ledebour sei so wichtig nun auch wieder nicht gewesen.

Nach Auskunft von Pabst ist auch der Liebknecht-Transportführer, der damalige Kapitänleutnant Horst von Pflugk-Harttung, noch am Leben und wohnt in Hamburg. Pabsts engster Mitarbeiter beim Fall Liebknecht/Luxemburg und beim Kapp-Putsch, Dr. Fritz Grabowski (zur Zeit des Liebknecht/Luxemburg-Mordes Oberleutnant und Presse-Offizier bei Pabst), hat zuletzt in Aachen gelebt und ist vor 3 Jahren verstorben.

Seine frühere Schilderung des Erlebnisses im D-Zug ergänzte Pabst dahingehend, daß Liebknechts Neffe, der ihn im Zug zur Rede gestellt hatte, ein Dr. Ing. Liebknecht, ihm gesagt habe: »Wenn mein Onkel Sie damals erwischt hätte, hätte er Sie auch umgebracht.« Pabst bestätigte uns auf unsere Frage, daß er in der damaligen Zeit noch überzeugter Monarchist gewesen sei und fügte hinzu: »Ich bin es heute noch.«

Frau Pabst wies uns im übrigen noch darauf hin, daß der stellvertretende Polizeipräsident von Aachen, ein Regierungsdirektor Körner, eine außerordentlich umfangreiche Spezialsammlung von Dokumenten und Photos aus der Revolutionszeit besitze. Seine Erreichbarkeit: Aachen, Diepenhenden 32, Tel. Aachen 23 5 53, Dienst-Telephon 40 61.

Stuttgart, den 9. Dezember 1966   (Hans Beuthner)
                                                         (Dieter Ertel)

Dokument V: Brief Waldemar Pabsts an Dieter Ertel[1]) vom 18. Mai 1967

W. Pabst   Düsseldorf den 18.5.1967.

                                            Windscheidstraße 19

                                            Telefon 62 79 25

Sehr geehrter Herr Ertel!

Der Pressedienst des deutschen Fernsehens hat am 6.5.67 mitgeteilt, daß es Ihnen gelungen ist, 50 Jahre nach der Erschießung der Frau Luxemburg *den* Mann zu entdecken, der in Wirklichkeit den tödlichen Schuß abgegeben hat. Anerkennung Ihrem Spürsinn und meiner seinerzeitigen Verneblungstaktik!

Von verschiedenen Seiten bekam ich natürlich diese Auslassungen Ihres Pressedienstes zugesandt, welche viele Blätter teils gekürzt, teils ungekürzt wiedergegeben haben.

Ich hätte es begrüßt, wenn Sie mich *vor* der Veröffentlichung von dieser Absicht informiert und mir den geplanten Text zur Kenntnis zugeschickt hätten. Ich bin überzeugt, daß ich eine wesentlich glücklichere Formulierung gefunden hätte. Daß Sie den Wunsch haben, ja, haben *müssen*, daß Sie das »Erstgeburtsrecht« *Ihrer* Entdeckung klarer herausstellen möchten, als dies der »Spiegel« am 13.2.67 getan hat, verstehe ich durchaus, und andererseits muß *ich* Ihr Verständnis erbitten, daß unsere vereinbarte Zusammenarbeit nicht durch verunglückte Pressemeldungen gestört wird und nicht – wie geschehen – von »Mord« gesprochen wird, – dies gilt für mich und meine damaligen Untergebenen. Anscheinend sitzt in Ihrer Pressestelle kein wirklicher juristischer Fachmann, der wissen muß, welches im deutschen Strafgesetzbuch die aufgezählten Vorbedingungen für einen »Mord« sind.

Für mich ergibt sich die Frage: »wie kann ich meinen damaligen Untergebenen Souchon schützen, dessen Namen der ›Spiegel‹ in die Öffentlichkeit gezogen hat, was völlig überflüssig war?«

Herr S.[ouchon] hat damals weiter nichts getan, als daß er sich freiwillig zur Durchführung der von mir erteilten Befehle gemeldet hat und zwar nicht aus Mordlust, sondern aus den gleichen Motiven, die auch mich geleitet haben, nämlich: Schluß mit dem gegenseitigen Morden Deutscher im Interesse Moskaus und Beseitigung der an diesem Blutvergießen Hauptschuldigen Liebknecht-Luxemburg.

---

1) Maschinenschrift auf gedrucktem Briefkopf mit Name, Anschrift und Telefonnummer, handschriftlich unterzeichnet. Im Original gesperrte Worte wurden kursiv gesetzt.

Hätten diese Spartakisten unter den damaligen innerpolitischen Verhältnissen *mich* in die Hände bekommen, hätte man mit *mir* Schluß gemacht, genau so, wie die verhetzten kommunistischen Massen es mit sovielen meiner Kameraden gemacht haben.

Sie wissen ganz genau, daß ich meine Lösung für *Deutschland*, <u>nicht</u> *für mich* getan habe – sehr *ungern* – aber sie war unvermeidlich, sonst wäre unsere Heimat zu einem Moskauer Satellitenstaat geworden, *das* Ziel, welches den beiden kommunistischen Führern vorschwebte und dessen Verhinderung ich als meine Aufgabe betrachtete. Die Tapferkeit unserer Truppe und das tadellose Zusammenspiel mit so deutsch gesinnten Männern wie *Ebert* und *Noske* hat das Gelingen meiner Aufgabe ermöglicht. Beide waren klug genug, sich abzufinden mit den von mir geschaffenen Tatsachen, die ja auch in allererster Linie ihrer Partei zugutekamen. Und sie haben sich *auch* aus diesem Grunde schwer gehütet, mich irgendwie in ein gerichtliches Verfahren einzubeziehen.

Abschließend bemerke ich:

1.) Mir scheint bessere Zusammenarbeit zwischen uns unbedingt notwendig,

2.) Ihre Pressestelle soll gefälligst aufhören mit der Gleichsetzung einer damals im Interesse Deutschlands »politisch notwendigen Tat« und »Mord«.

Ich würde es dankbar begrüßen, lieber Herr Ertel, wenn Sie sich die Mühe machen würden, dieselbe in *diesem* Sinne zu unterrichten, ohne aber <u>etwa diesen Brief zu veröffentlichen</u>, damit das leidige Thema zur Ruhe kommt, bis Ihre Fernsehsendung ausgestrahlt wird, welche – wie versprochen – Milieu und Motive auch meines Verhaltens bringen soll.

Mit freundlichen Grüßen   (W. Pabst)

Dokument VI: Brief Waldemar Pabsts an Dieter Ertel[1] vom 30. Mai 1967

W. Pabst   Düsseldorf den 30.5.1967.
                                               Windscheidstraße 19
                                               Telefon 62 79 25

Sehr geehrter Herr *Ertel*!

Besten Dank für Ihren ausführlichen Brief vom 26.5. –

Ich möchte fast zu jedem Satz desselben Stellung nehmen. Daß nicht in erster Linie die Prioritätsfrage, sondern die Vor-Propaganda die Ursache war, die Ihren Pressedienst in Erscheinung treten ließ, habe ich in meinem Brief vom 18.5. gar nicht erwähnt, denn das ist selbstverständlich, dazu ist ja diese Stelle geschaffen. Um so mehr würde mich der *Original*text dieser Presseauslassung interessieren; könnten Sie mir dieselbe zusenden lassen? Denn ich kenne bisher nur die A.P.Meldung.

Nicht zustimmen kann ich Ihrer geschickten Formulierung, mit der Sie »Mörder« gleich »Henker« setzen. Ein Henker ist doch in allen zivilisierten Staaten ein <u>Beruf</u>, zum mindesten wird er von der Masse als solcher betrachtet. Dieses Wort paßt also noch weniger für einen Mann wie Souchon, zumal er sich *freiwillig* erbot, meinen Richterspruch zu vollstrecken, was weder sein bezahlter Beruf war, sondern ihm nichts als Scherereien und Unannehmlichkeiten einbringen konnte. Wenn Sie Souchon also als eine besondere Menschengruppe einreihen wollen, so gibt es hierfür nur das Wort: er war ein Fanatiker, das waren aber auch ich und meine Leute, wie nicht nur S.[ouchon], sondern z. B. auch v. Pflug[k]-Hart[t]ung usw., auch Noske (siehe sein Schießbefehl und die Art, wie er denselben verteidigte) und auf der entgegengesetzten Seite – Liebknecht und Luxemburg. Allerdings mit dem nicht unwesentlichen Unterschied, daß *diese* beiden Fanatiker *zuerst* ihren Fanatismus losgelassen hatten, um die deutsche Gesellschaftsordnung umzustürzen mit Hilfe einer blutigen Revolution. Und da liegt nun der entscheidende Punkt – *Wir* kamen nicht als Fanatiker in die Heimat zurück, wir sannen nicht auf Blutvergießen, sondern hatten nach über 4 Kriegsjahren davon reichlich genug. *Wir wurden* erst Fanatiker, als wir beim Eintreffen in Berlin sahen, was der spartakistische Fanatismus angerichtet hatte. Das vergessen Sie bitte nicht *klar* herauszustellen und auch zu *betonen* und zu *unterstreichen*, daß es Ebert und seine Partei waren, welche ohne

---

1) Maschinenschrift auf gedrucktem Briefkopf mit Name, Anschrift und Telefonnummer, handschriftlich unterzeichnet. Im Original gesperrte Worte wurden kursiv gesetzt.

unsere Hilfe, die sie erbeten hatten, nie und nimmer mit der spartakistischen Revolution fertig geworden wären. – Und ohne ihren Fanatiker Noske.

Und damit komme ich auf Ihre Frage! Selbstverständlich haben Noske, Ebert und Wissel[l] gewußt, was gespielt wurde. Hätten sie mir sonst die Hand gegeben, als ich am frühen Morgen des 15.1.19 auf Befehl der Obersten Heeresleitung mich in die Reichskanzlei begeben mußte, um über die Ereignisse der vergangenen Nacht den 5 Volksbeauftragten zu berichten und mich wieder mit Händedruck entließen, wobei in Noskes Zügen ein absolutes Verständnis lag (wenn nicht noch mehr!)? Landsberg und bis zu einem gewissen Grade auch Scheidemann hatten – wie mir bekannt ist – den Versuch unternommen, ein Verfahren gegen mich in die Wege zu leiten, ob dieser aber ernsthaft gemeint war, möchte ich bezweifeln. Es war wohl wesentlich mehr die Sorge, die Straße könnte letzten Endes an ihre kostbare Haut herankommen!

Und genau so liegt es mit den Transportkommandos. Hätte ich, wie Sie schreiben <u>damals</u>, d. h. in dem zu Dreiviertel verrückten Berlin »die Wahrheit« bekannt, so wären weder Ebert, Noske, Lüttwitz usw. nicht gerade glücklich gewesen. Wir haben ganz im Gegenteil alle Vorkehrungen für den Prozeß getroffen, daß keinem der Beteiligten auch nur ein Haar gekrümmt werden konnte, wenn sie sich in der entscheidenden Nacht nach meinen Befehlen verhalten hätten. Infolge des Dazwischentretens des Hautmann Petri durch Bestechung des Runge und daß Vogel dadurch den Kopf verlor, *konnte* das Gericht aber auch unmöglich diese beiden freisprechen. Vergessen Sie auch bitte nicht, daß *niemand*, weder der der Kav. Div. vorgesetzte Gerichtsherr (General Freiherr v. Lüttwitz) und der diesem Vorgesetzte Oberbefehlshaber Noske von ihrem Recht Gebrauch gemacht haben, das Urteil des Feldkriegsgerichts der Division *nicht* zu bestätigen!

Die Rolle, welche der Verhandlungsleiter Kriegsgericht[srat] Erhard spielte, haben Sie klar erkannt. Lieber Herr *Ertel*, Die Frage nach dem Namen des Kommandeurs des Regiments, der an das Div. Kdo. mit dem seltsamen Wunsch herantrat, Frau Luxemburg vor seinen Offizier[s]- und Unteroffizierskorps sprechen zu lassen, kann ich Ihnen nicht erfüllen. Es leben noch eine Anzahl Angehörige dieser Familie, und diese würden es als einen unfreundlichen Akt ansehen, wenn öffentlich bekannt würde, welch ein Wirrkopf in jenen schicksalsreichen Jahren ihren Namen trug. Lassen Sie diese Episode besser weg, ich nehme sie aus dem gleichen Grunde nicht in meine allmählich gedeihenden Memoiren.

Und nun zum Schluß noch eine Bemerkung! Ich wundere mich eigentlich, daß

Sie, den ich für einen klugen und erfahrenen leitenden Fernsehbearbeiter halte, nicht längst die Zusammenhänge erkannt hatten, die zwischen den Volksbeauftragten und der Division bestanden. Warum hat man wohl diese Division als die zuverlässigste und best geführte Truppe der zusammenbrechenden Armee (Siehe S. 36 des Generalstabswerks über die Kämpfe in Berlin) als die erste nach Berlin geschickt und warum bliebe sie als einzige Felddivision mobil?? (S. 47)

Glauben Sie nicht, daß zu der Führung einer Truppe mit einer solchen Mission außer eisernem Willen nicht auch absolute Verschwiegenheit gehörte, die, wie Sie selbst schreiben, 50 Jahre vorgehalten hat?

Mit den besten Grüßen, auch von meiner Frau

Ihr   (W. Pabst)

Dokument VII: Entwurf eines Briefes Waldemar Pabsts an Dr. Heinrich Seewald[1]

Vertraulich

Lieber Herr Seewald,

Es waren etwas bewegte Wochen, welche wir durchlebten. Dank des energischen und garhöchsten Eingreifens der Düsseld[orfer] Polizei sind die Aufmärsche zu »Ehren« der Kommunistischen Führer Liebkn[echt] u[nd] Luxemburg sehr viel harmloser verlaufen, als man nach der eingesetzten Propaganda u[nd] nach dem journalistischen Trommelfeuer (letzteres bis in die Reihen der »sogenannten Bürgerlichen« hinein) erwarten konnte. Außer einer zerbrochenen [Einfügung: besonders] großen Scheibe [Einfügung mit Bleistift: einigen Kanonenschlägen?] ist alles unbeschädigt geblieben.[2]

Meine Frau und ich hatten uns auf Anraten der hiesigen Polizei für etwas über eine Woche allen »Ovationen« entzogen und machten Ferien in einem sehr reizen-

---

1)   Quelle: BA-MA, N 620/17. Handschriftlicher Entwurf Pabsts zu einem Brief an den Verleger Dr. Heinrich Seewald, Seewald-Verlag Stuttgart, Februar oder März 1969, der Pabsts Memoiren veröffentlichen sollte. Als Konzeptpapier benutzte Pabst ein Standard-Dankeschreiben zu seinem 88. Geburtstag vom 24. Dezember 1968.

2)   Am 15. Januar 1969 kam es zu Demonstrationen vor Pabsts Haus in Düsseldorf. Die Demonstranten trugen dabei auch Plakate mit einem Steckbrief Pabsts. Im Nachlaß Pabst BA-MA, N 620/21 befindet sich der Polizeibericht der Düsseldorfer Polizei vom 16. Jnauar 1969 mit Angabe der Namen von 15 Demonstrationsteilnehmern und deren Adressen!

den Waldhotel; hatten im übrigen zahlreiche Angebote von Fremden aus nah und fern, die uns einluden, bei ihnen einen Urlaub zu verbringen und nach der Sendung des Südfunk Stuttgart, Stöße von Briefen u[nd] Telegrammen, daß ich gar nicht weiß, wo ich die Zeit hernehmen soll zu antworten. Besonders wertvoll ist ein Schreiben von Martini.[3] Ob die Gemüter nun zur Ruhe kommen, ist noch nicht abzusehen. Unter der eingelaufenen Post sind etwa 9/10 für meinen damaligen Entschluß, [Einfügung: knapp] 1/10 anderer Meinung. Einige Todesdrohungen fehlten auch nicht.

Daß die letzten Wochen den Fortgang der Memoiren völlig unterbrochen haben, ist klar und zwar um so mehr, als meine Gesundheit alles andere als erfreulich ist (Herzspezialist, dieser schon seit Jahren) der Chefarzt des neurologischen Instituts und der Chefarzt der Augenklinik [Einfügung: sowie] die Apotheke bemühen sich *laufend* um mich und fressen so allmählich erhebliche Teile meines Vermögens auf. Und dazu kommen nun auch noch wahrscheinlich Anwaltskosten aus dem von Souchon in die Wege geleiteten Prozeß gegen den Südfunk der Wiederklage des letzteren. All das gehört in das Kapitel »Dank des Vaterlandes«. Damals, d. h. Januar bis März 19, konnten die »wahren Bürger« uns Soldaten gar nicht, Tempo u[nd] Mengenmäßig, gar nicht rasch genug heranbitten, ich möchte beinahe sagen, auf den Knien u[nd] jetzt?? Es war schon damals e[ine] Schweinerei, daß es überhaupt zu einem Prozeß kam, den weder Ebert noch Noske gewollt haben. Speziell Noske hatte [Einfügung: mir] versprochen, daß es dazu nicht kommen werde, aber der Druck des [Einfügung: Mitte und des] linken Flügel der S.P.D. war zu stark. Meine tapferen Untergebenen, die sich *freiwillig* zu der Tat bereit erklärt hatten, klagte man an, statt sie zu befördern. An mich traute man sich nicht heran, denn 50 000 Soldaten (Garde Kav[allerie] (Schü[tzen]) Div[ision] und Freikorps unterstanden damals dem Gen[eral] v[on] Hofmann unter dem Namen G[arde] Kav[allerie] (Schü[tzen])Korps, *hätten* wir sie eingesetzt, wär es aus [Einfügung: gewesen] mit der Herrlichkeit [Einfügung mit Bleistift: nicht nur der Kommunisten sondern] Weimars. Daß ich dazu bereit war, wußte Noske [Einfügung : ich habe ihm oft genug gesagt, mit ihm als Oberbefehlshaber],[4] wahrscheinlich auch Ebert (*nicht* Hindenburg u[nd] Groener).

---

3)   Winfried Martini, Münchner Publizist, hatte in der Zeitung »Christ und Welt«, Nr. 25 vom 22. Juni 1962, Luxemburg und Liebknecht mit Hitler verglichen und so deren Ermordung als »prophylaktischen Tyrannenmord« gerechtfertigt.

4)   Siehe dazu Johannes Erger, Der Kapp-Lüttwitz-Putsch, S. 35FF., und Wolfram Wette, Gustav Noske, S. 477FF. und S. 506FF., worin aufgezeigt wird, daß dies keine hohlen Phrasen Pabsts waren.

[Ab hier diagonal mit Bleistift durchgestrichen:] Ich hätte nun gern ihren *mündlichen* Rat, was ich tun soll, falls der H[er]r Souchon keine Ruhe gibt, der absolut an der Auffassung festhält, nicht *er*, sondern Vogel habe geschossen. Die Behauptung des Südfunks, daß *er* es getan hat, seien Lüge.

Ich persönlich habe natürlich die Transporte nicht geleitet oder begleitet, ich hatte mehr als genug zu tun in jener [Einfügung: Januar] Nacht, in der es außerdem stockdunkel war, nicht einmal die Straßenbeleuchtung funktionierte überall wieder.

Den Auftrag, die Rosa auszuschalten habe ich dem Souchon gegeben, aber ausgeführt will er ihn nicht haben, sondern er behauptet, ihn nie bekommen zu haben!!! er habe aber *gesehen*, daß der Transportführer Vogel geschossen hätte, den mein Ib (lebt nicht mehr)5) in meiner Vertretung zum Transportführer bestimmt hatte (Vogel gehörte gar nicht der Division an, sondern hielt sich im Edenhotel als Befehlsempfänger der westlichen Einwohnerwehren dort auf.) [Ende der diagonalen Durchstreichung]

Es wird Ihnen nicht allzu schwer fallen aus diesen Zeilen zu erkennen, warum ich bisher noch nie von der alten S.P.D. gerichtlich verfolgt worden bin, ebensowenig Canaris u.s.w. nie Schwierigkeiten hatten. (Ca[naris] wurde sogar Adjutant bei Noske, *nachdem* er Vogel in Holland abgeliefert hatte).

Wenn ich das Maul jetzt auftun würde, nachdem ich 50 Jahre geschwiegen habe, gebe es einen dollen Stunk. *vielleicht* vernichtend für die SPD im Wahljahr?6) worauf ich keinen Wert lege es sei denn daß. Meine Idee war die Fäden [Einfügung: und noch vieles andere] bisher nicht bekannte aufzudecken in m[einen] Memoiren.

Aber komme ich noch dazu sie fertigzustellen, auch aus finanziellen Gründen.

Für eine baldige Antwort wäre ich dankbar u[nd] hoffe Sie bald zu sehen, ich bin leider nicht reisefähig, aber Sie sind es in vorbildlicher Weise, ich könnte mir vorstellen, *diese* Reise wäre für Ihren Verlag wertvoll. Viele herzl[iche] Grüße von Haus zu Haus stets

---

5)   Hauptmann Heinz von Pflugk-Harttung.
6)   Diese Einschätzung ist wohl etwas übertrieben.

Dokument VIII: Brief von Rechtsanwalt Max Bürger an Waldemar Pabst vom 4. Februar 1969[1]

Max Bürger I

Rechtsanwalt und
Fachanwalt für Steuerrecht
4 Düsseldorf 1,
Postfach 2014

Herrn
Dir. W. *Pabst*
4) Düsseldorf
Windtscheidtstr. 19

Excellenz,

am Sonntag Abend habe ich verschiedentlich versucht, Sie anzurufen. Das erste Mal bekam ich Verbindung. Ich habe mich mehrfach mit meinem Namen gemeldet, aber dann wurde der Hörer aufgelegt. Meine Versuche, nochmals Verbindung zu bekommen, waren fruchtlos.

Heute nachmittag habe ich vom Büro aus nochmals versucht, Verbindung mit Ihnen zu bekommen. Auch dieser Versuch war vergeblich.

Wenn ich in den letzten Tagen, d. h. in den beiden letzten Wochen nichts mehr von mir habe hören lassen, so deshalb, weil ich nur sozusagen zu 50% betriebsfähig bin. Die anderen 50% hat die Grippe geholt. Es geht nur sehr langsam aufwärts.

Von Stuttgart habe ich begreiflicherweise nichts mehr gehört. Ich hatte gehofft, die Sache würde zum Stillstand kommen, aber der Funk will dies offenbar nicht, denn nur auf Veranlassung des Funks kann eine Frist zur Erhebung der Klage in der Hauptsache erfolgen. Wird diese nicht erhoben, so wird die einstweilige Verfügung aufgehoben.[2] Der Funk zwingt also Herrn S.[ouchon], diese Klage zu erheben. Ich hatte den Versuch gemacht, die Auffassung durchzusetzen, daß man es bei dem bestehenden Zustand belasse. Ich hatte auch den Eindruck, daß mein Versuch nicht erfolglos sei. Die treibende Kraft ist also entgegen der Mitteilung des Herrn Ertel der Funk.

---

1) Max Bürger war der Anwalt Waldemar Pabsts und 1919 selbst Mitglied der Garde-Kavallerie-Schützen-Division.

2) Gemeint ist Souchons Einstweilige Verfügung, dem SDR zu verbieten, das Fernsehspiel, in dem er der Schütze war, auszustrahlen. Die Sendung konnte aber mit einem einschränkenden Vorspruch am 14. und 15. Januar 1969 gesendet werden. (siehe Kapitel: 50 Jahre danach.)

Mein Stuttgarter Kollege³⁾ hat mich gebeten, an Sie folgende Fragen zu richten, deren Beantwortung von Ihrem Ermessen abhängt, d. h. Sie müssen entscheiden, ob Sie die Fragen beantworten wollen oder nicht. Die Fragen lauten:

1.) Haben Sie überhaupt Herrn S.[ouchon] einen Befehl gegeben? [handschriftliche Randnotiz Pabsts:] *m.[eines] Wissens ja.*

2.) Hat Herr S.[ouchon] diesen Befehl ausgeführt? [handschriftliche Randnotiz Pabsts:] *so wurde mir durch m.[einen] Stellv.[ertreter] gemeldet*

3.) Auf welchen Tatsachen beruht die gegen Herrn S.[ouchon] gerichtete Anschuldigung? [handschriftliche Randnotiz Pabsts:] *da muß der Stuttgarter Kollege Hr. Ertel fragen*

4.) Auf welche Weise haben Sie davon Kenntnis bekommen, da Sie nicht bei der Tat zugegen waren? [handschriftliche Randnotiz Pabsts:] *s. unter 2.*

5.) Hat S.[ouchon] Ihnen Vollzugsmeldung erstattet? [handschriftliche Randnotiz Pabsts:] *s. unter 2.*

Ich halte es nicht für richtig, diese Dinge fernmündlich oder auch durch eine schriftliche Antwort zu erledigen. Man sollte dies nur mündlich tun. Da Briefe schon eine unheilvolle Rolle in dem Stuttgarter Verfahren gespielt haben, bitte ich Sie, diesen Brief zu vernichten.

Mit den besten Grüssen,
Ihr sehr ergebener   (Max Bürger)

---

3)   Gemeint ist mit hoher Wahrscheinlichkeit Rechtsanwalt Karch, der (auf Empfehlung von Otto Kranz-
     bühler) als in Stuttgart zugelassener Rechtsvertreter Souchons wirkte.

Dokument IX: Brief von Otto Kranzbühler an Klaus Gietinger vom 12. Januar 1993

Otto Kranzbühler, Rechtsanwalt
Tegernsee, den 12.1.1993

Herrn Klaus Gietinger
Frankfurt

Sehr geehrter Herr Gietinger,

für Übersendung Ihrer Arbeit über Aufklärung der Umstände, unter denen Rosa Luxemburg den Tod gefunden hat, bedanke ich mich sehr. Ich habe Ihre Untersuchungen mit Interesse gelesen und kann die Akribie Ihrer Nachforschungen nur anerkennen.

Daß ich trotzdem in der Schlußfolgerung, daß nämlich Souchon der Todesschütze gewesen sein soll, anderer Ansicht bin, wird Sie kaum verwundern. Ohne daß ich auf alle Einzelheiten eingehen möchte, scheinen mir doch die folgenden Umstände bemerkenswert.

Sie unternehmen den gewagten Versuch, den Mann zum Täter zu erklären, der das von je her bestritten hat, nämlich Souchon[1], und den Mann nicht zum Täter zu erklären, der sich selbst immer wieder als Täter bezeichnet hat und auch in der Aussage von Souchon als Täter identifiziert worden ist, nämlich Vogel.[2]

Eine solche Beurteilung entgegen der Aussage der beiden unmittelbar Beteiligten bedarf schon überwältigender Beweise, um zu überzeugen. Ihre Erkenntnis, daß »mit an hohe Sicherheit grenzender Wahrscheinlichkeit« Souchon auf das Trittbrett des Wagens sprang und Rosa Luxemburg erschoß, und es »höchst unwahrscheinlich« ist, daß der nervöse Vogel noch vor Souchon geschossen hat, wird angesichts der Aussagen der beiden Beteiligten keinen Richter überzeugen. Dabei ist für mich eine Tatsache besonders bedeutsam, die in Ihrer Untersuchung nicht entspre-

---

1) Zur Glaubwürdigkeit von Hermann W. Souchon siehe seine Falschaussage vom 29. März 1919, seinen Meineid im Prozeß selbst am 9. Mai 1919 sowie seine unwahren Erklärungen von 1919, 1925 und 1968, er habe mit seinen Kameraden vor Pabsts Zimmer gestanden, während diese sich erinnern, daß sie drin waren und sich verabredeten. (siehe auch das Kapitel: 50 Jahre danach.)

2) Kurt Vogel hat vom sicheren Holland aus und später immer wieder behauptet, er habe Frau Luxemburg erschossen. Allerdings geschah dies in einer Zeit und in Kreisen, in denen es – salopp formuliert – »schick« war, mit der »Hinrichtung« der Kommunistenführerin Rosa Luxemburg zu renommieren. Viele taten dies. Vogels Renommiersucht ging jedoch noch weiter, er wollte nicht nur Luxemburg erschossen haben, sondern auch Liebknecht. Gleichzeitig erpreßte er Pabst, er werde die Wahrheit sagen, wenn man ihn nicht finanziell unterstütze.

chend ihrer Bedeutung gewürdigt wird. Der Wagen, mit dem Rosa Luxemburg abtransportiert wurde, ein [soll heißen: war] ein sechssitziger Phaeton. Souchon saß nach seiner Aussage auf der rechten Seite in der mittleren Reihe, also hinter dem Fahrer und vor der Reihe, in der Rosa Luxemburg zwischen den Begleitmannschaften saß. Ich kann in Ihrer Darstellung keinen anderen Mitfahrer finden, der diesen Platz für sich in Anspruch genommen hätte. Ebenso sicher ist, daß er bei der Überfüllung des Transports nicht leergestanden haben kann.

Für mich persönlich kommt dabei noch eine sehr drastische Schilderung von Souchon dazu, daß er sich mit seinem gewaltigen Körperformat nur mit äußerster Mühe in diesen Sitz hineinzwängen konnte und die Unterbringung seines Karabiners ihm zusätzliche Mühe bereitete.

Damit komme ich zu einer weiteren Tatsache, die Sie unerwähnt lassen. Die Offiziere der Marineeinheit steckten in Mannschaftsuniformen[3] und trugen Karabiner. Rosa Luxemburg ist aber unstreitig mit einer Pistole erschossen worden.[4] Die Bedeutung dieses Umstandes wird bei Ihnen nicht einmal erwähnt.

Auf weitere Einzelheiten möchte ich nicht eingehen, sondern nur zwei allgemeine Hinweise geben.

Einmal fehlt in der gesamten Darstellung eine für Leser der jetzigen Generation m.[einer] A.[uffassung] n.[ach] notwendige Schilderung der damaligen politischen Situation. In Berlin fand damals – ich habe das als zwölfjähriger Junge selbst erlebt – ein Bürgerkrieg statt, und die Alternative war die Wahl zwischen Sozialdemokratie oder Kommunismus russischer Prägung. Was von dieser zweiten Richtung zu erwarten war, hat Rosa Luxemburg im Jahre 1909 eindeutig zum Ausdruck gebracht mit der Forderung »alle anders Denkenden und anders Handelnden müßte man ohne Umstände erschießen«. Die Praxis des Kommunismus hat diese Maxime voll bestätigt.

Nur unter diesem Gesamtaspekt ist auch die für mich ohne Zweifel bestehende Mitwirkung und Mitverantwortung der sozialdemokratischen Regierung zu verstehen. Pabst hat mir, wie Ihnen bekannt ist, versichert, daß er vor seiner Entscheidung Noske angerufen habe. Dieser habe ihn zunächst aufgefordert, die Genehmi-

---

3) Daß Souchon Mannschaftsuniform trug, habe ich nicht verschwiegen, im Gegenteil, ich habe auf eine Merkwürdigkeit hingewiesen: Wenn er Mannschaftsuniform getragen hat, tat er auch Mannschaftsdienst und war kein Offizier, also wurde er als solcher nicht erkannt.

4) Von einem Karabiner spricht kein einziger Zeuge. Die Leiche Rosa Luxemburgs wies ein Einschußloch von ca. 7 mm auf (BA-MA, PH 8V/6, Bl. 19R). Die Mannschaften der Einheit Pflugk-Harttung, also auch Souchon, trugen die Mauserpistole, Kaliber 7,65 mm. Vogels Waffe, eine Parabellum (Aussage Souchon 1925) hatte übrigens Kaliber 9 mm.

gung des Generals von Lüttwitz zur Erschießung der beiden Gefangenen einzuholen und nach der Einwendung Pabsts, »die werde er nie bekommen«, mit den Worten reagiert, »dann müsse er selbst verantworten, was zu tun sein«.[5]

Ihre Darstellung, es habe [s]ich um ein Offizierskomplott gehandelt, ist m.[einer] A.[uffassung] n.[ach] historisch unrichtig.

Zum Schluß möchte ich noch auf einen Satz hinweisen, der mich besonders beeindruckt hat, und zwar negativ. Nach Ihrer Darstellung (S. 63) wußte Pabst, »die Marineoffiziere würden zwei Dinge vereinigen: eine hervorragende Ausbildung im Töten und fanatischer Haß gegen Luxemburg und Liebknecht.« Pabst hat das an keiner Stelle gesagt.[6] Sie unterschieben ihm also eine Meinung, die nur Ihre eigene sein kann. Was den Haß anbelangt, so handelt es sich um ein emotionelles Gefühl, dessen Vorhandensein für einen Außenstehenden schwierig ist. Für einen Autor, der nach bald einem halben[7] Jahrhundert darüber schreibt, ist es, gelinde gesagt, total unwissenschaftlich.

Über den anderen Teil Ihrer Meinung, Marineoffiziere hätten eine hervorragende Ausbildung im Töten, kann ich als guter Kenner dieser Ausbildung nur den Kopf schütteln. Ausbildungsziel des Seeoffiziers war die Führung von Schiffen und der Einsatz der darauf befindlichen Waffen, nämlich Artillerie, Torpedos und Minen. Der Kampf Mann gegen Mann, was Sie so wohl als Ausbildung zum Töten ansehen, lag nicht im Rahmen dieses Ausbildungsziels und fand deshalb auch nicht statt.[8]

Ich bedaure es sehr, daß Sie Ihre so fleißige und in mancher Hinsicht erkenntnisreiche Arbeit mit einer so unqualifizierten persönlichen Meinung entwertet haben.

Mit freundlichem Gruß   (Otto Kranzbühler)

---

5) Siehe Kapitel: 74 Jahre danach.
6) Pabst hat sich dazu geäußert: »Wenn Sie Souchon also in eine besondere Menschengruppe einreihen wollen, so gibt es hierfür nur das Wort: er war ein Fanatiker. Fanatiker, das waren aber auch ich und meine Leute.« (siehe Dokument VI.)
7) Gemeint ist wohl »dreiviertel«.
8) In »Die Wirren« (hrsg. vom Oberkommando des Heeres und der Kriegsgeschichtlichen Forschungsanstalt des Heeres, Berlin 1940), S. 53, wird ausgeführt, die Freiwilligen-Offiziers-Verbände hätten »sehr viel Gutes geleistet; sie wurden meist als Stoßtrupps eingesetzt. [...] Der Regimentskommandeur, dem in den Kämpfen eine solche Abteilung unterstellt wurde, konnte sicher sein, daß jeder Auftrag ausgeführt wurde.«

Anhang: Zur Geschichte der Prozeß- und Verfahrensakten

Im Jahr 1966 betätigte sich der Altphilologe Walter Jens als Dramatiker und ver-
faßte ein Theaterstück mit dem Titel »Die Rote Rosa«. Wiewohl das Stück heute
zu Recht in Vergessenheit geraten ist, kam sein Inhalt damals Waldemar Pabst zu
Ohren. Der sagte daraufhin nicht nur ein Dieter Ertel versprochenes Fernsehinter-
view ab, sondern erkundigte sich auch beim Bundesarchiv-Militararchiv (damals
noch in Koblenz), wie denn der Hobbydramatiker Walter Jens zu bestimmten
Informationen gelangt sei. Das Bundesarchiv-Militärarchiv, vertreten durch den
Oberstleutnant i. G. Dr. Stahl, gab Pabst bereitwillig Auskunft:

»Sehr geehrter Herr Pabst!

Im Anschluß an Ihren Anruf vom 6. September [1966] kann ich Ihnen folgendes
mitteilen:
Beim Militärarchiv befinden sich:

7 Untersuchungsakten des Gerichts des Garde Kav.(Sch.) Korps gegen den Husaren Runge und Genossen,
7 Akten »Hauptverhandlung und Urteil in der Strafsache gegen den Husaren
   Runge und Genossen ...«
1 Untersuchungsakte des Gerichts der Reichswehrbrigade III gegen den Husaren
   Runge ...,
1 Untersuchungsakte des Oberstaatsanwalts beim Landgericht II, Berlin, in der
   Strafsache gegen Runge und Genossen ...,
1 Handakte des Staatsanwalts beim Landgericht II, Berlin, in der Strafsache gegen
   Runge und Genossen ...,
1 Strafsache gegen den Redakteur Josef Bernstein [sic!], Berlin, wegen übler
   Nachrede in Tateinheit mit Beleidigung des Kriegs gerichtsrat Jorns wegen seiner Untersuchungsführung gegen die Mörder von Karl Liebknecht und Rosa
   Luxemburg,
4 Untersuchungsakten des Gerichts der Reichswehrbrigade Nr. 15 (Berlin) gegen
   den O. W. [sic!] a. D. Kurt Vogel wegen Selbstbefreiung [sic!] als Gefangener
   und Fahnenflucht [sic!]...

Die Akten wurden im Januar 1953 vom Senator für Justiz, Berlin an das Bundesarchiv abgegeben und im Februar 1964 verzeichnet. E[ine] Benutzung der Akten in dem angegebene Zeitraum durch Prof[essor] Jens hat nach Auskunft der Akten nicht stattgefunden. Doch es ist nicht ausgeschlossen, daß vor 1953 Kopien angefertigt wurden, die Prof[essor] Jens zur Verfügung standen. Ob es noch anderweitig Akten über den Prozeß gibt, ist hier nicht bekannt.

Herr Cerff [Oberleutnant der SS a.D. und damals Vorsitzender des Verbandes der Ingenieure in Baden-Württemberg, gleichzeitig 1966 Tonbandinterviewer von Pabst] in Karlsruhe hat abschriftlich von diesem Brief Kenntnis erhalten.

Mit vorzüglicher Hochachtung bin ich
Ihr sehr ergebener   gez. Dr. Stahl.«

Die Akten wurden in den zwanziger und dreißiger Jahren nicht vernichtet, da man ihnen unbestreitbar historischen Wert beimaß. Daß sie die Nazizeit und den zweiten Weltkrieg überstanden haben, ist wohl eher Zufall. 1949 im Spruchkammerverfahren gegen Heinrich Stiege wurden sie zum ersten Mal nach dem Krieg zu Rate gezogen, bzw. hinterließen sie Ratlosigkeit. Tatsächlich hat es aber Kopien zumindest des Wortprotokolls der Hauptverhandlung (vom Mai 1919) gegeben. Schon dieses äußerst ungewöhnliche Wortprotokoll, angefertigt durch das Stenographische Büro des Parlamentsredakteurs Adolf Kuntze (Berlin-Wilmerdorf) kam wohl nur zustande, weil man sich auch damals der Bedeutung des Augenblickes bewußt war. Eine Kopie des Protokolls verschwand im Archiv der Stiftung Preußischer Kulturbesitz in Berlin, wo sie 1966 von Joseph Wulf gefunden wurde. Nach Wulfs Auskunft hatte sie dort der Archivrat Julius von Pflugk-Harttung (der Vater der Mörder Karl Liebknechts) deponiert.

Dieses Wortprotokoll war die wesentliche Grundlage des Fernsehspiels von Dieter Ertel und wohl auch des von Elisabeth Hannover-Drück und Heinrich Hannover herausgegebenen Buches (»Der Mord«). Noch im Jahr 1968 wurden sämtliche Akten bei Kolb/Rürup, Zentralrat, als »inzwischen vernichtet« (S. 652, Anm. 3) deklariert.

Die Akten der Voruntersuchung dagegen sind 1967 von Hannover-Drück und Hannover fälschlicherweise als durch »Kriegseinwirkung« verlorengegangen deklariert worden. Sie lagern heute im Militärarchiv in Freiburg. Außerdem existieren über die vom Oberstleutnant i. G. Dr. Stahl bezeichneten Stücke hinaus noch weitere Akten. Im Landesarchiv Berlin befinden sich die Akten der Ermittlungsverfahrens gegen Krull (1921/22), gegen Hermann W. Souchon (1921-1932) – sie wurden erst im Lauf des Verfahrens Souchon gegen SDR/Bausch/ Ertel 1969 entdeckt – und die Akten der drei Jorns-Prozesse (1928-1931), von denen es keine Wortprotokolle gibt.

Insbesondere die Akten des Feldgerichts der GKSD, die der Jornschen Voruntersuchung, der »Verfolgung« Vogels (Spatz) und die der Reichswehrbrigade III (gleichfalls Spatz), in die die GKSD aufging, sind mit äußerster Vorsicht zu genießen. Abgesehen davon, daß Hauptmann Heinz von Pflugk-Harttung, einer der Komplottbeteiligten, über dessen Tisch Kriegsgerichtsrat Jorns alle Vorgänge laufen ließ, schon 1919 wichtige Stücke hat verschwinden lassen, sind sie zum Teil von Jorns manipuliert bzw. geben wichtige Vorgänge nicht wieder oder wurden bewußt von Kriegsgerichtsrat Spatz zur Verschleierung eingesetzt. Insofern ist ein Vergleich mit Akten Stalinscher Schauprozesse nicht ganz abwegig. Gleichwohl kann man, so man keinen Aktenpositivismus betreibt wie die Stuttgarter Gerichte 1969 bis 1971, aus ihnen, wie schon Levi 1928, wichtige Erkenntnisse herauslesen, bzw. Unterlassungen erkennen.

Hier die heutigen Signaturen:
– Wortprotokoll der Hauptverhandlung vom 8. bis 14. Mai 1919, 7 Bde.: BA-MA, PH 8V/Bd. 1217 und Bd. 5 (Zusammenfassung).
– Fünf Akten der Voruntersuchung: BA-MA, PH 8V/Bd. 14 und Bd. 11. Die Blattzahlen dieser Bände stimmen mit denen von Paul Levi in seiner Broschüre »Der Jorns-Prozeß«, Berlin 1929, S. 721, angegebenen exakt überein!
– Zwei Nachtragsbände zur Auffindung der Leiche Rosa Luxemburgs: BA-MA, PH 8V/Bd. 6 und 7.
– Ein Band der Reichswehrbrigade III (der Nachfolgebehörde der GKSD): BA-MA, PH 8V/Bd. 8.
– Ein Band Strafvollstreckungsakten gegen Runge (1920 bis 1928) mit zahlreichen Briefen Runges: BA-MA, PH 8V/Bd. 9.
– Drei Bände Untersuchungsakten der Staatsanwaltschaft beim Landgericht II Berlin, nach Auflösung der Militärgerichtsbarkeit (1920 bis 1931): BA-MA, PH 8V/ Bd. 10, 23, 25.
– Vier Bände Akten betreffs der Verfolgung des Oberleutnant Vogel: BA-MA, PH

8V/Bd. 19-22. Bd. 19 stimmt exakt überein mit der von Levi als »Band I, Vogel« bezeichneten Akte.
– Drei Ermittlungsakten der Staatsanwaltschaft gegen Krull (1921/22): LAB, Rep. 58, Nr. 75.
– Vier Akten des Landgerichts II, Berlin in der Strafsache gegen Hermann W. Souchon (1921-1932): LAB, Rep. 58, Nr. 464.
– Sieben Akten zu den drei Jorns-Prozessen (1928-1931): LAB, Rep. 58, Nr. 59.
– Spruchkammerakten Heinrich Stiege (1946-1949): HStA, Abt. 520 F/A 409-499.

Nicht unerwähnt sei eine akribische, 1500seitige Dokumentation der Vor- und Nachgeschichte des Verfahrens Souchon gegen SDR/Bausch/Ertel (1966-1976) im Archiv des SDR. Für die Ermöglichung der Einsichtnahme danke ich Frau Wittig-Terhardt.

Essay: Sieben Gründe, Rosa Luxemburg zu ermorden

1. Die Antimilitaristin. Rosa Luxemburg war eine entschiedene Gegnerin des Krieges. Ihr vergeblicher, aber mutiger Kampf gegen den heraufziehenden ersten Weltkrieg (1914), ihr Kampf gegen den preußischen Militarismus, wie er sich z. B. in der Kampagne gegen Soldatenmißhandlungen ausdrückte, brachte ihr nicht nur Gefängnisstrafen ein, er machte sie auch zum Haßobjekt der Herrschenden.

Die Vertreter des Großkapitals, der Alldeutschen, der ostelbischen Junker, des reichen Adels und weite Teile

Der Militarismus auf der Anklagebank. Karikatur aus »Der wahre Jakob«. Rosa Luxemburg vor dem Frankfurter Landgericht, 25.7.1914.

des Großbürgertums machte sie sich damit zum erbitterten Feind. Ganz besonders »verletzt« von Rosa Luxemburgs Antimilitarismus fühlte sich aber der preußische Offizier und, als kleinbürgerliche Ausgabe, der preußische Unteroffizier. Die Angriffe Rosa Luxemburgs, ihre Ideen von Volksbewaffnung und demokratischen Volksmilizen[1]) wurden vom preußischen Militär als direkte Attacken auf seine Existenzberechtigung, seine imperialistischen Phantasien, seine Träume vom Großdeutschen Reich, mithin seine autoritärmilitante Identität begriffen. Rosa Luxemburgs Antimilitarismus war Gift für den preußischen Offizier und das, was ihn am Leben erhielt, die Truppe. Das Marschieren im Glied, die Masse als Block, als Ganzheit, die Kameradschaft der Männer, der Kampf als inneres Erlebnis waren bedroht durch diese kleine Frau.

Doch die Herrschenden und der preußische Offizier standen nicht allein mit ihren Ängsten. Auch die Führung der Sozialdemokratie und Teile der Arbeiterschaft selbst waren vom militaristischen Virus infiziert. Kampf- und nahtlos war der Übergang von Friedensresolutionen und internationalen Versammlungen gegen den Krieg zu begeisterter Zustimmung zur imperialistischen Kriegspolitik des Kaiserreiches und zu einer Politik des Burgfriedens.

Die Führung der SPD tat sich dabei besonders hervor. Nicht spurlos waren an ihr Preußentum, autoritäre Fixierungen und kleinbürgerlich imperiale Träume vorübergegangen. Jetzt machte sie sie sich widerstandslos zu eigen, wurde Teil der deutschen Kriegsmaschinerie.

Dabei entwickelte die SPD-Führung binnen kürzester Zeit einen Fanatismus, der dem der Herrschenden und des preußischen Offiziers in nichts nachstand. Wurde den Massen der Arbeiter auf den Schlachtfeldern des

Rosa Luxemburg geißelte zu Recht den »Kadavergehorsam der Millionen Arbeiter [, der] die Partei wie eine preußische Soldatenkolonne auf das Geheiß der hundertzehn Mann im Reichstage schweigend kehrtummachen ließ.«[2])

Rosa Luxemburgs Appell, »den Massen klarzumachen – daß sie nichts vom Reichstage, daß sie alles von sich selbst zu erwarten haben«[3]), verhallte ungehört.

ersten industriell durchorganisierten Krieges bald klar, in welche Falle sie geraten waren, wurde die Führung allen Beteuerungen zum Trotz keinen Deut klüger. Im Gegenteil, man war so sehr fasziniert von imperialer Kriegspolitik, daß man zuerst die Kriegsgegner in der Fraktion, wie Karl Liebknecht, ausschloß und dann die Spaltung der Arbeiterklasse betrieb. Der Zerfall in zwei sozialdemokratische Parteien (USPD und SPD) ist eindeutig dem Militarismus der rechten SPD-Führung geschuldet. Denn die Zustimmung zu den Kriegskrediten im August 1914 war kein Einzelfall. Dies wird meist vergessen. Noch im Juli 1918, den lauen Friedensresolutionen zum Trotz, versagte die SPD zwar als sozialistische Partei, aber keineswegs als Jasagerin zu den Kriegskrediten. Einer, der sich, neben den Sozialdemokraten Wolfgang Heine und Albert Südekum, als Apologet der deutschen Kriegführung besonders hervortat, war Gustav Noske.

Er akzeptierte die völkerrechtswidrige Besetzung Belgiens, ignorierte die Zwangsverschleppung belgischer Arbeiter nach Deutschland, schloß sich den Okkupationsplänen und Großmachtträumen des Reichskanzlers von Bethmann-Hollweg und eines Walter Rathenau an, bewunderte bei Frontbesuchen das »Uhrwerk der Schlacht«, drückte bei Plünderungen und Verwüstungen des deutschen Heeres beide Augen zu, ermunterte die deutsche Marine, »empfindliche Schläge zu führen« und befleißigte sich rassistischer Beschimpfung des Gegners.[5]

Wen wundert es, daß solche »Sozialisten« nicht im Militarismus den Feind sahen, sondern in Rosa Luxemburg und Karl Liebknecht. Wer so entschieden für den Frieden war wie diese beiden, wurde schon allein deswegen als »Bolschewist« beschimpft.[6] Er wurde zum Feind Nr. 1 und damit im Prinzip vogelfrei.

»Vorbei ist der Rausch.«[4]

Noske: »Schließlich sind doch deutsche Soldaten nicht Söhne von Afrikanern, die sich von Menschenfleisch ernähren, wie farbige Truppen, die von Frankreich und England ins Feld geführt werden, um nach Deutschland Kultur und Gesittung zu tragen.«

2. Die Prophetin der Massen. Die Spaltung der deutschen Arbeiterbewegung wird meist nur unter dem Aspekt des Krieges gesehen. Hier Kriegsbejaher (SPD), dort Friedensapostel (USPD). Es gibt aber noch eine zweite Spaltung, die quer zur ersten liegt. Sie beruht auf der Frage nach Massenstreik und, auf erweiterter Stufenleiter, auch auf der Frage nach Revolution oder Reform. In ihrer berühmten Schrift »Massenstreik, Partei und Gewerkschaft« erweist sich Rosa Luxemburg als entschiedene Anhängerin der Massen und des Massenstreiks. Unter Massen versteht Rosa Luxemburg das gesamte Proletariat und seinen Kampf gegen das Kapital in einer revolutionären Situation: »Ein Kampf, der nach oben hin alle klein-bürgerlichen und liberalen Berufe: Handelsangestellte, Bankbeamte, Techniker, Schauspieler, Kunstberufe, ergreift, nach unten hin bis ins Hausgesinde, in das Subalternbeamtentum der Polizei, ja bis in die Schicht des Lumpenproletariats hineindringt und gleichzeitig aus der Stadt aufs flache Land hinausströmt und sogar an die eisernen Tore der Militärkasernen pocht. Es ist dies ein riesenhaftes buntes Bild.«[7]

Andere führende Sozialdemokraten, unter ihnen Friedrich Ebert, Phillip Scheidemann, Albert Süde-kum, jedoch auch Eduard Bernstein und Karl Kautsky, wollten mit diesen Massen nur insofern zu tun haben, als sie von diesen gewählt werden wollten. Sie hatten eine »nahezu mystische Einstellung zum Wahlakt«[8] und marschierten lieber auf der »breiten Heerstraße der parlamentarischen Beratung und Beschlußfas-sung«[9]. Eine aktive Parteibasis, vielleicht auch noch auf der Straße, wo sie »außer Kontrolle« geraten konnte, war ihnen ein Greuel. Für sie war der Wahlakt und eine parlamentarische Demokratie das höchste der Gefühle. Tätige, selbstbestimmte Massen waren ihnen suspekt, ja dünkten ihnen gefährlich. Scheidemann: »Es haben nämlich alle so gedacht: Wie wehren wir uns vor diesen anstürmenden und undisziplinierten Massen, die sich plötzlich als Radikale aufführten, als ›Sozialisten‹ wie sie sagten, und Kommunisten, und die noch vor Jahr und Tag Gelbe gewesen waren, gar nicht organisierte Haufen, die heute diesem, morgen diesem nachlaufen, immer dem, der den meisten Spektakel macht. [...] Wenn nun solche Arbeitermassen, die es in den Großstädten zahlreich gibt, plötzlich bis an die Zähne bewaffnete Leute durch die Straßen fahren sehen, und jeder der auf den Wagen springt kriegt auch eine Knarre in die Hand und einen Säbel um den

Flugblatt vom 9. November 1918.

Kundgebung

des
neuen Reichskanzlers Ebert

Mahnung
zur
Ruhe und Ordnung!

Mitbürger! Der bisherige Reichskanzler, Prinz Max von Baden, hat mir unter Zustimmung sämtlicher Staatssekretäre die Wahrnehmung der Geschäfte des Reichskanzlers übertragen. Ich bin im Begriffe, die neue Regierung im Einvernehmen mit den Parteien zu bilden und werde über das Ergebnis der Öffentlichkeit in Kürze berichten. Die neue Regierung wird eine Volksregierung sein. Ihr Bestreben wird sein müssen, dem deutschen Volke den Frieden schnellstens zu bringen und die Freiheit, die es errungen hat, zu befestigen. Mitbürger! Ich bitte Euch alle um Eure Unterstützung bei der schweren Arbeit, die unserer harrt. Ihr wißt, wie schwer der Krieg die Ernährung des Volkes, die erste Voraussetzung des politischen Lebens, bedroht. Die politische Umwälzung darf die Ernährung der Bevölkerung nicht stören, es muß erste Pflicht aller in Stadt und Land bleiben, die Produktion von Nahrungsmitteln und ihre Zufuhr in die Städte nicht zu verhindern, sondern zu fördern. Nahrungsmittelnot bedeutet Plünderung und Not mit Elend für Alle. Die Ärmsten würden am schwersten leiden, die Industriearbeiter am bittersten betroffen werden. Wer sich an Nahrungsmitteln oder sonstigen Bedarfsgegenständen oder an den für ihre Verteilung benötigten Verkehrsmitteln vergreift, versündigt sich auf das Schwerste an der Gesamtheit. Mitbürger! Ich bitte Euch alle dringend, verlaßt die Straßen! Sorgt für Ruhe und Ordnung.

Berlin, den 9. November 1918.

Der Reichskanzler
Ebert.

Bauch geschnallt, dann hat das denen natürlich Vergnügen gemacht. Das waren aber für uns keine klassenbewußten Proletarier.«[10])

Man hatte die Revolution nicht gewollt und wollte als erstes die Massen von den Straßen haben.

Als die Massen auf den Straßen blieben, gab es nur eine Erklärung: Sie waren aufgehetzt (von Liebknecht/Luxemburg und von Rußland) und: Die Massen waren gar keine »Sozialisten«, schon gar keine »klassenbewußten Proletarier«, denn die können nur den Weg über die Heerstraße des Parlaments wollen.

Während die anderen »bis an die Zähne ...

Vergnügen« haben.

Klassenbewußt heißt, für Ordnung, für das

Parlament sein.

Nicht klassenbewußt: Masse, Chaos,

Bolschewismus, Arbeiter- und Soldatenräte.

Dies ging so weit, daß in der Revolution 1918/19 die meist SPD-geführten Arbeiter- und Soldatenräte kurzerhand von Ebert und Genossen mit Bolschewisten gleichgesetzt wurden.[12]) Damit näherte sich die Führung der SPD deutlich der Massenfurcht der Herrschenden des Kaiserreiches, vor allem aber der der kaiserlichen Offiziere an. Der preußische Offizier in dieser Zeit ist eine Art Zwangsmaschine, ein psychotischen Kindern vergleichbarer, »nicht zu Ende geborener« Mensch, der kein »Ich« besitzt (siehe hierzu auch: Adorno, Studien zum Autoritären Charakter) und einen Erhaltungsmechanismus benötigt. Dieser Erhaltungsmechanismus hat die verschiedensten Formen: eigener durch Drill erzeugter Körperpanzer, marschierende Truppe, Heer, Nation, ja Schlachtschiff, U-Boot, Tank.[13])

Die Masse auf der Straße jedoch bedroht diese Zwangsmaschine, weil sie an das eigene Innere, das als

Ebert: »Das Herum- und Hineinregieren der Arbeiter- und Soldatenräte im Lande muß aufhören. [...] Für Narrenstreiche können wir keine Verantwortung übernehmen.«

Landsberg: »Bei den Offizieren handelt es sich nur um einige verrannte Kerle, bei den Arbeiter- und Soldatenräten um die Organisation der Unordnung.«

Scheidemann: »Wenn hier nicht sofort Wandel geschaffen wird, kann ich es nicht länger ertragen. Ich schäme mich vor mir selbst.«[11])

bedohlich angesehen wird (»den inneren Schweinehund«), erinnert. Insofern ist diese Masse eine Verkörperung des eigenen Unbewußten, eine Berührung mit ihr würde die mühsam mittels Militär (Nation/Rasse) aufgerichtete Identität zerstören, den inneren Schweinehund mit dem Schweinehund Masse verbinden. Deshalb wird diese Masse bis aufs Blut bekämpft.

»Bezeichnend für den Vorgang ist die körperliche Nähe mit dem Bedrohlichen, die gesucht wird, [...] und aus der sich der Mann mit einem gewaltigen Hieb (Schlag mit dem Kolben) oder Schuß aus direkter Nähe abrupt herausdifferenziert als Überlebender: Nicht ich, die andern sind Matsch.«[15]

Diese Form des Kampfes unterscheidet sich grundlegend vom Kampf im Krieg, der ja der Kampf zweier Heermassen, also Blöcke, miteinander ist und als weitaus lustvoller empfunden wird, da er ja unter gleichen stattfindet. Daher sind die Formen des Kampfes im Bürgerkrieg von seiten des Militärs, die Kluge[16] mit »Rachefeldzügen« bezeichnet, weitaus terroristischer und rücksichtsloser.

»Zur Gewißheit wurde uns nur, daß hart und blutig der Kampf sein würde gegen ›Masse Mensch‹ [...] Es galt sich zu wappnen gegen alle physichen und psychischen Widerstände, hart zu werden gegen sich selbst, frei zu werden von aller Sentimentalität. Denn eine große Aufgabe wartete auf uns.«[17]

Noske denkt da nicht anders, auch wenn er vom Ergebnis her argumentiert: »Daß undisziplinierte Aufständische größere Verluste haben wie die sie niederzwingenden gut geführten und besserbewaffneten Truppen und Polizeikörper, ist selbstverständlich.«[19]

Wer mit den »lärmenden« Massen und ihrer »zur Siedehitze gesteigerte[n] Unvernunft« ging, ja sich an deren Spitze stellte, wer in der Stadt umherfuhr, »die

Massen aufzurühren«, der war schlimmer als der Feind im Krieg. Der war ein innerer Feind, ein Feind der »staatlichen Ordnung«, ein Prophet des »Chaos«[20] und mußte zwangsläufig irgendwann einmal beseitigt werden.

3. Die Internationalistin. Rosa Luxemburg war eine konsequente Internationalistin. Das heißt, ihr war der Begriff der Nation völlig suspekt. Sie hatte begriffen, daß Nation und Nationalismus immer zusammenhängen, daß aber Sozialismus nur international denkbar und machbar ist.
Sie stellte sich dabei konsequent auch gegen Befreiungsbewegungen, die sich zunächst als nationale verstanden, wie etwa die in Polen. Denn schon hierin, in der »nationalen Selbstbestimmung [...] hohl und dürftig«[22] ist die Todgeburt aller sozialistischen Be-

Auseinanderpreschende Massen am Brandenburger Tor.

Noske: »Die fünf Volksbeauftragten aber waren sich nach den ersten Besprechungen über die Lage, an denen ich teilgenommen habe, darüber klar, daß in Berlin und dann im Reich mit allen Mitteln Ordnung zu schaffen sei.«[21]

strebungen enthalten. Sie war überzeugt, daß jede Nation ein bloßes Konstrukt »bürgerlicher und kleinbürgerlicher Klassen« ist. Sie ahnte auch schon, daß Selbstbestimmung immer mit Nationalismus gekoppelt ist, denn was als Befreiung begonnen hat, endet in Abgrenzung zum Nachbarn und in imperialistischer, raumsuchender Aggression nach außen.

Jedoch waren auch die proletarischen Schichten nicht unempfindlich gegen das »Narkotikum« des Nationalismus und wurden so von der politischen und wirtschaftlichen Selbstbestimmung »abgelenkt« (Elsässer). Für Rosa Luxemburg und ihre Kampfgefährten dagegen lag die Lösung nicht im Aufbau neuer Nationen, sondern in der Destruktion der bestehenden. Ihr Vaterland war der Internationalismus. Damit machte sie sich große Teile derer, die sich als deutsche Nation verstanden, zu Erzfeinden. Ihr Internationalismus allein hätte schon genügt, sie ermorden zu lassen.

Nichts ist aktueller an Rosa Luxemburg als ihr Internationalismus. Erneut liebäugelt die SPD mit nationalem Pathos und nationaler Identität, behandelt die Nation als naturgegeben, als Gebäude, das es zu besetzen gelte, damit die Rechten es nicht besetzen. Die Konsequenz dieser Haltung heißt, man muß selbst »national« werden, weil dieses »natürlich« ist (Fichter).

Dabei ist man nicht schlau geworden aus der eigenen Vergangenheit, aus einer SPD, die dem nationalen Pathos und der Nation vollständig auf den Leim gegangen war.

»Eure Opfer und Taten sind ohne Beispiel. Kein Feind hat uns überwunden«, rief Ebert den heimkehrenden Fronttruppen zu. Deutschland über alles. Die SPD war schließlich auch mit in den »Krieg für die Kultur«[25] gezogen, um den »russischen Despotismus« und »barbarischen Feind«[26] abzuwehren.

»Aus all diesen ›jungen Nationen‹, die wie Lämmer weiß und unschuldig auf die Grasweide der Weltgeschichte hüpfen, blickt schon der Karfunkelblick des grimmigen Tigers.«[23]

»Vermoderte Leichen steigen aus hundertjährigen Gräbern [...]. Auf dem nationalistischen Blocksberg ist heute Walpurgisnacht.«[24]

Die Nation rückte bei der SPD, je älter sie wurde, um so mehr in den Vordergrund. Auch Kautsky verband »in schulmeisterlichem Schematismus« (Luxemburg) Demokratie mit dem Nationalstaat als deren Erscheinungsform. Höhepunkt war die Burgfriedenpolitik während des ersten Weltkriegs. Der Kaiser kannte keine Parteien mehr, sondern nur Deutsche. Und so die SPD. Die Interessen der Arbeiter wurden merkwürdig gleichgesetzt mit den Interessen der Nation, und schließlich wurden diese über die der Arbeiter gestellt. Einer der Vorreiter war erneut Gustav Noske. Der »warme nationale Ton« lag ihm am »heißem Herzen«.[27] Er liebte das »Gefühl innigster Geschlossenheit« in Heer und Nation.[28] Sah »Volk und Reich

in höchster Gefahr«. Und seine oberste Maxime lautete, »die Sozialdemokratie fest in die nationale Front
einzureihen«.[29]

Dabei sind Nation und Nationalismus nichts anderes
als eine Organisationsform von Massen, allerdings
keine klassenbewußte, basisdemokratische, sondern
blockhafte, militärische.

Rosa Luxemburg unterschätzte hier den Nationalismus als »leere Hülse« und bloß »ideologische Hülle«,
deren Träger – wie das Heer – durch den Krieg »unbrauchbar, selbst revolutionär geworden« seien. Sie
sah die »Autorität [...] in alle Winde verweht.« Doch
hier irrte sie. Nationalismus ist mehr als falsches
Bewußtsein, geht daher tiefer und ist weitaus aktiver.
Er ist eine Organisationsform des Unbewußten, des

**Siegfried im Massensymbol
der Deutschen.
»Die Nibelungen«
von Fritz Lang.**

**»Wald und Heer hängen für die
Deutschen auf das innigste
zusammen und es läßt sich
das eine so gut wie das andere
als das Massensymbol der
Nation bezeichnen.«[31]**

kollektiven Unbewußten, eine Organisationsform von Körpern. Nation muß selbst als Körper begriffen werden. Nationalismus sitzt nicht nur im Kopf. Er erfaßt den Menschen, aber nicht als Ganzes, sondern als Unfertiges. Er ist die Organisationsform massenhaft »kranker« Menschen.

Auch hier spielt der Erhaltungsmechanismus die eine Nation mit festen Grenzen, den Kitt (Adorno), den das Absingen der Nationalhymne bietet, eine große Rolle. Nicht zu Ende geborene Menschen brauchen feste Grenzen. Und bei Gelegenheit erweitert man diese Grenzen, schreitet mit der Organisationsform Heer voran, um die Organisationsform Nation zu vergrößern.

Ebert: »Auf euch vor allem ruht die Hoffnung der deutschen Freiheit. Ihr seid die stärksten Träger der deutschen Zukunft.«[30)]

Wer gegen diese Organisationsformen ankämpft, wer die Nation zerstören, den monokulturellen Wald abholzen will, um Neues wachsen zu lassen, der ist ein Fremdkörper, ein Chinese, ein Hottentot oder eine Bolschewistin. Der muß weg.

4. Die »Bolschewistin«. »Kein Zweifel, wer jetzt die Massen vom Schloß her ›bolschewistisch‹ oder vom Reichstag zum Schloß hin ›sozialdemokratisch‹ in Bewegung bringt, der hat gesiegt! Ich sah den russischen Wahnsinn vor mir, die Ablösung der zaristischen Schreckensherrschaft durch die bolschewistische. ›Nein! Nein! Nur nicht auch *das* noch in Deutschland!‹«[32)]

Eine der großen Legenden ist die, daß Deutschland vom Bolschewismus bedroht war und Luxemburg und Liebknecht dessen herausragende Vertreter gewesen seien. Dabei wird Bolschewismus als Synonym für das

»Böse« schlechthin genommen, die ihn angeblich vertreten zu Teufeln oder Hexen gemacht. Es spielt gar keine Rolle, daß Rosa Luxemburg eine der schärfsten Kritikerinnen des Bolschewismus und seiner Methoden war,[33] daß weder sie noch Liebknecht Bolschewiki im Sinne Lenins waren. Es spielt auch keine Rolle, ob diese »Bedrohung« durch den Bolschewismus in Deutschland je real oder nur eingebildet war, als Phantasieproduktion in den Köpfen führender Sozialdemokraten produzierte sie Realität.

Und so belegte man schlicht und einfach alles, was man haßte, mit diesem magischen Wort. Die gegen den Krieg waren, waren Bolschewisten, genauso wie die Massen auf den Straßen und die Arbeiter- und Soldatenräte.

Die Bolschewismusfurcht war – wie bei den Herrschenden und den Militärs – für die SPD ein bestimmendes, wenn nicht das entscheidende Motiv ihrer Politik.[34]

Der Ursprung der Bolschewismusfurcht lag im Verjagen des russischen Parlaments (1917) durch die Bolschewiki. Dies wurde von den meisten der auf die »Heerstraße des Parlaments« fixierten Sozialdemokraten als Schock empfunden und hatte einen Sympathieumschwung zur Folge. Die Tat der Bolschewiki war zwar ein eklatanter Bruch mit der demokratischen Tradition der Arbeiterbewegung und insofern Empörung daran berechtigt. Doch erklärt dies nicht den »hysterischen Zustand der Gereiztheit«, der aus der Bolschewismusfurcht der Sozialdemokratie während der Revolution 1918/19 resultierte.

Denn weder die undemokratische Kriegspolitik der deutschen Militärs noch deren imperialistische Gewalt- und Okkupationspolitik störte die SPD-Führung sonderlich oder löste gar solche Schockreaktionen wie die auf die russische Revolution aus. Weder hat das diktatorische Regime Ludendorffs und Hindenburgs 1917 Hysterie bei der Führung der SPD hervorgerufen, noch das Beispiel des Kapp-Putsches 1920, wo eine Diktatur von rechts in keiner Weise mit solcher Brutalität bekämpft wurde, wie die angebliche Gefahr einer linken Diktatur. Was die Führung der SPD störte, war die totale Umkehrung der Verhältnisse in Rußland, der Sozialismus, die zumindest anfänglich tatsächliche Herrschaft der Volksmassen.

> Sozialismus heißt, daß die Produzenten des gesellschaftlichen Reichtums über diesen verfügen und ihn verteilen.

Die Bolschewismusfurcht der Sozialdemokratie speist sich – seltsam unberührt von ihrer demokratischen und sozialistischen Tradition – wie bei den preußischen Offizieren aus der Angst vor den revolutionären Massen und aus der Angst vor der Revolution selbst, die das Unterste zuoberst kehrt.

Diese Angst ist der Kern des negativen Mythos[35] der Bolschewismusfurcht. Man wollte keine Herrschaft der Massen, man wollte aber auch keinen Sozialismus, keine Bodenreform, keine Vergesellschaftung der Produktionsmittel und keine Umkehrung der Eigentumsverhältnisse. Man wollte ordentlichen Parlamentarismus, einen gefestigten Staat und sozialen Kapitalismus. Mehr nicht. Wer mehr wollte, war ein Feind.

> »Der Versuch der Unteren/ Inneren nach Oben/Außen zu gelangen, ist nicht mit Fairness zu behandeln.«[36]

5. Die »Chaotin«.

Gründet sich die Bolschewismusfurcht des preußischen Offiziers auf die Angst vor den Massen und damit seines Innen, so setzt er sie des öfteren mit anderen Begriffen gleich.

Äußerst beliebt ist hierbei das »Chaos«, das die Massen und der Bolschewismus bringen. Insofern besitzt dieser Typus Mann eine extreme »Anti-Chaos-Psychose«.

Der Begriff des »Chaos« durchzieht als das Allerschlimmste, was vorstellbar ist, nicht nur die Freikorpsliteratur und später die Geschichtsbücher des sogenannten Dritten Reiches, sondern ist auch in den Druckwerken der Führer der Sozialdemokratie immer wieder zu finden.

Angst vor dem »Chaos« ist eine Vermischungsangst, eine Angst vor dem Zusammenbruch der oben beschriebenen labilen Erhaltungsmechanismen. Diese Angst betrifft zwar den preußischen Offizier ganz besonders, wirkt aber auch in den Mittelschichten und bis weit hinein in die SPD, USPD37), ja streift paradoxerweise die proletarischen Massen selbst.

Chaos bedeutet Berührung mit der Masse, mithin Untergang in ihr. Dem sucht dieser preußische Offizier mit allen Mitteln zu entgehen. Er fürchtet nicht die Diktatur (im Gegenteil, je straffer, desto besser), sondern die Diktatur der Massen. Das ist der Unterschied.

Noske zeigte ähnliche Symptome. Er betrachtete sich als Verkörperung von Spenglers präfaschistischer Idee der Verbindung von »Preußentum und Sozialismus«38), bei dem »ein großer Mann aus der Tiefe« gesucht wird, dem das ganze Volk (in der Organisationsform Nation, Heer!) folgt.39) Nicht ohne Häme stellte Noske fest, daß Liebknecht zu solchem nicht die Kraft gehabt habe und projizierte damit seine »Führervorstellungen« auf Liebknecht, der gar nicht der Diktator sein wollte.

Bei den anderen Führern der SPD war die Stimmungslage ähnlich. Jahrelang hatte man sich in Organisation, in Ordnung, im Aufbau des Apparats und in Parlamentsarbeit (alles in hohem Maße »Ich«-Spender der SPD) geübt, und jetzt kamen die »verhetzten« Massen und/oder Räte und wollten alles kaputtmachen, das Oberste zuunterst (d. i. Tabula rasa bei den Eigentumsverhältnissen und der militärischen Ordnung) und das Innerste nach außen kehren (den Trieben freien Lauf lassen). Das war die Form von »Diktatur«, vor der sich die SPD-Führung fürchtete. Man fürchtete nicht die Diktatur an sich, oder die der Militärs, sondern die der Massen (gleichgesetzt mit »Anarchie«). Während dabei Liebknecht eher als eine mögliche bolschewistische Führerfigur, als Kerl, der aufs »Ganze« geht, angesehen wurde, aber eigentlich dann doch zu schwach war,[41] war Rosa Luxemburg mehr die Verkörperung der Massen, des Innersten selbst (was fast »noch schlimmer« ist).

Daß Noske sich durchaus zur Führerschaft befähigt sah, ergibt sich aus folgendem: »Von Kiel aus wäre, wenn ich die rote Sturmfahne ergriffen und vorangetragen hätte, eine Flut über Deutschland hinweggebraust, deren Ausmaß sich man heute kaum denken kann.«[40]

Man war extrem angewidert.

Hauptmann Pabst ekelte sich, und Oberbefehlshaber Noske ekelte sich auch.[43]

Die Hülle war durchbrochen, das Gewirr im eigenen Innern, das man haßte – denn auch die Sozialdemokratie hatte ihren autoritär-preußischen Aufbau –, lief plötzlich herum auf den Straßen, bewaffnete sich und

Die Frau als Anführerin der Massen. Brigitte Helm, die Verkörperung Rosa Luxemburgs in »Metropolis«.

Scheidemann: »Bei Frau Luxemburg, einer hochbegabten Russin [sic!] ist mir der Fanatismus begreiflich, nicht aber bei Liebknecht, dem Sohne Wilhelm Liebknechts.«[42]

»Wenn wir jetzt in Anarchie ver-
sinken [...], dann bräche auch
das Letzte zusammen.«⁴⁴⁾

Daß Rußland zu diesem Zeitpunkt längst unchaotisch, zen-
tralistisch-autoritär, unter aller
Ausnützung, ja Verstärkung
des Staatsapparats (der als
reiner Apparat der SPD nicht
sonderlich unsympathisch
sein konnte) regiert wurde,
den man eigentlich hatte
zerstören wollen, scheint
nicht zu stören.

organisierte sich als Unordnung (weil außerhalb von Partei und Gewerkschaft), ja wurde vom vermeintlichen Zentrum des »Chaos«, aus Rußland, gesteuert. Auflösung drohte. Die auf der Straße, »die Luxemburg«, konnten, durften gar nicht vom gleichen Geiste sein (weil man ja fürchtete, man sei von »gleichem Blute« wie diese) und waren somit zu bekämpfen.

Scheidemann: »Sozialdemokraten waren Liebknecht und Luxemburg schon lange nicht mehr, denn den Sozialdemokraten sind die Gesetze der Demokratie heilig, gegen die sich jene auflehnten. Jener Auflehnung wegen und weil sich neben irregeleiteten Arbeitern auch das wüsteste Verbrechergesindel an ihre Fersen geheftet hat, mußten und müssen wir sie bekämpfen.«⁴⁵⁾

Die Schlußfolgerung hieraus lautet, daß sich die Führer der SPD – trotz aller demokratischen Tradition, denn diese verstanden sie nur, soweit sie in den starren Bahnen der Partei und des Parlaments verlief – ihrer emotionalen Haltung nach den alten militärischen Mächten zugehörig fühlten.⁴⁶⁾

Wer die Massen auf den Straßen haßt, liebt die militärische Gegenmasse: Die marschierende Truppe.

Nur so ist die oft zitierte Maercker-Anekdote einzuordnen.⁴⁷⁾

General Maercker: »Sie waren freudig erstaunt, wieder ›richtige Soldaten‹ vor sich zu sehen. Als sie die Truppen von allen Seiten mit klingendem festen Spiel in fester, strammer Haltung heranrücken sahen, beugte sich Noske zu Ebert herab, klopfte ihm auf die Schulter und sagte: ›Sei nur ruhig, es wird alles wieder gut werden‹.«

Nur so ist die psychotische Handlungsweise Noskes gegen seine ehemaligen Parteigenossen erklärbar. Nur so ist die Ratlosigkeit des Historikers über Noskes (und Eberts) Brutalität gegenüber den eigenen renitenten Arbeitermassen zu entschlüsseln.⁴⁸⁾

Liebknecht und Luxemburg hatten auch in den Augen der Sozialdemokratie die Massen aufgehetzt und mit ihnen versucht, die Verhältnisse auf den Kopf zu stellen. Somit hatten sie – bei manchen führenden Sozialdemokraten »klammheimlich«[49], bei zumindest einem ganz offensichtlich – den Tod verdient.[50]

Noske: »Wahrheit ist, daß in jenen Schreckenstagen Tausende die Frage aufgeworfen hatten, ob denn niemand die Unruhestifter unschädlich mache.«

6. Die »Rote Rosa«.

Die Massentheorie Rosa Luxemburgs hat einen großen Fehler. Er besteht weder in der Betonung der Spontaneität noch in der Hoffnung auf Selbstorganisation, sondern im fatalen Glauben an den objektiven Gang der Geschichte, an das »Muß« der proletarischen Revolution, ja der deutschen proletarischen Revolution als Signal für die Weltrevolution.

Karl Marx: »Die Emanzipation des Deutschen ist die Emanzipation des Menschen.«[51]

Dieser fatalistische Glaube, dem die meisten Marxisten (bis Bloch und Dutschke) anhingen, daß der tätige Mensch nur als Hebamme die Wehen der Geburt einer neuen Gesellschaft verkürzen kann, bestimmte die Nervosität von Luxemburgs Handeln seit ihrer Entlassung aus dem Gefängnis (8. November 1918). Ihr Schwanken zwischen Humanismus[52] und Demokratie einerseits und hektischem Aktionismus andererseits[53] ist darauf zurückzuführen.

Ihr marxistischer Heilsglaube an eine »chiliastische« Endzeitgesellschaft, die kommen muß, ließ Luxemburg die revolutionäre Gewalt der Massen in der Revolution 1918/19 überschätzen, sie unsensibel werden lassen für tatsächliche Bewegungen. Ihr Entweder-Oder bestimmte den Gang, sie verlor den Kontakt.

Gleichzeitig unterschätzten sie und Liebknecht in geradezu romantischer Verblendung die gigantische, tödliche Anti-Produktion des preußischen Militarismus, seiner psychotischen Vertreter und seiner sozialdemokratischen Anhänger.[54]

Ein Beispiel für Rosa Luxemburgs Humanismus ist – außerhalb ihrer berühmten Briefe – ihre Forderung nach Abschaffung der Todesstrafe.

Eine »Versammlung« ihrer widersprüchlichen Haltung ist Rosa Luxemburgs Rede auf dem Gründungsparteitag. Daß sie sich im Verlauf der Revolution 1918/19 (entgegen ihrer noch im Gefängnis geschriebenen berühmten Bolschewismuskritik) vom Parlamentarismus verabschiedet und nur noch für die Massen und deren Diktatur (was immer sie auch darunter verstanden haben mag) plädiert, verschärft die Situation zusätzlich, ist aber nicht die eigentliche Ursache.

Nur so ist nach den Januarkämpfen 1919 ihr selbst-
mordartiges Ausharren in Berlin beziehungsweise der
völlige Verzicht auf militärischen Schutz (was durch
Teile der Volksmarinedivision durchaus möglich gewesen wäre) erklärbar.

Allerdings: Der preußische Militarismus hatte nicht
nur die besseren Waffen[55], sondern auch den stärkeren

»Eine revolutionäre Maschine
ist nichts, wenn sie nicht
ebensoviel [...] Stromstärke
erlangt wie diese Zwangs-
maschinen.«[56]

Haß und die langfristig größere Massenanziehungs-
kraft: die Organisationsform der Massen als Block, als
marschierende Truppe mit autoritärer Führerschaft.

Der mystische Glaube Luxemburgs (und Liebknechts)
an die Kraft der deutschen proletarischen Massen, wie
er sich oberflächlich tatsächlich zu bestätigen schien,
ließ sie einerseits auf diese Kraft hoffen und als
»Geburtshelferin« tätig werden, andererseits nicht nur
gegen Ebert/Scheidemann und den Parlamentarismus

Revolutionäre am
6. Januar 1919.

wettern, sondern auch gegen die Massen und Räte[57],

wenn diese nicht so handelten, wie es ihnen ihre »historische Rolle« vorgab – bzw. wie Frau Luxemburg es gern gehabt hätte.[58] Gleichzeitig, und dies ist hier von besonderer Wichtigkeit, entsprach somit Rosa Luxemburg wenigstens ansatzweise den Phantasievorstellungen, wie sie etwa im Bürgertum, im Kleinbürgertum, bei den Beamten, im Großkapital, der OHL, den sich bildenden Freikorps oder bei den Führern der SPD herrschten und heizte somit deren psychotische Ängste enorm auf: Die Rote Rosa war geboren.

Die Identifikation Massen/rote Frau/polnische Jüdin spielt hier eine gewaltige Rolle. »Im Osten stehen die Bolschewisten, stehen die Polen und Tschechen an den deutschen Grenzen und bedrohen sie. Im Innern des Reiches geht alles drunter und drüber. Überall Plünderung, überall Unordnung, nirgendwo mehr Achtung vor Recht und Gesetz, Achtung vor persönli-

Rosa Luxemburg in der »Roten Fahne« vom 8. Januar 1919: »Deutschland war das klassische Land der Organisation und noch mehr des Organisationsfanatismus. Was erleben wir heute? In den wichtigsten Momenten der Revolution versagt das berühmte Organisationstalent in kläglichster Weise.«

Auch Noske hatte von einer »Vermischung der Rassen« und von »ostjüdischen Marxisten« gesprochen und Rosa Luxemburg mit antisemitischen Äußerungen belegt.[59]

Kapp-Putschisten im März 1920.

chem und staatlichem Eigentum. Vor allem wird die Regierung Ebert bedroht durch die Gruppe der Spartakusleute, durch Liebknecht und Rosa Luxemburg. Diese Bedrohung ist eine arge. Die Rosa Luxemburg ist ein Teufelsweib. [...] Rosa Luxemburg kann das deutsche Reich heute straflos zugrunde richten, denn es gibt keine Macht im Reiche, die ihr entgegentreten kann.«[60]

Hier, in der phantastischen, aber deswegen nicht weniger realen Rede Maerckers an seine Truppe wird der ganze zwanghafte Zusammenhang deutlich: Der Bolschewismus, samt Polen und Tschechen – auch hier deutlich die Gleichsetzung von (slawischen) Massen mit dem Bolschewismus – bringt Chaos (Plünderung/ Unordnung/Rechtlosigkeit/Umkehrung der Eigentumsverhältnisse – alles eingebildet, aber um so mehr Realität produzierend!), dessen »ungestrafte« Vertreterin das bedrohliche (hemmungslose, polnisch jüdische) Teufelsweib Luxemburg darstellt, gegen das

»Alle Machtmittel waren bei Spartakus.«[61]

»keine Macht im Reiche« gewachsen scheint.

Es sei denn, man kann eine »Truppe befehligen, in der Manneszucht herrscht«.

Auch Noske betont die Wichtigkeit der »Manneszucht«.[62]

Die Synonyme Frau / Hure / proletarische Frau / Hexe / Jüdin / angreifende Frau / Masse / Bolschewismus / Chaos legen die Vermutung nahe, daß die Pogromstimmung bei Rosa Luxemburgs Ankunft im Eden-Hotel somit nicht zufällig war, sondern der Ausdruck des Bildes von der »roten Frau«, das in den Faust- und Kolbenschlägen gegen sie, dem aufgesetzten Schuß und der Versenkung der Leiche im Landwehrkanal gipfelte.

7. Die Revolutionärin. Rosa Luxemburg (und Karl Liebknecht) verkörperten die Revolution. Erschlug man Luxemburg und Liebknecht, »erschlug man die Revolution«[63]. Es ist der treffendste Grund, der alle vorherigen Gründe vereinigt. Wer gegen Militär und Krieg ist, gegen die Nation, für die Massen und für Sozialismus ist, der ist eine jüdisch-bolschewistische Hure, das Synonym in Deutschland für eine Revolutionärin und für einen Revolutionär.

Der Kampf gegen die proletarische Revolution, die Revolution der Massen (egal ob eingebildet oder nicht) schweißte SPD und Militär in kürzester Zeit zusammen. Ebert/Noske und die OHL/Freikorps bildeten einen explosiven Ordnungsapparat, eine Zwangsmaschine mit größter Stromstärke. Phantastische und real begründete Ängste bildeten ein hochexplosives Gemisch und erschienen SPD wie Militär als klare Frontstellung:

> Massen/Bolschewismus/Chaos/Arbeiter- und Soldatenräte gegen Heer/Nation/Ordnung/Befehl und Gehorsam/Privateigentum/Führer (ersatzweise Parlament).

Hier gibt es keinen Kompromiß. Die Devise, die Köpfe und Körper der Sozialdemokraten und der Militärs beseelte, hieß: Vernichtung der »Gefahr« oder Untergang. Eberts Ausspruch von der sozialen Revolution, die er hasse wie die Sünde[64], bringt es auf den Punkt. Wer die Revolution haßt, haßt die, die sie wollen. Dieser Haß sollte für zahlreiche Menschen tödlich enden und die Basis einer möglichen Demokratie in Deutschland von vornherein zunichte machen.

Auch wenn sich in der Frage der Revolution preußischer Militarismus und preußische Sozialdemokratie leicht unterscheiden. Denn Teile des Militärs hatten nichts gegen eine Revolution, allerdings eine nationale, eine in den Bahnen des Militarismus und heraufziehenden Faschismus. Die Führung der SPD lehnte die Revolution insgesamt ab, obwohl sie das Wort immer gerne in den Mund nahm. Ihr behagte die Heerstraße des Parlaments, das die nationalen Revolutionäre wiederum den Massen zuordneten und als Schwatzbude verdammten.

1) Rosa Luxemburg, Gesammelte Werke. Hrsg. vom Institut für Marxismus-Leninismus beim ZK der SED. Berlin/DDR 1990 (zuerst: Berlin/DDR 1974), (künftig: **Luxemburg, Werke**), Bd. 4, S. 144, 147.
2) Luxemburg, Werke, Bd. 4, S. 212F.
3) Luxemburg, Werke, Bd. 4, S. 213.
4) Luxemburg, Werke, Bd. 4, S. 51.
5) Wolfram Wette, Gustav Noske. Düsseldorf 1987 (künftig: **Wette, Noske**), S. 185ff, S. 165, S. 103. Die Charakterisierung Noskes in: Harry Graf Kessler, Tagebücher 1918-1937. Frankfurt a. M. 1961, S. 152.
6) Ähnlich Albert Südekum und Carl Giebel, siehe: Wette, Noske, S. 192.
7) Rosa Luxemburg, Politische Schriften. Hrsg. und eingeleitet von Ossip K. Flechtheim, Frankfurt a. M. 1987, (zuerst: Frankfurt a. M. 1966 und 1968), (künftig: **Luxemburg, Politische Schriften**), S. 156.
8) Peter Lösche, Der Bolschewismus im Urteil der deutschen Sozialdemokratie 1903-1920, Berlin 1967 (künftig: **Lösche, Bolschewismus**), S. 129.
9) Ebert bei der Eröffnung der Nationalversammlung, S. Sten. Ber. Bd. 326 S. 1.
10) Ein ähnliches Unbehagen gegenüber den »verwilderten Volksmassen« zeigt sich deutlich bei: Wilhelm Keil, Erlebnisse eines Sozialdemokraten. Stuttgart 1947-1948, Bd. 2, S. 92. Otto Braun, Von Weimar zu Hitler. Hamburg 1949, S. 13. Carl Severing, Mein Lebensweg. Köln 1950, Bd. 2, S. 225-239, insbesondere S. 233F. Eduard David, Rede vor dem Reichstag, S. Sten. Ber. Bd. 326, S. 40. Gustav Noske, Die Abwehr des Bolschewismus. In: Zehn Jahre deutsche Geschichte, Berlin 1928 (künftig: **Noske, Bolschewismus**), S. 26 und S. 30.
11) Die Regierung der Volksbeauftragten 1918/19. Eingel. von Erich Matthias. Bearb. von Susanne Miller unter Mitwirkung v. Heinrich Potthoff, 2 Bde. Düsseldorf 1969 (künftig: **Die Regierung der Volksbeauftragten**), S. 375F.
12) Die Regierung der Volksbeauftragten, Einleitung F CXXIX. Wolfram Wette, Frieden durch Revolution? Das Scheitern der Friedenskonzeption der radikalen Linken in der deutschen Revolution von 1918/19 (künftig: **Wette, Frieden**). In: W. Huber und J. Schwerdtfeger (Hrsg.), Frieden, Gewalt, Sozialismus. Studien zur Geschichte der sozialistischen Arbeiterbewegung. Stuttgart 1976, S. 321.
13) Klaus Theweleit, Männerphantasien, 2 Bde. Basel und Frankfurt a. M. 1977 (künftig: **Theweleit, Männerphantasien**), Bd. 2 S. 144-175 und S. 206-247.
14) Gilles Deleuze, Felix Guattari, Anti-Ödipus. Kapitalismus und Schizophrenie. Frankfurt a. M. 1979 (zuerst: Frankfurt a. M. 1974, künftig: **Deleuze/Guattari, Anti-Ödipus**), S. 515.
15) Theweleit, Männerphantasien, S. 270.
16) Ulrich Kluge, Die deutsche Revolution 1918/1919. Staat, Politik und Gesellschaft zwischen Weltkrieg und Kapp-Putsch. Frankfurt a. M. 1985 (künftig: **Kluge, Revolution**), S. 116.
17) Waldemar Pabst, Spartakus. In: Deutscher Aufstand. Hrsg. von Kurt Hotzel. Stuttgart 1934 (künftig: **Pabst, Spartakus**), S. 31F.
18) Aus dem Tonbandmitschnitt einer Rede Pabsts, BA-MA, N620/54.
19) Gustav Noske, Erlebtes aus Aufstieg und Niedergang einer Demokratie. Offenbach/M. 1947 (künftig: **Noske, Erlebtes**), S. 93.
20) Alle Zitate aus: Noske, Bolschewismus, S. 32ff und Gustav Noske, Von Kiel bis Kapp. Zur Geschichte der deutschen Revolution. Berlin 1920 (künftig: **Noske, Kiel bis Kapp**), S. 55.
21) Noske, Bolschewismus, S. 34.
22) Luxemburg, Werke, Bd. 4, S. 368.
23) Luxemburg, Werke, Bd. 4, S. 371F.
24) Luxemburg, Werke, Bd. 4, S. 367.
25) »Hamburger Echo« vom 11.8.1919.
26) »Chemnitzer Volksstimme« vom 2.8.1914.
27) Noske, Erlebtes, S. 89.
28) Wette, Noske, S. 144.
29) Wette, Noske, S. 195.
30) Aus der Rede Friedrich Eberts an die heimkehrenden Fronttruppen, am 10.12.1918, zitiert nach Erwin Könnemann, Der Truppeneinmarsch am 10. Dezember 1918 in Berlin. In: Zeitschrift für Geschichtswissenschaft, XVI. Jg., Berlin/DDR 1968, S. 1597.
31) Elias Canetti, Masse und Macht. Frankfurt a. M. 1990 (zuerst: Düsseldorf 1960), (künftig: **Canetti, Masse und Macht**), S. 198.
32) Philipp Scheidemann, Memoiren eines Sozialdemokraten. 2 Bde., Dresden 1928. Bd. 2, S. 311.
33) Luxemburg, Werke, Bd. 4, S. 353FF. Luxemburg, Politische Schriften, S. 513FF. Feliks Tych, Drei

unbekannte Briefe Rosa Luxemburgs. In: IWK, Jg. 27 (1991), H. 3, S. 357-366.

34) Hermann Weber, Die Wandlung des deutschen Kommunismus (künftig: **Weber, Wandlung**). Frankfurt/Main 1969, S. 25. Lösche, Bolschewismus, S. 163.

35) Lösche, Bolschewismus, S. 139.

36) Theweleit, Männerphantasien, Bd. 2, S. 276.

37) Wette, Frieden. S. 295 ff, Lösche, Bolschewismus, S. 163.

38) Noske, Erlebtes, S. 89.

39) Noske, Erlebtes, S. 91.

40) Noske, Erlebtes, S. 71.

41) Noske, Erlebtes, S. 79. Noske, Kiel bis Kapp, S. 59. Der gleichen Ansicht: Ernst Jünger, Einleitung, S. 7. In: Der Kampf um das Reich. Hrsg. von Ernst Jünger, Essen 1929 (künftig: **Jünger, Kampf**).

42) Scheidemanns Rede in Kassel am 16.1.1919, wiedergegeben im »Vorwärts« vom 17.1.1919 (künftig: **Scheidemann, Rede in Kassel**), auch abgedruckt in: Der Mord an Rosa Luxemburg und Karl Liebknecht. Dokumentation eines politischen Verbrechens. Hrsg. von Elisabeth Hannover-Drück und Heinrich Hannover, Frankfurt a. M. 1967 (künftig: **Der Mord**), S. 41F. Ähnlich Pabst: »Rosa Luxemburg (...) der Typ der echt russischen Verschwörerin.« Pabst, Spartakus, S. 38.

43) Pabst, Spartakus, S. 39 und Noske, Kiel bis Kapp, S. 63.

44) Scheidemann, Rede in Kassel.

45) Scheidemann, Rede in Kassel.

46) Canetti, Masse und Macht, S. 198F. Dem Zusammenhang sehr nahe kommt Wette, Noske, S. 295FF.

47) Georg Maercker, Vom Kaiserheer zur Reichswehr. Ein Beitrag zur Geschichte der deutschen Revolution, Leipzig 1921 (künftig: **Maercker, Kaiserreich**), S. 64.

48) Kluge, Revolution, S. 116.

49) Scheidemann, Rede in Kassel.

50) Noske, Kiel bis Kapp, S. 76.

51) MEW, Bd. 1, S. 391.

52) Luxemburg, Werke, Bd. 4, S. 404FF.

53) Luxemburg, Werke, Bd. 4, S. 516-536, auch S. 496 und S. 511.

54) Luxemburg, Werke, Bd. 4, S. 490F. und S. 500.

55) Geradezu rührend hier: Robert Rosentreter, Blaujacken im Novembersturm – Rote Matrosen 1918/ 1919, Berlin 1988, S. 190FF., der tatsächlich glaubt, es habe daran gelegen, daß Spartakus (außer keiner leninistische Partei) keine Artillerie besaß.

56) Deleuze/Guattari, Anti-Ödipus, S. 378.

57) Luxemburg, Werke, Bd. 4, S. 464FF. Luxemburg, Werke, Bd. 4, S. 452F.

58) Eine ausführliche Kritik an diesem Verhalten bei: Manfred Scharrer, Die Spaltung der deutschen Arbeiterbewegung. Stuttgart 1983, S. 158FF.

59) Wette, Noske, S.102F.

60) Maercker, Kaiserreich, S.57.

61) Noske, Erlebtes, S.83.

62) Noske, Erlebtes, S.81.

63) Sebastian Haffner, Der Verrat, Berlin 1993 (zuerst: Hamburg 1969), S. 149.

64) Max von Baden, Erinnerungen und Dokumente. Stuttgart, Berlin, Leipzig 1927, S. 567, ähnlich: Eugen Schiffer, Ein Leben für den Liberalismus. Berlin 1951, S. 74F.

Über den Autor

Klaus Gietinger, geboren 1955, Soziologe, Dreh-
buchautor und Regisseur. Mitbegründer der Westall-
gäuer Filmproduktion (1979-1991).
– Fernsehspiele (Buch/Regie) u. a.: »Land der Räuber
und Gendarmen« (1981, ZDF), »Schwestern« (1982,
ZDF).
– Kinospielfilme (Buch/Regie): »Daheim sterben die
Leut'« (1984), »Schön war die Zeit« (1988), »Probe-
fahrt ins Paradies« (Co-Autor, 1992).
– Derzeit tätig als Autor und Regisseur der Fernseh-
serie »Schwarz greift ein« (SAT.1).

Bildnachweise

Inhalt

Der Streit zwischen Sozialdemokraten und Kommunisten geht auf die Zeit vor, während und nach dem ersten Weltkrieg zurück. Besonders die Mit-Inszenierung des Krieges durch einen Teil der SPD-Führung, die Bewilligung der Kriegskredite und die Aufrechterhaltung der „Heimatfront" haben zur Spaltung der deutschen Arbeiterbewegung geführt.

Am Ende des Krieges setzte sich diese Politik der SPD-Führung im bedenkenlosen Verrat der Revolution und in der Zusammenarbeit mit den kaisertreuen und reaktionären Militärs fort. Man suchte und fand den Konflikt mit den revolutionär, aber überwiegend sozialdemokratisch orientierten Massen, um endlich „Ruhe und Ordnung" wiederherstellen zu können, wobei auch Karl Liebknecht und Rosa Luxemburg den Tod fanden. Sie wurden ermordet – mit Wissen und Billigung des „Volksbeauftragten" Gustav Noske (SPD), wie heute bewiesen werden kann.

Über kaum ein Ereignis der Zeitgeschichte wird so hemmungslos gelogen wie über die deutsche Revolution und deren Niederschlagung durch ihre berufenen Führer. Aber kein Ereignis ist für die spätere Entwicklung hin zur Nazi-Diktatur bedeutsamer. 1918/1919 war die Frage nicht „Demokratie oder Diktatur", es ging vielmehr um die Entscheidung zwischen ziviler Gesellschaft und Barbarei.

Sebastian Haffner hat die Interessen der handelnden Parteien, die sich daraus ergebenden Konfliktlinien und die tragischen Konsequenzen in seinem Buch „Der Verrat" beschrieben. Das ist Geschichtsschreibung, wie sie spannender nicht sein kann.

Sebastian Haffner: Der Verrat
Deutschland 1918/1919
224 Seiten, 61 Abbildungen,
gebunden, 3. aktualisierte Auflage,
19,80 DM, ISBN 3-930278-006

Erhältlich in jeder Buchhandlung

Verlag 1900 Berlin

Goßlerstraße 27a, 14195 Berlin
Tel. (030) 832 52 33, Fax (030) 831 46 53

Sebastian Haffner

Der Verrat

Verlag 1900 Berlin

Janusz K.

„Janusz lauscht auf die fremden Laute der Lagernacht. Warum gibt es Deutsche? Sie fallen über unschuldige Menschen her, reißen sie nachts aus ihren Betten, schlagen Kinder, sperren sie ein wie Verbrecher, lassen sie hungern und frieren, bringen sie um. Und ich soll für sie arbeiten?"

Dieses Buch erzählt die wahre Geschichte einer Gruppe polnischer Jungen, die 1939 ins Konzentrationslager Buchenwald verschleppt wird. Als Robert Siewert, Maurer und selbst Gefangener in Buchenwald, die Kinder im Lager ankommen sieht, faßt er einen Plan, wie sie vor dem sicheren Tod gerettet werden könnten: wenn ich diese Kinder zu Maurern ausbilde, denkt er sich, haben sie vielleicht eine Chance zu überleben. So entsteht die Maurerschule im KZ Buchenwald. Ob sein Plan gelingt?

„Janusz K." entstand nach vielen Gesprächen mit Robert Siewert, der authentischen Figur des Romans. Er war Kommunist, Widerstandskämpfer und Überlebender des KZ Buchenwald und hatte es sich zur Aufgabe gemacht, die von der SS aus Polen nach Buchenwald verschleppten Kinder zu retten.

„Es geht um die Vermittlung von historischem Wissen. Angesichts rechtsradikaler Tendenzen der Gegenwart kann das Buch zugleich helfen, jungen Lesern die Augen zu öffnen und sie zu warnen."

(aus einer Empfehlung der „Stiftung Lesen", 1993)

Gisela Karau:
Der gute Stern des Janusz K.
Eine Jugend in Buchenwald.
Roman (ab 12 Jahre), 160 Seiten,
gebunden, 19,80 DM
Empfohlen von der „Stiftung Lesen"
für den Unterricht ab 7. Klasse.
ISBN 3-930278-01-4

Erhältlich in jeder Buchhandlung

Verlag 1900 Berlin

Goßlerstraße 27a, 14195 Berlin
Tel. (030) 832 52 33, Fax (030) 831 46 53

Gisela Karau

Der gute Stern des Janusz K.

Eine Jugend in Buchenwald

Verlag 1900 Berlin   Roman